DÉCRET

SUR LE SERVICE A BORD

DES

BATIMENTS DE LA FLOTTE.

---

15 AOUT 1851.

PARIS. — Imprimerie de COSSE et J. DUMAINE, rue Christine, 2.

Ministère de la Marine et des Colonies.

DÉCRET
SUR LE SERVICE A BORD

DES

BATIMENTS DE LA FLOTTE.

15 AOUT 1851.

PARIS,
LIBRAIRIE MILITAIRE DE J. DUMAINE,
(Ancienne maison Anselin.)
Rue et passage Dauphine, 30.

1851.

RAPPORT

AU

PRÉSIDENT DE LA RÉPUBLIQUE.

MONSIEUR LE PRÉSIDENT,

J'ai l'honneur de soumettre à votre approbation un projet de décret destiné à remplacer l'ordonnance du 31 octobre 1827 sur le *service à bord des bâtiments de la flotte.*

Cette ordonnance, vous le savez, est un des actes de l'autorité royale qui, depuis Louis XIII, sont venus à de longs intervalles poser les règles du service de la marine militaire.

Ce n'est guère au delà du règne de ce monarque que remontent les premières prescriptions du pouvoir souverain sur cette matière. Divers règlements remplacèrent alors une série incohérente de dispositions fondées sur d'anciennes traditions et sur des usages variant avec les

a

localités, et souvent en contradiction les uns avec les autres.

Au commencement du règne de Louis XIV, la marine, qui déjà avait pris un accroissement considérable, réclamait une réglementation plus complète ; mais si les ordonnances qui se succédèrent alors assez rapidement eurent pour but de satisfaire à ce besoin que les progrès de la marine rendaient chaque jour plus urgent, aucune mesure d'organisation générale n'intervint encore pour le service à bord des bâtiments de la flotte.

Il appartenait à Colbert de réunir et de coordonner cette foule de dispositions accumulées avant lui, ou que lui-même avait prescrites, et d'en faire éclore l'ordonnance du 15 avril 1689, qui, bien que promulguée sous l'administration de son fils, le marquis de Seignelay, n'en est pas moins due au génie du plus grand ministre qui ait dirigé la marine.

Cette ordonnance réglait, dans plus de treize cents articles, toutes les parties du service, et elle est restée la base de tous les actes constitutifs qui, depuis, ont successivement régi notre établissement maritime.

C'est à dater de cette époque que la France a possédé un état naval réellement organisé. Pendant soixante et seize ans, la marine militaire

n'a pas eu d'autre code, et l'ordonnance du
mars 1765 ne fit guère que reproduire les
mêmes principes, qu'elle mit en harmonie avec
les nouveaux usages et les inventions survenues
depuis Colbert.

Le régime créé par l'ordonnance de 1765 ne
fut pas de longue durée. L'essor imprimé par la
sollicitude éclairée de Louis XVI à notre marine, qui inscrivit dans l'histoire de ce règne de
grandes et glorieuses journées, fit sentir la
nécessité d'un nouveau règlement de service.
L'ordonnance du 1er janvier 1786 fut promulguée, et elle était en pleine vigueur lorsque la
révolution éclata.

Alors, il faut bien le dire, la confusion s'in-
troduisit dans tous les services de la marine;
vainement les décrets du pouvoir qui gouvernait
la France se succédèrent-ils incessamment, vainement s'armèrent-ils de rigueurs extrêmes;
ils furent impuissants à ramener la discipline
et à poser les bases d'une organisation nouvelle.

Malgré l'élan qui animait tous les courages,
malgré des prodiges de valeur, la marine, qui
avait porté si haut la gloire de nos armes, su-
bissait chaque jour d'irréparables pertes; et
bientôt elle se vit menacée d'une véritable dés-
organisation.

C'est que, Monsieur le Président, la puissance maritime d'un pays ne saurait exister et grandir au milieu d'agitations incessantes qui, chaque jour, mettent tout en péril; elle a besoin pour ses succès d'un gouvernement régulier, fort et durable; elle a besoin d'une continuité dans les vues, d'une persévérance dans les entreprises, que donne seule la confiance dans l'avenir.

Napoléon régénéra notre puissance navale, et ce n'est point une des moindres pages de son histoire que celle qui raconte ses efforts pour créer des escadres capables d'accomplir les grandes choses qu'il entreprit.

Sa correspondance avec le ministre de la marine restera comme un monument qui témoigne de la grandeur de ses combinaisons, des immenses ressources qu'il réunit, des progrès qu'il réalisa, enfin des soins qu'il apporta à l'organisation de la flotte.

Au milieu de ses travaux de chaque jour, de la rapide succession de ses ordres, il sut encore fonder cette forte institution des préfectures maritimes et donner à la marine pour la discipline, la justice et le travail dans les arsenaux, quelques-uns de ces décrets dans lesquels il a laissé l'empreinte de ce génie organisateur dont il a marqué les autres branches de l'administration publique; mais d'autres projets, d'autres

entreprises, enfin les événements de 1814 ne lui laissèrent pas le loisir de faire, avec les minutieux détails qu'il comporte, un règlement général sur le service à bord des bâtiments de l'État.

La Restauration crut un instant pouvoir revenir aux prescriptions de l'ordonnance de 1786; mais le temps avait marché, et ce qui avait été un progrès trente années auparavant ne répondait plus aux besoins, aux idées auxquelles il fallait satisfaire; on ne tarda point à le reconnaître : un travail de révision générale fut entrepris, et après plusieurs années d'élaboration, il fut donné à M. de Chabrol d'attacher son nom à l'ordonnance du 31 octobre 1827, qui règle encore aujourd'hui le service à la mer.

A une époque où les arts et les sciences font chaque jour quelques nouvelles découvertes, les institutions les meilleures ne résistent pas au mouvement qui nous entraîne.

Depuis 1827, de grands changements ont eu lieu dans l'art naval; l'introduction de la vapeur, l'usage de nouvelles et puissantes armes, de nombreuses améliorations dans les moyens de subsistance, une comptabilité plus régulière, l'expérience acquise dans les escadres d'évolutions, les utiles enseignements que la fréquentation des marines étrangères et la méditation sur nos dernières guerres nous ont révélés ; tout est nécessairement venu modifier les conditions du service.

Vous l'avez compris, Monsieur le Président, lorsque vous avez prescrit à un de mes prédécesseurs (1) de charger une commission de préparer un nouveau règlement.

Votre confiance venait de m'appeler au ministère au moment même où cette commission (2) terminait le projet de décret. Après l'avoir étudié avec tout le soin qu'il méritait, je le soumis à l'examen du conseil d'amirauté, et quand ce conseil m'eut fait connaître les

(1) M. le contre-amiral Romain-Desfossés. — Déjà, en 1846, M. l'amiral de Mackau avait demandé aux ports les éléments nécessaires à la révision de l'ordonnance du 31 octobre, et au mois de décembre 1847, une commission, présidée par M. le vice-amiral Baudin, avait été chargée de préparer un projet ; mais cette commission fut dissoute, par suite des événements de février 1848.

(2) Composée de M. le vice-amiral de la Susse, président ; de MM. Page et Pénaud (Edouard), capitaines de vaisseau ; Pironneau, ingénieur de 1re classe des constructions navales ; Pénaud (Alphonse), contrôleur de 1re classe de la marine ; d'Herbinghem, Dubernad et Pothuau, capitaines de frégate ; Sénard, chirurgien de la marine de 1re classe, et de la Roncière-le-Noury. lieutenant de vaisseau, rapporteur.

modifications qu'il croyait utile d'apporter au projet primitif, je me livrai personnellement à un nouveau travail. En mettant à profit les lumières dont je pus m'entourer, je cherchai à y introduire les améliorations qui m'avaient été indiquées et à coordonner aussi méthodiquement que possible les nombreuses dispositions qu'il renferme.

C'est après avoir subi ce triple examen que le décret que j'ai l'honneur de vous soumettre remplacera l'ordonnance de 1827.

Ce décret, Monsieur le Président, trace les devoirs, fixe le rang et détermine le poste de chacun sur les bâtiments de la flotte.

Le vaisseau de guerre résume la patrie, et pour son salut, comme pour sa gloire, tous à bord doivent concourir à une commune action. La discipline la plus sévère, l'ordre le plus complet, l'obéissance la plus absolue au chef, en sont les premiers éléments; le décret le consacre, mais, en même temps qu'il remet aux mains du chef en quelque sorte un pouvoir suprême, il en règle l'exercice et fait peser sur lui la plus grave responsabilité.

Dans toutes les circonstances, le chef doit l'exemple; il veille sur ses inférieurs, et s'occupe de leur bien-être avec une sollicitude toute

paternelle ; enfin, aux jours du danger, il se dévoue pour eux.

Certes nous n'avions pas besoin de rappeler
ces règles, que chaque officier de la marine
trouve au fond de son cœur et que l'honneur
lui inspire ; mais dans ce décret, véritable code
du service à la mer, dans lequel, depuis le commandant en chef jusqu'au simple matelot,
chacun voit écrites les obligations qui lui sont
imposées, il est bon qu'à côté des sacrifices qu'on
lui demande, le marin rencontre le témoignage
irrécusable du soin que son pays prend d'améliorer autant que possible les conditions d'une
existence si pleine de labeurs ; de même qu'il
sait que, grâce à cette belle institution que les
autres peuples nous envient, grâce à la caisse
des invalides de la marine, il est sûr d'avoir
une pension pour sa vieillesse, et des secours
pour sa veuve et ses enfants.

Ainsi, Monsieur le Président, mettre les règles du service en harmonie avec les progrès de
la science et avec nos mœurs, consacrer les
perfectionnements que la sollicitude du Gouvernement ne cesse d'apporter dans la flotte,
sanctionner les usages que l'expérience a intro-
duits, tracer à chacun ses devoirs, déterminer
sa part de responsabilité, enfin affermir la discipline et grandir le dévouement, tel est le but

que s'est proposé le décret que j'ai l'honneur
de soumettre à votre approbation.

Agréez, je vous prie, Monsieur le Président,
l'hommage de mon profond respect.

*Le ministre secrétaire d'État de la marine
et des colonies,*

Per DE CHASSELOUP-LAUBAT.

Paris, le 15 août 1851.

TABLE DES ARTICLES.

TITRE Ier.

Des fonctions attribuées aux officiers de la marine suivant le grade et le titre temporaire dont ils sont revêtus.

Art.
1. Commandement attribué à l'amiral.
2. Commandement attribué au vice-amiral.
3. Commandement attribué au contre-amiral.
4. Commandements et fonctions attribués au capitaine de vaisseau.
5. Commandements et fonctions attribués au capitaine de frégate.
6. Commandements et fonctions attribués au lieutenant de vaisseau.
7. Fonctions attribuées à l'enseigne de vaisseau.
8. Fonctions attribuées aux aspirants.
9. Fonctions des enseignes et aspirants auxiliaires.
10. État-major général.
11. Commandements suivant la nature des missions.
12. Qualification des officiers commandants.

TITRE II.

Des pavillons et autres marques distinctives de commandement.

13. Marque distinctive d'un bâtiment de l'État.
14. Marque distinctive du Président de la République.
15. Marque distinctive du ministre de la marine.
16. Marques distinctives de commandement des officiers généraux et chefs de division.
17. Numéro d'ancienneté des officiers généraux.
18. Marques de commandement des commandants supérieurs.
19. Rencontres des chefs de division entre eux et avec un capitaine de vaisseau plus ancien.
20. Signal des numéros d'ancienneté.

Art.

21. Fanaux portés pendant la nuit selon les grades.
22. Marque distinctive des stationnaires.
23. Marques distinctives des bâtiments de commerce.
24. Canot monté par le Président de la République.
25 Canot monté par le ministre de la marine.
26. Canots montés par les officiers généraux et les chefs de division.
27. Canots montés par des capitaines.
28. Canots montés par des chefs de service non officiers de vaisseau.
29. A l'étranger, les canots portent le signe de leur nationalité.
30 Canots montés par le préfet maritime, le major général et les chefs de service du port.
31. Cas où on porte les marques distinctives dans les canots
32. Les marques distinctives ne peuvent être arborées que par les officiers de la marine.

TITRE III.

Des devoirs généraux des officiers de la marine et autres personnes embarquées.

33. Devoirs réciproques des supérieurs et des inférieurs.
34. Les supérieurs doivent l'exemple.
35. Respect des institutions du pays où on se trouve.
36. On ne peut quitter un service sans ordre.
37. On ne peut permuter pour aucun service sans autorisation.
38. Permissions d'absence.
39. Dans toute réunion, le plus ancien prend le commandement.
40. Avis à donner aux chefs d'événements intéressant l'Etat.
41. Responsabilité.
42. Punitions.
43. Répression des voies de fait.
44. On doit réprimer tout désordre dont on est témoin.
45 Mode de représentation contre un acte illégal d'un supérieur.
46. Forme des lettres.
47. Mode de s'adresser par écrit aux supérieurs.
48. On doit être toujours en uniforme.
49. Défense d'embarquer des marchandises.

Art.
50. Saluts aux supérieurs et sur le gaillard d'arrière.
51. Observation des lois et ordonnances. — Défense de divulguer les opérations de l'armée. — Interdiction de toute critique.
52. Défense d'embarquer des matières inflammables ou des liqueurs spiritueuses.
53. Admission aux diverses tables: leur présidence.
54. Les personnes qui n'ont pas de chambre sont soumises au branle-bas.
55. On doit observer le silence.
56. Ne pas prendre de passagers dans les canots sans ordre.
57. Partie du bâtiment où on peut fumer.

TITRE IV.

De l'embarquement des officiers et des mutations qui peuvent survenir dans les états-majors des bâtiments de la flotte.

58. Désignation aux embarquements.
59. Nomination et composition des états-majors généraux.
60. Embarquement des officiers au choix et autres.
61. Ordre d'embarquement.
62. Mutations que peuvent opérer les commandants en chef et les commandants supérieurs.
63. L'officier le plus élevé en grade succède au commandant en chef en cas de décès.
64. Succession au commandement.
65. Les prérogatives n'appartiennent qu'au grade.
66. Rang des officiers en supplément.
67. Officier passager.
68. Mode de procéder quand l'avancement d'un officier est connu à bord.

TITRE V.

Du commandant en chef et des officiers généraux et chefs de division employés en sous-ordre.

CHAPITRE Ier. — DU COMMANDANT EN CHEF.

SECTION Ire. — *Dispositions générales.*

69. Époque où le commandement en chef commence et cesse.

Art.
70. Il fait connaître son état-major général et se fait présenter les états-majors.
71. Mode de communiquer avec ses subordonnés.
72. Les rapports lui sont adressés directement.
73. Correspondance du commandant en chef avec le ministre.
74. Inspections générales et particulières.
75. Relations avec le capitaine de pavillon.
76. Le commandant en chef peut changer son pavillon de bâtiment.
77. Il donne la route. — Lorsqu'il prend le commandement du bâtiment, il est responsable.
78. Il peut suspendre ou renvoyer en France un officier ou aspirant.
79. Mode de traiter les prévenus de crimes ou délits.
80. Mode de se saisir des déserteurs.
81. Observation des règlements, des rôles et de la tenue. — Les équipages ne sont pas dérangés pendant leurs repas.
82. Exercices.
83. Abstention de travail le dimanche. — Service religieux, respect dû aux ministres de la religion.
84. Commissions de santé.
85. Économie des munitions ; comptes rendus fréquemment à ce sujet.
86. Embarquement des passagers.
87. Mode de procéder pour des marchandises ou matières inflammables embarquées illégalement.
88. Prévision de la mort du commandant en chef dans un combat.

SECTION II. — *Du commandant en chef pendant l'armement et en rade.*

89. Renseignements sur la situation de l'armée.
90. Répartition des chefs sur divers bâtiments de l'armée.
91. Sécurité des bâtiments. — Il fait signaler le mot d'ordre et autres services.
92. Le commandant en chef se concerte avec le préfet pour la défense de la rade.
93. Il fait dresser sans retard les rôles de répartition, et préparer les dispositions du combat.
94. Il informe le ministre des progrès de l'armement.
95. Il peut diviser la force navale qu'il commande en escadres ou en divisions.

Art.
96. Il assigne des postes aux divers bâtiments.
97. Séries de signes et indication des rendez-vous remis aux capitaines.
98. Pièces qui doivent être chargées en prenant la mer.
99. Le pavillon est arboré en entrant en rade ou en appareillant.
100. Vedettes en temps de guerre. — Embossures.

SECTION III. — *Du commandant en chef à la mer*

101. Il empêche de traverser les colonnes.
102. Il évite les mouvements extraordinaires pendant la nuit.
103. Mode d'agir en cas de séparation.
104. Évolutions et inspections à la mer.
105. Urgence des missions pour les bâtiments à vapeur.
106. Police sur les corsaires, les bâtiments du commerce et de pêche.
107. Secours à des Français ou à des étrangers.
108. Réquisitions au commerce.
109. Branle-bas de combat en arrivant au mouillage.
110. A l'étranger, il s'entend avec les agents français.
111. Décès à l'étranger.
112. Communications avec la terre et les bâtiments.
113. Achats à l'étranger.
114. Marins disponibles à l'étranger.
115. Formalités lorsqu'il débarque un homme en pays étranger.
116. Marins français réclamant sa protection.
117. Le commandant en chef peut requérir l'embargo.
118. Il donne, au besoin, avis de son départ aux capitaines de commerce.
119. Il protége le commerce.
120. Plan de ses mouvements de combat.
121. Branle-bas de combat. Il ne combat que sous le pavillon français.
122. Formalités lors de l'amarinage d'une prise.
123. Mesures à prendre pour l'équipage d'un bâtiment désemparé.
124. Lorsqu'il change de bâtiment, il a soin d'emporter tous les papiers relatifs à sa mission.
125. Marins au service ennemi.
126. Dispositions relatives aux neutres et aux corsaires.
127. Il transmet au ministre l'état des mutations dans les états majors et les rapports sommaires.

Art.
128. Il fait examiner les propositions d'amélioration des diverses parties du service.
129. Notes sur les officiers généraux, les chefs de service, les officiers et les aspirants.
130 Archives des stations.
131. Journaux, registres et autres documents à remettre, au désarmement, au major général du port.

SECTION IV. — *Du commandant en chef escortant un convoi.*

132. Le commandant en chef prend connaissance de l'état du convoi.
133. Papiers qu'il remet aux capitaines du convoi.
134. Le commandant en chef peut convoyer des étrangers.
135. Navigation du convoi.
136. Le commandant-en chef ne peut chasser hors de vue du convoi.
137. Il défend le convoi jusqu'à l'extrémité; s'il doit se séparer du convoi, il lui signale des instructions.
138 Mesures disciplinaires contre les capitaines du convoi.
139. Police des capitaines de l'escorte et du convoi.
140. Mouillage du convoi.
141. Abandon du convoi.

CHAPITRE II.—DU COMMANDEMENT DANS LES RÉN-CONTRES.

142. Rencontre d'un commandant supérieur.
143. Cas où le commandant supérieur peut detourner le commandant inférieur de sa mission.
144 Rencontre des convois.
145. Responsabilité du commandant supérieur. — Il rend compte de sa détermination.

CHAPITRE III.— DES OFFICIERS GÉNÉRAUX ET CHEFS DE DIVISION EMPLOYÉS EN SOUS-ORDRE.

146. Devoirs généraux de l'officier général employé en sous-ordre.

Art.
447. Pouvoirs et fonctions communes au commandant en chef et à l'officier général employé en sous-ordre.
448. Inspections des officiers généraux employés en sous-ordre.
449. Signaux qu'ils font aux bâtiments de l'armée.
450. Pendant le combat, leur surveillance peut s'étendre sur tous les bâtiments de l'armée.
451. L'officier général en sous-ordre se devoue pour dégager le commandant en chef.
452. Si son bâtiment est désemparé, il peut porter son pavillon sur tout bâtiment de l'armée.
453. Séparation du commandant en chef.
454. Remplacement du commandant en chef.
455. Notes sur les officiers qui ont été employés sous les ordres d'un officier général employé en sous-ordre.
456. Les dispositions qui précèdent sont applicables au chef de division en sous-ordre.

TITRE VI.

Des officiers de l'état-major général.

457. Autorité du chef d'état-major.
458. Le chef d'état-major fait connaître les chefs de service.
459. Il se pourvoit des cartes, plans, etc., etc., nécessaires pour la campagne.
460. Fonctions du chef d'état-major.—Son poste dans le combat.
461. Il reçoit directement les ordres du commandant en chef.— Il surveille l'exécution des ordres et le service des signaux.
462. Registres et contrôles tenus par le chef d'état-major.
463. Il conserve la correspondance du commandant en chef, et tient un journal historique des opérations de l'armée.
464. État des approvisionnements à remettre au commandant en chef.
465. Il prend le mot d'ordre et le signale, ainsi que les différents services journaliers.
466. Inspections qu'il passe par ordre du commandant en chef.
467. Il est rapporteur du conseil sur les opérations de l'armée.
468. Il fait rendre les honneurs funèbres.
469. Mode d'agir du chef d'état-major en cas de décès du commandant en chef.

Art.

170. Position des officiers de l'état-major général en cas de décès de l'officier général.
171. Remises des registres et journaux, cartes et plans à la fin de la campagne.

TITRE VII.

Du capitaine du bâtiment.

CHAPITRE Ier. — DISPOSITIONS GÉNÉRALES.

172. Remise du bâtiment au capitaine. — Reconnaissance du capitaine à bord.
173. De qui dépend le bâtiment dans l'arsenal et hors de l'arsenal.
174. Le capitaine reçoit les plans et devis du préfet.
175. Il ne fait aucun changement dans la coque.
176. Il fait une visite exacte du bâtiment.
177. Sa correspondance avec les chefs.
178. Il est président du conseil d'administration.
179. Il tient un livre d'ordres.
180. Il tient un registre des punitions des officiers.
181. Son journal.
182. Bordereau des objets embarqués.
183. Passagers.
184. Police des passagers.
185. Il est responsable des consommations extra-réglementaires.
186. Le capitaine se conforme aux règlements de la santé et de la douane.
187. Il ne peut s'absenter sans autorisation.
188. Propreté, siccité et salubrité du bâtiment.
189. Il désigne les postes des factionnaires.
190. Le capitaine signe les certificats de bonne conduite des officiers mariniers.
191. Lecture des lois pénales maritimes.
192. Peines de discipline et autres.
193. Services des hommes en punition.
194. Articles du commandant en chef applicables au capitaine

CHAPITRE II. — DU CAPITAINE PENDANT L'ARMEMENT ET DANS L'ARSENAL.

Art.
195. Partage de la responsabilité entre le directeur du port et le capitaine.
196. Le capitaine reçoit les consignes du directeur du port.
197. Surveillance des travaux par le capitaine. — Il en rend compte.
198. Il visite d'avance le matériel d'armement.
199. Il fait faire les corvées dans l'arsenal par les embarcations du port.
200. Il ne peut refuser les objets fournis par le port.
201. Il fait examiner par une commission les vivres de campagne.
202. Il fait essayer les objets de rechange.
203. Il désigne les logements.
204. Il charge le plus ancien officier du détail général.
205. Distribution des officiers dans les différents services.
206. Il règle le service des gardes.
207. Il ordonne que les officiers de service couchent à bord.
208. Il règle le service des chirurgiens dans le port.
209. Il se munit de cartes, plans, etc., etc.
210. Il s'assure que les officiers sont munis de leurs instruments et livres.
211. Il est présent lors de la sortie de l'arsenal.

CHAPITRE III. — DU CAPITAINE EN RADE ET A LA MER.

212. En sortant de l'arsenal, le capitaine fait hisser la marque distinctive et son numéro.
213. En arrivant sur rade, il prend les ordres du commandant supérieur.
214. Il règle le service des quarts.
215. Rôles définitifs.
216. Dans certains cas, les surnuméraires peuvent être employés à tout service.
217. Il informe le préfet que l'armement est terminé. — Commission d'armement.
218. Le capitaine donne toute publicité aux consignes et ordres généraux.
219. Il fixe l'heure où il donne ses ordres au second.

Art.
220. Heures de l'allumage et de l'extinction des feux.
221. Il se fait remettre la liste des malades et exempts de service.
222. Abstention du travail le dimanche. — Il fait dire les prières.
223 Permissions d'absence.
224. Il fait tenir les embarcations hissées.
225. Il peut faire visiter les effets personnels et les provisions qui sont apportées à bord.
226. Service des agents de la machine.
227. Inspections journalières du capitaine.
228. Il commande lui-même lors des manœuvres générales.
229. Dispositions pour le cas où un homme tomberait à la mer.
230. Appel aux postes de combat.
231. Il fait visiter les pièces qui sont chargées.
232. Surveillance du registre signalétique des canons.
233. Il fixe la quantité de poudres et artifices qui sera tenue hors des soutes.
234. Entretien des projectiles, du matériel d'artillerie et des armes portatives.
235. Inspection des sacs.
236. Il ne permet de porter que des effets réglementaires.
237. Remplacement du capitaine d'une compagnie.
238. États à remettre tous les mois. — Compte à rendre des mutations.
239. Le capitaine examine les pièces d'administration aux époques prescrites.
240. Il se fait rendre compte de l'état des approvisionnements.
241. Il fait monter sur le pont, aérer et visiter les objets d'armement.
242. Commission pour juger des objets avariés.
243. Une copie annotée des marchés reste à la chancellerie.
244. Cas où le capitaine peut renvoyer en France des personnes de son bâtiment.
245. Testaments. — Événements qui donnent droit à pension.
246. Mode de procéder pour les effets des décédés et déserteurs.
247. La machine est mise en mouvement une fois par semaine.
248. Surveillance des soutes à charbon.
249. Il interdit l'accès de la passerelle et l'entrée dans la chambre des machines.
250. Reconnaissance qu'il fait d'un mouillage peu fréquenté.
251. Il fait prendre la patente de santé.
252. Appel général de l'équipage après le départ.

Art.

253. Le capitaine renvoie les pilotes sans retard.
254. Il désigne les vigies.
255. Il écrit ses ordres sur le casernet.
256. Signaux.
257. Il imite les mouvements du bâtiment commandant.
258. Devoirs du capitaine lorsqu'un officier général est à son bord.
259. Responsabilité du capitaine de pavillon.
260. Le capitaine signale tout ce qui arrive en vue.
261. Calculs qui lui sont remis par les officiers.
262. Il étudie et s'applique à améliorer les qualités de son bâtiment.
263. A cinquante lieues de terre, on peut détalinguer les chaînes.
264. Sondes.
265. Tout capitaine peut signaler que la route est dangereuse à tenir.
266. Croisières.
267. Retranchements dans la ration.
268. Économie du combustible.
269. Rapport sommaire sur la navigation à vapeur.
270. Séparations.
271. Il désigne l'officier qui commandera une expédition de guerre.
272. Lorsqu'un bâtiment hisse son numéro, il lui est répondu par un numéro.
273. Manœuvre quand deux bâtiments se rencontrent.
274. Les bâtiments passent sous le vent de ceux qui portent des marques distinctives.
275. Procès-verbal à dresser en cas d'abordage.
276. Secours qu'il donne aux alliés et aux neutres, et qu'il reçoit d'eux.
277. Dispositions lorsqu'il doute de l'état de paix.
278. Cas où le bâtiment est attaqué sans déclaration de guerre.
279. Il fait noter exactement toutes les circonstances du combat.
280. Distances à conserver en ligne.
281. Devoirs des chefs de file et serre-files.
282. Le capitaine attend les ordres du commandant en chef pour commencer le combat.
283. Le poste de tout capitaine est au plus fort du feu.
284. Il défend jusqu'à extrémité le chef dont il est matelot.
285. Il ne quitte pas son poste dans la ligne.
286. Il répare ses avaries pendant le combat.

— XXVI —

Art.

287. Il fait tous ses efforts pour empêcher que la ligne ne soit coupée.

288. Devoirs des capitaines des bâtiments légers qui n'ont point de poste dans la ligne.

289. Un capitaine qui s'est mal conduit au feu est traduit devant un conseil de guerre.

290. Ne pas tirer sur un ennemi qui a amené.

291. Un officier va prendre le capitaine d'un bâtiment qui a amené.

292. Amarinage d'une prise.

293. Formalités administratives envers les prises.

294. Mode d'agir envers les prisonniers de guerre.

295. Devoirs du capitaine après l'action.

296. Rapport à remettre après l'action.

297. Les pièces administratives concernant les prises sont adressées au ministre.

298. Devoirs du capitaine d'un brûlot.

299. Sauvetage de l'équipage et du matériel en cas de perte.

300 Le capitaine détruit son vaisseau plutôt que de le rendre à l'ennemi.

301. Le capitaine forcé de se rendre détruit tous ses papiers.

302 Mode de procéder lors de l'abandon du bâtiment.

303. Le capitaine ne peut mouiller et communiquer sans autorisation.

304. État des besoins en arrivant au mouillage.

305. Le capitaine venant de la mer va chez le préfet et à bord du commandant supérieur.

306. Rapport à remettre en revenant de la mer.

307. Le capitaine venant de la mer fait connaître son arrivée à un chef de service de la marine.

308. Réduction des consommations lorsqu'on doit entrer dans le port.

CHAPITRE IV.—Du capitaine pendant le désarmement.

309. Entrée dans l'arsenal.

310. Toute consommation cesse en entrant dans l'arsenal.

311. Rapports au préfet maritime et au major général lorsque le bâtiment est dans le port.

312. Service des officiers et chirurgiens dans l'arsenal.

313. Visite de désarmement des chefs des directions du port.

314. Devis, plans et autres pièces à remettre au major général.
315. Il vise les journaux des officiers et peut les retenir momentanément.
316. Notes à adresser au ministre.
317. Procès-verbal d'avancement au désarmement.
318. Mode de procéder pour les objets qui restent à bord.
319. Remise du bâtiment au port. — Présentation de l'état-
major au préfet et au major général.

TITRE VIII.

Des officiers employés sous les ordres du capitaine du bâtiment.

CHAPITRE Ier. — DE L'OFFICIER EN SECOND.

—

SECTION Ire. — *Dispositions générales.*

320. Fonctions et pouvoirs de l'officier en second.
321. Il émarge et fait émarger le livre d'ordres du capitaine.
322. Il surveille la tenue du casernet, du registre des signaux
et autres registres.
323. Il tient un cahier de service.
324. Il surveille la comptabilité.
325. Il peut prendre le commandement de la manœuvre.
326. Il ne s'absente pas en même temps que le capitaine.
327. Permissions d'absence qu'il peut accorder.
328. Mode de procéder relativement aux certificats.
329. Ses devoirs disciplinaires.
330. Cas où il ne peut remplir ses fonctions.

SECTION II. — *De l'officier en second pendant l'armement et dans l'arsenal.*

331. Mise à exécution des consignes et ordonnances.
332. Nettoyage de la cale et des soutes, arrimage.
333. Il dirige les travaux et les fait surveiller par les officiers
attachés aux services du détail.

Art.

334. Il s'assure de la quantité des munitions embarquées.
335. Essai des objets de rechange.
336. Il étudie l'aptitude de chaque homme.
337. Il fait visiter les marins par le chirurgien-major.
338. Surveillance du passage au billet.
339. Rôles provisoires avant d'aller en rade.
340. Il s'assure que les aspirants et chirurgiens ont les livres et
     instruments réglementaires.
341. Dispositions lorsque le bâtiment va en rade.

SECTION III. — *De l'officier en second en rade et à la mer.*

342. Circonstances où le second fait le quart.
343. Désignation des factionnaires et publication des ordres de
     service.
344. Il dresse les rôles définitifs de répartition.
345. Lorsqu'il commande lui-même, les officiers sont à leurs
     postes.
346. Il veille à ce que tous assistent aux exercices.
347. Il surveille l'accomplissement des devoirs des aspirants.
348. L'officier en second rend compte des exercices généraux
     au capitaine.
349. Il réunit les maîtres tous les soirs.
350. Inspection après la propreté. — Inspection du personnel.
351. Tenue de la mâture.
352. Surveillance de la tenue de l'hôpital.
353. Précautions en ce qui concerne les poudres.
354. Appels aux postes de combat.
355. Ouverture des sabords, hublots et écoutilles.
356. Il veille à l'amarrage du bâtiment en rade.
357. Note des objets en supplément embarqués dans les canots.
358. États à remettre au capitaine.
359. Surveillance du service des vivres.
360. Il rend compte au capitaine des munitions avariées.
361. Admission des marchands à bord.
362. Ensevelissement des personnes décédées.
363. Appel général en prenant la mer.
364. Devoirs de l'officier en second au branle-bas de combat.
365. Son poste dans le combat.
366. Il commande le premier abordage.
367. Avaries et nombre des morts et des blessés.
368. Cas où il est appelé à remplacer le capitaine.

Art.

369. Ses devoirs en cas d'incendie et de naufrage.
370. État des besoins qu'il remet au capitaine.

SECTION IV. — *De l'officier en second pendant le désarmement.*

371. Il veille à l'exécution de l'ordre de service et des consignes données par le port.
372. Il est présent pendant tout le désarmement.
373. Dispositions pour la fin du désarmement.
374. Il réunit les casernets et journaux et les remet au capitaine.
375. Au désarmement, il présente l'état-major au capitaine.

CHAPITRE II. — DES OFFICIERS DU BATIMENT.

SECTION Ire. — *Dispositions générales.*

376. Leurs devoirs généraux.
377. Ils assistent aux exercices.
378. Ils se rendent à leurs postes quand on y manœuvre.
379. Ils ne peuvent réunir des hommes de l'équipage sans autorisation.
380. Officier le plus ancien après le second.
381. Corvées.
382. Commandement des embarcations.
383. L'officier de corvée surveille la tenue de l'embarcation qu'il commande et n'en laisse pas éloigner les hommes.
384. L'officier de corvée prend note des objets qui lui sont délivrés pour le service du bâtiment.
385. Journaux des officiers.
386. Les officiers font les observations astronomiques.
387. Inspections journalières.
388. Appel aux postes de combat.
389. Certificats aux hommes de l'équipage.
390. Gestion de la table de l'état-major.
391. Permissions d'absence.

SECTION II. — *Des officiers de quart.*

§ 1er. — *Dispositions générales.*

392. Devoirs en prenant le quart.

Art.
393. L'officier chef de quart ne peut quitter le pont.
394. Poste de l'officier de quart.
395. Devoirs de l'officier de quart.
396. L'officier de quart ordonne seul l'exécution des mouvements.
397. Mode de commandement.
398. L'officier de quart fait prévenir les officiers lorsque leur présence est nécessaire.
399. Lors des exercices généraux, il remet le quart à l'officier de manœuvre.
400. Il fait veiller tous les signaux et tous les mouvements de l'armée.
401. Ordres qui s'adressent à son bâtiment.
402. Postes des hommes de quart.
403. Objets embarqués à bord ou débarqués.
404. Il fait surveiller les feux allumés à bord.
405. Il fait faire des rondes fréquentes la nuit.
406. Précautions pour le cas où un homme tomberait à la mer.
407. Commission à la cambuse. — Il fait garder la ration des absents.
408. Dans les orages il fait mettre à la mer les chaines des paratonnerres.
409. Il écrit sur le casernet l'heure exacte des décès.
410. Appels au quart.
411. Il veille à ce que les hommes mouillés changent de vêtements.
412. Il transmet à son successeur les ordres qui restent à exécuter.
413. Dès qu'il quitte le quart il écrit et signe le casernet.

§ 2. — *De l'officier de quart en rade.*

414. Il prévient du départ et de l'arrivée des canots. — Il fait veiller ceux qui passent.
415. Dans les mauvais temps il fait mouiller un plomb de sonde et tenir des ancres prêtes.
416. Il est prévenu du départ et de l'arrivée des permissionnaires.

§ 3. — *De l'officier de quart à la mer.*

417. Remise du quart.
418. L'officier de quart ne peut changer la route. — Il s'applique à maintenir le bâtiment à son poste.

— XXXI —

Art.
419. Surveillance extérieure ; surveillance des vigies et feux.
420. Visite du gréement, de la machine, de la pompe et de la barre.
421. Il fait jeter le loch et surveille la tenue de la table de loch.
422. Il prévient lorsqu'il y a lieu de faire des observations astronomiques.
423. Relèvements.

§ 4. — *Des officiers de quart en sous-ordre.*

424. Fonctions et postes des officiers de quart en sous-ordre.
425. Leurs devoirs lorsqu'ils remplacent momentanément le chef de quart.

SECTION III. — *Des officiers commandant les batteries.*

426. Attributions des officiers commandant les batteries.
427. Inspection du matériel, matin et soir.
428. Manœuvres dans les batteries.
429. Officier chargé de la propreté de l'hôpital.
430. Branle-bas de combat.
431. Officiers employés en sous-ordre dans les batteries.

SECTION IV. — *Des officiers capitaines de compagnies.*

432. Ils sont chargés et responsables de l'administration, de la solde et de l'habillement des compagnies.
433. Propreté et inspection des compagnies.
434. Surveillance des sacs.
435. Les livrets sont arrêtés lors des revues.
436. Permissionnaires.
437. Certificats de bonne conduite et de capacité aux hommes de l'équipage.
438. Cahier de punitions des compagnies.
439. Remplacement du capitaine d'une compagnie.
440. Officiers commandants des sections de compagnies.

SECTION V. — *Des officiers attachés aux divers services du détail général.*

—

§ 1er. — *Dispositions générales.*

441. Ils reçoivent les ordres du second et surveillent les personnes appartenant à leur détail.

Art.
442. Ils prennent connaissance du matériel.
443. Ils surveillent l'embarquement et l'emploi du matériel et veillent à sa conservation.
444. Ils surveillent l'instruction des hommes et s'appliquent à connaître leur aptitude.
445 Ils préviennent l'officier de quart lorsqu'ils ont des ordres à exécuter.
446. Relations des maîtres avec eux.

§ 2. — *De l'officier chargé du matériel de l'artillerie.*

447. L'officier chargé du matériel d'artillerie surveille le matériel des batteries.
448. Embarquement et débarquement des poudres.
449. Surveillance de l'arrimage des poudres.
450 Les poudres ne sont pas extraites des soutes sans ordre.
451. Calibrage des projectiles. Surveillance du matériel d'artillerie.
452 L'officier chargé du matériel d'artillerie est officier d'armement et surveille l'entretien des petites armes.
453. Avant d'entrer dans l'arsenal, il s'assure que les soutes à poudre sont nettoyées et les pièces déchargées.

§ 3. — *Des officiers attachés aux services de détail du bâtiment.*

454. Officier chargé de l'instruction des aspirants.
455. Officier chargé des montres.
456. Officier de manœuvre chargé du gréement.
457. Officier chargé de la cale.
458. Officier chargé des embarcations.
459. Officier attaché au détail de la timonerie.
460. Officier attaché au détail de la machine.
461. Officier attaché au détail du charpentage.
462. Officier attaché au service du faux pont.
463. Officier attaché au détail de la voilerie.
464. Officier attaché au détail du calfatage.
465. Officier attaché au détail des vivres.
466. Officier chargé du magasin général.

TITRE IX.

Des aspirants et des aspirants auxiliaires.

ih.
467. Rang hiérarchique des aspirants.
468. Le plus ancien des aspirants est chef de poste.
469. Les aspirants exécutent les ordres des officiers et portent leurs ordres et leurs avis.
470. Leur service dans le port.
471. Leur service général.
472. Ils ne se livrent à aucune occupation étrangère au service. Silence qu'ils observent.
473. Ils se portent dans la mâture pour tout objet de service.
474. Ils assistent et participent aux manœuvres et exercices.
475. Ils doivent pouvoir commander les exercices.
476. Leur service du matin.
477. Service des aspirants de quart.
478. Aspirants de corvée.
479. Aspirants employés dans les embarcations.
480. Aspirant commandant une embarcation.
481. Il se tient au large des quais ou bâtiments qu'il a accostés.
482. Honneurs à rendre dans les embarcations.
483. Ils ne joutent pas de marche avec un supérieur.
484. Ils font des observations astronomiques.
485. Ils rédigent un journal de leur navigation.
486. Rondes faites par les aspirants.
487. Surveillance des feux.
488. Les appels sont dirigés par les aspirants.
489. Ils assistent aux distributions de vivres et aux repas.
490. Ils mangent à une table commune.
491. Ils se munissent de livres et instruments réglementair s.
492. Permissions d'absence.
493. Gestion de la table des aspirants.
494. Aspirants auxiliaires.

TITRE X.

Des officiers mariniers et des quartiers-maîtres.

CHAPITRE I⁰ʳ. — DISPOSITIONS GÉNÉRALES.

495. Ordre hiérarchique des maîtres.

Art.
496. Leur autorité.
497. Autorité et surveillance spéciale des maîtres.
498. Rang des seconds maîtres entre eux.
499. Ils donnent l'exemple du zèle et maintiennent la discipline.
500. Ils exigent que leurs inférieurs se rendent à leurs postes.
501. Visite du bâtiment avant l'armement.
502. Les seconds maîtres et quartiers-maîtres chargés font le quart à courir.
503. Tous les soirs, ils reçoivent les ordres de l'officier en second.
504. Ils assistent à tous les exercices et réunions de l'équipage.
505. Ils étudient l'aptitude des hommes sous leurs ordres et les instruisent.
506. Munitions et ustensiles à la charge des maîtres.
507. Ils reçoivent un bordereau des munitions qu'ils vont chercher.
508. Ils informent l'officier de quart de l'exécution des ordres qu'ils ont reçus.
509. Economie des munitions dont ils sont chargés.
510. Ils surveillent la propreté et suivent le capitaine dans les inspections.
511. Ils surveillent le raccommodage des effets et le lavage du linge.
512. Gestion de la table des maîtres.
513. Permissions d'absence.
514. Remplacement d'un maître chargé en cas d'absence momentanée.
515. Remplacement d'un maître chargé en cas de décès.
516. Ils préparent un état des besoins de leur détail.
517. Cessation des consommations au désarmement.

CHAPITRE II. — DES MAITRES CHARGÉS.

SECTION 1re. — *Du maître de manœuvre.*

518. Autorité du maître de manœuvre.
519. Ses fonctions à l'armement.
520. Il est chargé des ancres, amarres, etc.
521. Son poste de combat et son quart.
522. Il fait répéter les ordres au sifflet.

Art.
523. Sa visite journalière.
524. Il fait dépasser les tours des chaînes.
525. Il s'assure que l'ancre de veille est prête à être mouillée.
526. Il dresse la mâture et les vergues.
527. Sa surveillance à la mer.

SECTION II. — *Du maître canonnier.*

528. Embarquement, débarquement et mouvements de poudres et munitions.
529. Il ne tient hors des soutes que la quantité de poudre désignée. — Préparation des artifices de signaux.
530. Registre signalétique des bouches à feu.
531. Saluts.
532. Son quart et son poste de combat.
533. Il s'assure que les batteries sont dégagées.
534. Visite des batteries.
535. Surveillance de l'amarrage des pièces à la mer.
536. Il s'assure que les pièces sont déchargées.

SECTION III. — *Du capitaine d'armes.*

537. Ses fonctions.
538 Il surveille les factionnaires et fait des rondes à cet effet.
539. Il ne fait pas de quart.—Son poste au combat.
540. Il surveille les feux qui sont allumés à différents postes.
541. Il empêche l'introduction de liqueurs spiritueuses, poudre, armes, etc.
542. Il se concerte avec le maître canonnier lorsqu'il a besoin d'ouvrir la soute.
543. Il inspecte la garde.
544. Il prend note des objets mis en service pour une expédition de guerre.
545. Visite des petites armes.
546. Police des marchands autorisés à vendre à bord.
547. Il tient une liste des permissions d'absence.
548. Il est chargé de l'exécution des punitions.
549. Il tient un registre de punitions.
550. Il surveille les lieux de détention.

SECTION IV.—*Du maître de timonerie.*

551. Son quart et son poste au combat.

Art

552. Visite des objets de son détail et de la barre du gouvernail.
553. Surveillance des habitacles et aimants artificiels.
554. Tirant d'eau.
555. Il surveille et fait les signaux.
556. Il observe la terre.—Relèvement du mouillage.
557. Il fait le point et observe la variation.
558. Il s'assure qu'on jette le loch toutes les demi-heures.
559. Sondes.
560. Il vérifie les horloges, les lignes de loch et de sonde.
561. Il veille le paratonnerre et tient un plomb de sonde paré.

SECTION V.—*Du maître mécanicien.*

562. Il ne fait pas de quart.—Son poste au combat.
563. Visite de la machine.
564. Il ne laisse entrer personne dans la chambre de la machine.
565. Il surveille la conduite de l'appareil.
566. Il prend la conduite de l'appareil lorsqu'il le juge nécessaire.
567. Mode d'agir dans un accident.
568. Il ne fait aucun travail dans la machine sans autorisation.
569. Il surveille strictement la consommation du charbon.
570. Il fait un cours pratique sur les appareils à vapeur.
571. Il tient un casernet de la machine.

SECTION VI.—*Du maître charpentier.*

572. Son quart et son poste de combat.
573. Il vérifie les différenciomètres.
574. Visite des objets dont il est chargé.
575. Il informe le capitaine seul s'il reconnaît que le bâtiment est en danger.

SECTION VII.—*Du maître voilier.*

576. Son quart et son poste de combat.
577. Visite des objets à sa charge.
578. Il tient les voiles de rechange prêtes.

SECTION VIII.—*Du maître calfat.*

579. Son quart et son poste de combat.
580. Visite des objets dont il est chargé.
581. Il tient les pompes prêtes.

Art.
382. Il informe le capitaine seul s'il reconnaît que le bâtiment est en danger.

SECTION IX. — *Du pilote côtier*.

383. Ses fonctions. — Son quart et son poste de combat.

SECTION X. — *Du maître armurier*.

384. Il ne fait point de quart. — Son poste de combat.
385. Ses fonctions.
386. Visite des petites armes et autres objets.
387. Après le combat et après les exercices, il décharge les armes.

SECTION XI. — *Du maître forgeron*.

388. Il ne fait pas de quart. Son poste au combat.
389. Ses fonctions.
390. Objets qu'il visite fréquemment.
391. Il ne permet pas de prendre du feu à la forge.

TITRE XI.

De l'aumônier.

592. L'aumônier est soumis aux règles de police du bord.
593. Il est chargé des objets du culte.
594. Ses fonctions.
595. Son poste au combat. Visite des malades.
596. Au désarmement, il remet au magasin les objets du culte.

TITRE XII.

Des officiers d'administration.

—

CHAPITRE Iᵉʳ. — DISPOSITIONS GÉNÉRALES.

397. Par qui est dirigé le service administratif.
398. Les officiers d'administration se conforment aux règlements sur leur service.

— XXXVIII —

Art.
599. Qui remplace les officiers d'administration en cas de décès.

CHAPITRE II. — DU COMMISSAIRE D'ARMÉE, D'ESCADRE OU DE DIVISION.

600. Le commissaire d'armée, d'escadre ou de division fait partie de l'état-major général.
601. Mode de communiquer avec le commandant en chef.
602. Il accompagne le commandant en chef dans les inspections.
603. Il peut appeler les officiers d'administration.
604. Pouvoir disciplinaire sur les officiers d'administration.
605. Après la revue d'armement, il constate l'effectif des bâtiments.
606. Il se fait remettre les états de situation après le départ.
607. Il fait des revues générales ou partielles. État général de situation.
608. Il veille à ce qu'il ne soit fait aucune consommation abusive.
609. État des besoins à l'étranger; marchés pour y suffire. Émission des traites.
610. Poste au combat.
611. Rapport qu'il reçoit après le combat.
612. Il observe les règlements sur les prises.
613. Notes qu'il remet au commandant en chef.
614. Rapport d'ensemble qu'il adresse au ministre.

CHAPITRE III. — DU SOUS-COMMISSAIRE DE DIVISION.

615. Il fait partie de l'état-major du bâtiment.

CHAPITRE IV. — DE L'OFFICIER D'ADMINISTRATION.

616. Ses devoirs hiérarchiques.
617. Ses fonctions.
618. Rôle d'équipage; il le met en sûreté en cas d'événement.
619. Pendant l'armement, il fait des appels fréquents.
620. Il s'assure que les objets portés sur les feuilles sont embarqués.
621. Il se fait rendre compte des vivres consommés.

622. Il veille à ce que les rafraîchissements ne soient point détournés de leur destination.
623. Il prend part à la passation des marchés. — Traites.
624. Etats à envoyer au port.
625. Il fait l'inventaire des effets des personnes décédées.
626. Il constate les événements donnant droit à pension.
627. Son poste de combat; ses devoirs avant et après le combat.
628. Il se transporte à bord des prises pour y procéder suivant les règlements.
629. Ses devoirs au désarmement.

TITRE XIII.

Des officiers du génie maritime.

630. Position des officiers du génie maritime embarqués.
631. Fonctions principales de l'officier du génie maritime.
632. Il reçoit de la direction des constructions les devis et plans des bâtiments.
633. Il s'applique, par ses observations, au perfectionnement des constructions navales.
634. Il emploie aux réparations les ouvriers et matériaux des bâtiments.
635. Il fait partie des commissions d'achat de munitions pour la réparation des bâtiments.
636. Il remet au commandant en chef une note détaillée des dépenses.
637. Son poste au combat.
638. Après le combat, il visite les bâtiments avariés.
639. Rapport qu'il remet lorsqu'il cesse ses fonctions.
640. Fonctions de l'officier du génie en sous-ordre.

TITRE XIV.

Des officiers de santé.

CHAPITRE Iᵉʳ. — DISPOSITIONS GÉNÉRALES.

641. Embarquement des officiers de santé.

CHAPITRE II. — DU MÉDECIN EN CHEF ET DU CHIRURGIEN-MAJOR DE DIVISION.

Art.
642. Relations du médecin en chef avec le commandant en chef.
643. Instructions et inspections sanitaires.
644. Pouvoir disciplinaire du médecin en chef.
645. Inspection des postes des malades et des instruments des officiers de santé.
646. Comptes qu'il se fait rendre.
647. Il n'envoie aux hôpitaux que les malades graves.
648. Hôpital provisoire à terre. — Installation d'un bâtiment hôpital.
649. Poste au combat. — Visite des blessés après le combat.
650. Notes à remettre au commandant en chef.
651. Rapport qu'il remet au commandant en chef et au préfet maritime.

CHAPITRE III. — DU CHIRURGIEN-MAJOR ET AUTRES OFFICIERS DE SANTÉ.

652. Il rend ses comptes et adresse ses rapports à l'officier de santé en chef.
653. Il propose les mesures de salubrité nécessaires.
654. Changements à apporter au matériel à embarquer.
655. Devoirs journaliers du chirurgien-major.
656. Fonctions qu'il assigne au pharmacien.
657. Visa des instruments des officiers de santé en sous-ordre.
658. Il visite la chaudière de l'équipage.
659. Les infirmiers font la distribution des aliments.
660. Il fait partie des commissions qui examinent ou achètent des vivres et des objets pour le service des malades.
661. Il reçoit du commis aux vivres l'état des rafraîchissements.
662. Distributions extraordinaires.
663. Un chirurgien assiste au repas des malades.
664. Patente de santé.
665. Poste au combat des officiers de santé.
666. Visite des aiguades.
667. Il dresse l'état des médicaments à remplacer.
668. Malades envoyés à l'hôpital.
669. Mesures à l'égard des hommes provenant des hôpitaux.
670. Le chirurgien-major prévient l'aumônier d'un malade en danger.

Art.

671. Il signale les blessures et les maladies qui ouvrent droit à pension.

672. Il rend compte des décès.

673. Effets jetés à la mer par mesure de salubrité.

674. Notes et rapports qu'il remet au capitaine et au conseil de santé.

675. Le second chirurgien est chargé de la feuille.

676. Devoirs du chirurgien chargé de la feuille.

677. Il se conforme aux prescriptions administratives réglementaires.

678. Remise du matériel et des pièces de comptabilité par le chirurgien chargé de la feuille.

TITRE XV.

Du commis aux vivres et du magasinier.

CHAPITRE Ier. — DU COMMIS AUX VIVRES.

679. Sa position hiérarchique.

680. En cas de mauvais traitements, il porte sa plainte à l'officier en second.

681. Dans le port, il présente tous les matins son registre à l'officier en second.

682. Il visite les soutes, futailles et caisses, et assiste à l'arrimage des vivres.

683. Propreté de la cambuse et autres postes, et des ustensiles qui y sont employés.

684. Vivres reçus dans la cambuse pour un nombre de jours fixé.

685. Il ne peut faire de distributions extraordinaires sans ordre.

686. Il rend compte des détériorations de vivres et de leurs causes.

687. Il fait partie des commissions de vivres.

688. Mode de procéder lors des retranchements de vivres.

689. Etats à remettre à l'officier en second et au chirurgien major.

690. Au désarmement, il surveille le débarquement de son matériel.

691. Il ne peut s'absenter du port qu'après la reddition de ses comptes.

c.

Art.
692. En outre des dispositions ci-dessus, il se conforme aux règlements concernant son service.

CHAPITRE II. — DU MAGASINIER.

693. Sa position hiérarchique.
694. En cas de mauvais traitements, il porte ses plaintes à l'officier en second.
695. Il est chargé des objets déposés dans son magasin et dans ses soutes.
696. Il fait connaître les objets qui n'ont pu être placés dans ses magasins.
697. Il ne fait habituellement de délivrance que sur un bon de consommation.
698. Détérioration des objets confiés à sa garde.
699. Au désarmement, il surveille la remise du matériel.
700. Il ne peut s'absenter du port qu'après la reddition de ses comptes.
701. En outre des prescriptions ci-dessus, il se conforme aux règlements touchant son service.

TITRE XVI.

Des logements.

702. Ordre dans lequel les officiers sont logés.
703. Cas où il n'y a point d'officier général embarqué.
704. Cas où des logements se trouvent supprimés.
705. Logement des aspirants, commis et écrivains de marine et des chirurgiens de 3e classe.
706. Logement des maîtres.
707. Poste de couchage des seconds maîtres.
708. Poste de couchage de l'équipage.
709. Poste de couchage des mousses.

TITRE XVII.

Des honneurs et des visites.

CHAPITRE Ier. — DES HONNEURS A RENDRE AU PAVILLON NATIONAL.

710. Honneurs à rendre au pavillon français.

CHAPITRE II. — DES HONNEURS A RENDRE AU PRÉSIDENT DE LA RÉPUBLIQUE.

Art.
711. Honneurs à rendre au Président de la République.

CHAPITRE III. — DES HONNEURS A RENDRE AUX MINISTRES.

712. Honneurs à rendre aux ministres.

CHAPITRE IV. — DES HONNEURS A RENDRE AUX OFFICIERS DE LA MARINE.

—

SECTION Ire. — *Des honneurs à rendre aux amiraux et aux officiers généraux de la marine.*

713. Honneurs à rendre à un amiral pourvu d'un commandement.
714. Honneurs à rendre à un amiral non pourvu d'un commandement.
715. Honneurs à rendre à un vice-amiral pourvu d'une commission de commandement d'amiral.
716. Honneurs à rendre aux vice-amiraux.
717. Honneurs à rendre aux contre-amiraux.
718. Honneurs à rendre aux chefs de division.
719. Honneurs à rendre aux officiers généraux chefs d'état-major généraux.
720. Honneurs à rendre aux officiers des états-majors généraux.
721. Honneurs à rendre aux officiers généraux qui passent près du bord.

SECTION II. — *Des honneurs à rendre aux officiers supérieurs et autres officiers de vaisseau.*

722. Honneurs à rendre au capitaine de vaisseau commandant.
723. Honneurs à rendre au capitaine de frégate commandant.
724. Honneurs à rendre au lieutenant de vaisseau commandant.
725. Honneurs à rendre aux officiers non commandants.

SECTION III.—*Des honneurs à rendre aux officiers pourvus de titres temporaires.*

Art.
726. Honneurs à rendre aux gouverneurs et commandants des colonies.
727. Honneurs à rendre aux préfets maritimes.
728. Honneurs à rendre aux officiers généraux inspecteurs généraux, et à ceux annoncés par le ministre de la marine.
729. Honneurs à rendre aux majors généraux des ports

CHAPITRE V. — DES HONNEURS A RENDRE AUX OFFICIERS DES DIFFÉRENTS CORPS DE LA MARINE AUTRES QUE CELUI DES OFFICIERS DE VAISSEAU.

730. Honneurs à rendre aux inspecteurs généraux des différents corps de la marine.
731. Honneurs à rendre aux officiers de ces corps.

CHAPITRE VI. — DES HONNEURS A RENDRE AUX PERSONNES QUI N'APPARTIENNENT PAS A LA MARINE.

732. Honneurs à rendre aux maréchaux de France.
733 Des honneurs à rendre aux officiers généraux de l'armée de terre.
734. Des honneurs à rendre aux agents diplomatiques et consulaires.
735. Cas où les honneurs sont rendus à des agents diplomatiques et consulaires.

CHAPITRE VII. — DES SALUTS.

736. Les saluts ne peuvent excéder vingt et un coups.
737. Les marques distinctives supérieures sont saluées par les inférieures. Tarif des saluts.
738. Comment les saluts sont rendus.
739. Salves et pavois lors des solennités françaises ou étrangères.
740. Honneurs à rendre aux souverains étrangers.
741. Saluts aux commandants en chef et agents étrangers.
742. Saluts à l'étranger.
743. Saluts à rendre aux étrangers.

Art.
744. Les saluts personnels ne sont pas rendus habituellement.
745. Mâts où se hissent les pavillons étrangers lors des saluts.
746. Les saluts ne peuvent être renouvelés qu'au bout d'un an.
747. Le commandant supérieur seul salue ; on ne peut faire de salut sans son autorisation.
748. Les bâtiments au-dessous de dix canons ne saluent pas.
749. Saluts à rendre à un bâtiment de commerce français.

CHAPITRE VIII. — DES VISITES.

750. Visites entre les agents diplomatiques et consulaires de France et les officiers de la marine.
751. Visites à faire aux étrangers et à en recevoir.
752. Visites officielles des officiers français entre eux.
753. Visites aux préfets maritimes.
754. Présentation des officiers généraux, chefs de service et capitaines.
755. Visites aux gouverneurs des colonies.
756. Embarcations à donner aux fonctionnaires qui viennent à bord.

CHAPITRE IX. — DISPOSITIONS DIVERSES.

757. Honneurs du sifflet et des fanaux.
758. Saluts rendus par les factionnaires.
759. Saluts dans les canots.
760. Dans le cours ordinaire du service, réception d'un officier général.
761. Il est rendu aux personnes qui viennent à bord les mêmes honneurs à leur départ qu'à leur arrivée.
762. On ne rend d'honneurs qu'aux personnes en uniforme.
763. Cas où il n'est pas rendu d'honneurs.
764. Les intérimaires ne reçoivent que les honneurs attribués à leur grade.
765. Honneurs à rendre aux personnes non désignées au présent titre.
766. On ne rend d'honneurs que quand il n'en résulte pas d'inconvénient pour l'armée.

CHAPITRE X. — DES HONNEURS FUNÈBRES.

767. Honneurs funèbres à un amiral et à un vice-amiral pourvu d'une commission d'amiral.

Art.
768. Honneurs funèbres à un vice-amiral et à un contre-amiral commandants en chef.
769. Honneurs funèbres aux vice-amiraux et contre-amiraux employés en sous-ordre.
770. Honneurs funèbres aux chefs de division.
771. Honneurs funèbres aux officiers commandants.
772. Honneurs funèbres aux chefs d'état-major.
773. Honneurs funèbres aux officiers non commandants.
774. Honneurs funèbres aux aspirants et aux maîtres.
775. Honneurs funèbres aux seconds maîtres, quartiers-maîtres et matelots.
776. Honneurs funèbres aux officiers des corps autres que celui des officiers de vaisseau.
777. Abrogation des ordonnances et règlements contraires au présent décret.

TABLE DES MODÈLES

ANNEXÉS

AU DÉCRET SUR LE SERVICE A BORD
DES BATIMENTS DE LA FLOTTE.

NUMÉROS des modèles.	DÉTAILS DES MODÈLES.	ARTICLES du décret auxquels ils se rapportent.
1	Notes annuelles sur le compte des officiers de vaisseau et aspirants....	129 et 316.
2	Notes annuelles sur le compte des officiers civils et des employés entretenus embarqués.	129, 316, 643, 650 et 674.
3	Registre des ordres du commandant en chef..........	162.
4	Registre d'inscription tenu par le chef d'état-major.	162.
5	Registre de transmission d'ordres...	162 et 381.
6	Registre d'inscription de signaux. ..	162, 322 et 459.
7	Situation des vivres, de l'eau douce, et du combustible pour machine existant à bord des bâtiments de l'armée.	164.
8	Registre des états majors........	162.
9	État des mutations survenues dans les états-majors..	127.
10	État de situation des vivres et rafraîchissements, de l'eau, et du combustible pour chauffage existant à bord du bâtiment.	238, 358, 621 et 689.
11	État des approvisionnements existant à bord du bâtiment..	358.
12	Rapport journalier à remettre à la majorité générale..	197, 344 et 372.
13	État de situation d'équipage.....	238.

NUMÉROS des modèles.	DÉTAILS DES MODÈLES.	ARTICLES du décret auxquels ils se rapportent.
14	Consommation journalière de l'eau et du combustible.	457.
15	Situation journalière des malades et des convalescents.	655.
16	État des malades, à remettre à la majorité.	238.
17	Billets d'hôpital.	352 et 668.
18	Certificat de bonne conduite et de capacité pour officier marinier. . . .	190, 328, 336, 389 et 437.
19	Certificat de bonne conduite et de capacité pour marin..	190, 328, 336, 389 et 437.
20	Registre de punitions du bâtiment.. . .	329, 438 et 549.
21	Registre de punitions de compagnie permanente.	329 et 438.
22	Formule de lettre.	46.
23	Casernet pour bâtiments à voiles. . .	322 et 443.
24	Tables de loch pour bâtiments à voiles.	322 et 557.
25	Journal du capitaine, des officiers et des aspirants pour bâtiments à voiles.	484, 385 et 485.
26	Casernet pour bâtiments à vapeur.. . .	322 et 443.
27	Tables de loch pour bâtiments à vapeur.	322 et 557.
28	Journal du capitaine, des officiers et des aspirants pour bâtiments à vapeur.	484, 385 et 485.
29	Casernet de la machine.	322, 460 et 574.
30	Rapport sommaire sur la navigation des bâtiments à vapeur.	269.
31	Devis d'armement et de campagne pour bâtiments à voiles..	314.
32	Devis d'armement et de campagne pour bâtiments à vapeur.	314.

DÉCRET

SUR LE SERVICE A BORD

DES

BATIMENTS DE LA FLOTTE.

AU NOM DU PEUPLE FRANÇAIS;

Le Président de la République,

Sur le rapport du Ministre Secrétaire d'Etat de la marine et des colonies,

Le Conseil d'amirauté entendu,

Décrète :

TITRE Ier.

Des fonctions attribuées aux officiers de la marine, suivant le grade ou le titre temporaire dont ils sont revêtus.

Commandement attribué à l'amiral.

Art. 1er.—L'amiral commande une armée navale.

Commandement attribué au vice-amiral.

2.—1° Le vice-amiral peut commander une armée navale. Il peut, dans ce cas, être pourvu d'une comission de commandement d'amiral.

2° Il commande en chef une escadre ou une division.

3° Il est employé en sous-ordre dans une armée navale, et dans une escadre, selon son importance.

Commandement attribué au contre-amiral.

3.—1° Le contre-amiral peut commander en chef une escadre.

1

2° Il commande en chef une division navale.

3° Il est employé en sous-ordre dans une armée navale, dans une escadre, et dans une division, selon son importance.

Commandements et fonctions attribués au capitaine de vaisseau.

4. — 1° Le capitaine de vaisseau, lorsqu'il est commissionné à cet effet, peut commander en chef une division navale.

2° Dans ce cas, il prend le titre temporaire de *chef de division*.

3° Il peut, étant muni d'une commission de chef de division, être employé en sous-ordre dans une force navale.

4° Il commande tout bâtiment à voiles ou à vapeur du rang de vaisseau ou frégate, et les corvettes à voiles à batterie couverte.

5° Il peut être employé comme chef d'état-major d'une force navale commandée par un officier général.

Commandements et fonctions attribués au capitaine de frégate.

5. — 1° Le capitaine de frégate commande :
    Les corvettes à batterie barbette,
    Les brigs ayant réglementairement au moins 10 bouches à feu,
    Les transports de 800 tonneaux,
    Les bâtiments à vapeur inférieurs aux frégates ayant au moins une force de 180 chevaux.

2° Il peut remplacer un capitaine de vaisseau dans le commandement d'un bâtiment à voiles afférent à ce dernier grade, lorsque ce bâtiment est armé en transport.

3° Il peut exercer provisoirement le commandement des bâtiments en commission dont l'effectif réglementaire, lorsqu'ils sont armés, comporte un officier supérieur pour second.

4° Il remplit les fonctions de second à bord de tout bâtiment commandé par un capitaine de vaisseau.

5° Il peut enfin être employé dans un état-major général, soit comme chef d'état-major, soit comme aide de camp.

Commandements et fonctions attribués au lieutenant de vaisseau.

6.—1° Le lieutenant de vaisseau de 1re classe (1) commande tout bâtiment d'un rang inférieur à ceux dont le commandement est attribué au capitaine de frégate.

2° Il commande les bâtiments à voiles afférents à ce dernier grade lorsqu'ils sont armés en transport.

3° Le lieutenant de vaisseau des deux classes est second sur tout bâtiment commandé par un capitaine de frégate.

4° Il remplit les fonctions de chef de quart à bord de tout bâtiment dont le commandement appartient réglementairement à un capitaine de vaisseau.

5° Il peut exercer provisoirement le commandement de tout bâtiment en commission dont l'effectif réglementaire comporte, à l'état d'armement, un officier de son grade pour second.

6° Il peut être employé dans un état-major général.

7° En aucun cas, il ne peut être second de quart.

Fonctions attribuées à l'enseigne de vaisseau.

7.—1° L'enseigne de vaisseau exerce les fonctions de second sur tout bâtiment commandé par un lieutenant de vaisseau; il ne peut être choisi (2) pour exer-

---

(1) Décret du 10 août 1852 (art. 2). — « Les lieutenants de vaisseau des deux classes, ayant accompli dans leur grade deux années d'embarquement, pourront, à l'avenir, exercer des commandements à la mer.

(2) Il y a ici erreur de rédaction, ainsi que l'indique la circulaire suivante du 25 juin 1852.

Monsieur le préfet, l'art. 60 du décret du 15 août 1851, sur le service à bord des bâtiments de la flotte, n'accorde qu'aux capitaines de vaisseau et aux capitaines de frégate, commandant, le droit d'avoir dans leur état-major un officier à *leur choix*.

Cependant, par suite d'une faute qui s'est glissée dans la rédaction de l'art. 7 du décret on avait pu croire que les enseignes de vaisseau à destiner comme seconds pourraient également être désignés par le lieutenant de vaisseau commandant.

cer ces fonctions que lorsqu'il est compris dans la première moitié de la liste des officiers de son grade.

2° L'enseigne de vaisseau est chef de quart sur les bâtiments inférieurs aux frégates et aux corvettes à voiles à batterie couverte.

3° Il peut être chef de quart sur les bâtiments de tous rangs où les lieutenants de vaisseau chefs de quart sont accidentellement réduits à un nombre inférieur à cinq.

4° Il peut être employé dans un état-major général.

Fonctions attribuées aux aspirants.

8.—Les aspirants de 1re et de 2e classe sont employés à tout service désigné par le capitaine du bâtiment.

Fonctions des enseignes et aspirants auxiliaires.

9.—Les enseignes de vaisseau auxiliaires, lorsqu'il y a lieu d'en admettre, et les aspirants auxiliaires remplissent les fonctions des officiers et aspirants entretenus de chacun de ces grades et prennent rang après eux.

État-major général.

10.—1° Les fonctions de chef d'état-major d'une armée navale sont remplies par un officier général ou par un capitaine de vaisseau.

2° Celles de chef d'état-major d'une escadre ou d'une division commandée par un officier général

Cette fausse interprétation n'a pas été de longue durée, mais des doutes se sont élevés dernièrement sur un autre point :

On a demandé si le major général de la marine pouvait *choisir* dans la première moitié des enseignes de vaisseau ceux de ces officiers qui doivent remplir les fonctions de seconds.

Sur cette question, comme sur la précédente, il faut se reporter à l'esprit et au but des art. 7 et 60.

On a voulu que le poste de second ne fût confié qu'à des enseignes de vaisseau ayant déjà une certaine expérience du service ; mais il a été bien entendu que cette position reviendrait de droit à l'enseigne de vaisseau qui placé en tête de la liste d'embarquement appartiendrait à la première moitié du cadre.

Ainsi, en résumé, le droit de choisir n'existe pour personne, ni dans le premier cas, ni dans le second.

C'est ainsi que doivent être comprises et appliquées les dispositions du décret.

commandant en chef sont remplies par un officier supérieur.

3° Un chef de division commandant en chef peut choisir un capitaine de frégate ou un lieutenant de vaisseau pour remplir les fonctions de chef d'état-major.

4° Les capitaines de frégate ou autres officiers et aspirants employés en sous-ordre dans les états-majors généraux prennent la désignation d'aides de camp.

Commandements suivant la nature des missions.

11.—Les officiers généraux et supérieurs peuvent, suivant l'importance et la nature des missions qui leur sont confiées, être appelés à des commandements d'une force moindre que ceux qui leur sont attribués par le présent titre.

Qualification des officiers commandants.

12.—1° L'officier commandant le plus élevé en grade, ou à grade égal le plus ancien dans une réunion de bâtiments, porte, pendant le temps que dure cette réunion, le titre de *commandant supérieur.*

2° L'officier général commandant en chef une force navale, le chef de division commandant une division isolée, l'officier commandant une station navale, portent le titre de *commandant en chef.*

3° L'officier général ou le chef de division employé en sous-ordre et détaché momentanément avec une force navale sous ses ordres, porte, pendant le temps de sa séparation du commandant en chef, le titre de *commandant en sous-ordre.* Il prend la même désignation lorsque, le commandant en chef ayant divisé en escadres ou divisions la force navale réunie sous ses ordres, il commande une de ces escadres ou divisions.

4° L'officier de vaisseau capitaine d'un bâtiment porte le titre de *commandant* s'il est officier supérieur, et celui de *capitaine* s'il est lieutenant de vaisseau.

TITRE II.

Des pavillons et autres marques distinctives de commandement.

———

Marque distinctive d'un bâtiment de l'État.

13. — 1° La marque distinctive d'un bâtiment de l'État est : le pavillon national mis à la corne, et la flamme au grand mât, lorsqu'aucune autre marque particulière de commandement ne doit être arborée.

2° En rade, le pavillon de poupe et celui de beaupré sont hissés tous les jours en même temps.

Marque distinctive du Président de la République.

14. — 1° Le bâtiment à bord duquel monte le Président de la République porte au grand mât un pavillon carré aux couleurs nationales, au centre duquel ses lettres initiales sont brodées en or.

2° Toute marque distinctive arborée sur le bâtiment est alors amenée.

Marque distinctive du ministre de la marine.

15. — 1° Le bâtiment à bord duquel monte le ministre de la marine porte au grand mât le pavillon carré national.

2° Toute marque distinctive sur le bâtiment est alors amenée.

Marques distinctives de commandement des officiers généraux et chefs de division.

16. — 1° La marque distinctive du commandement des officiers généraux de la marine est un pavillon carré aux couleurs nationales.

2° L'amiral, et le vice-amiral pourvu d'une commission de commandement d'amiral, arborent ce pavillon au grand mât.

Le vice-amiral l'arbore au mât de misaine;

Le contre-amiral, au mât d'artimon.

3° A bord des bâtiments ne portant que deux mâts, le pavillon de commandement du contre-amiral est arboré au grand mât.

4° La marque distinctive des fonctions de chef de division est un guidon aux couleurs nationales arboré au grand mât ou au mât de misaine, selon les cas.

Numéro d'ancienneté des officiers généraux.

17.—1° Lorsque plusieurs officiers généraux du même grade se trouvent réunis, chacun d'eux fait placer dans son pavillon un numéro indiquant le rang qu'il occupe sur la liste de l'Annuaire pour les officiers de son grade.

2° L'officier général commandant supérieur ne porte pas de numéro dans son pavillon.

Marques de commandement des commandants supérieurs.

18.—1° Les marques distinctives du commandement temporaire des capitaines de vaisseau et capitaines de frégate, commandants supérieurs sur une rade ou dans une rencontre, sont, pour les premiers, un guidon, et pour les derniers, un triangle, aux couleurs nationales.

2° Ces marques distinctives sont toujours arborées au grand mât.

3° Les lieutenants de vaisseau commandants supérieurs dans les mêmes circonstances, arborent au mât de misaine un triangle aux couleurs nationales.

4° Toutes les fois que deux ou plusieurs bâtiments sont réunis, ces marques distinctives doivent être arborées.

Rencontres des chefs de division entre eux et avec un capitaine de vaisseau plus ancien.

19. —1° Lorsque plusieurs chefs de division se ren-

contrent, le plus ancien conserve son guidon au grand mât, les autres hissent leur guidon au mât de misaine.

2° Si un chef de division se trouve en présence d'un capitaine de vaisseau non chef de division, plus ancien que lui, le chef de division transporte son guidon au mât de misaine.

Signal des numéros d'ancienneté.

20. — Lors de la rencontre d'officiers généraux ou autres de même grade, ces officiers se signalent leur numéro d'ancienneté d'après l'Annuaire, après s'être signalé mutuellement le numéro des bâtiments qu'ils montent.

Fanaux portés pendant la nuit selon les grades.

21.—1° Le bâtiment monté par un amiral ou un vice-amiral pourvu d'une commission de commandement d'amiral porte, pendant la nuit, comme marque distinctive, un fanal dans la grande hune.

Le bâtiment monté par un vice-amiral porte un fanal dans la hune de misaine.

Le bâtiment monté par un contre-amiral porte ce fanal dans la hune d'artimon.

2° Les feux de poupe sont portés conformément aux prescriptions générales de la tactique.

Marque distinctive des stationnaires.

22. — Les bâtiments stationnaires sur les rades de France portent au mât de misaine un triangle blanc à queue bleue.

Marques distinctives des bâtiments de commerce.

23.—1° Tous les navires de commerce portent le pavillon national à la poupe.

2° Ceux qui sont affrétés pour le service de l'État et commandés par des officiers de la marine nationale portent au grand mât la flamme aux couleurs nationales.

3° Sur les rades françaises et étrangères, le plus ancien des capitaines des navires de commerce réunis au même mouillage peut arborer au mât de misaine une flamme aux couleurs nationales.

4° La flamme n'est arborée en aucune autre circonstance par les navires de commerce.

5° Les capitaines de commerce peuvent hisser, en outre, les marques de reconnaissance dont il est fait mention officielle sur leur rôle d'équipage.

Canot monté par le Président de la République.

24. — Le canot monté par le Président de la République porte sur l'avant le pavillon désigné en l'article 14, et le pavillon national à la poupe.

Canot monté par le ministre de la marine.

25. — Le canot monté par le ministre de la marine porte le pavillon national sur l'avant et à la poupe.

Canots montés par les officiers généraux et les chefs de division.

26. —1° Les canots montés par les officiers généraux et par les chefs de division portent sur l'avant les marques distinctives suivantes :

Le canot de l'amiral, un pavillon carré national;

Celui du vice-amiral, un pavillon carré national marqué à la partie supérieure du guindant de trois étoiles blanches placées en triangle;

Celui du contre-amiral, un pavillon semblable marqué de deux étoiles blanches;

Celui du chef de division, un guidon national.

2° Le canot monté par un capitaine de vaisseau commandant supérieur porte sur l'avant un guidon national.

3° Le commandant en chef, indépendamment de la marque distinctive placée sur l'avant de son canot, porte un pavillon national déferlé à la poupe. Ce pavillon doit être ferlé à l'entrée dans le port.

Canots montés par des capitaines.

27.—1° Le capitaine de vaisseau commandant un seul bâtiment porte le pavillon national déferlé à la poupe du canot qu'il monte.

2° Le capitaine de frégate commandant porte le même pavillon à moitié ferlé.

3° Le lieutenant de vaisseau commandant porte ce pavillon ferlé.

4° Les autres embarcations des bâtiments de guerre portent la flamme nationale sur l'avant.

Canots montés par des chefs de service non officiers de vaisseau.

28. — Tout chef de service embarqué qui n'est pas officier de vaisseau porte à l'arrière du canot qu'il monte un pavillon national déferlé, à demi ferlé ou entièrement ferlé, selon l'assimilation du grade dont il est revêtu. Ce pavillon est marqué de deux ancres blanches dans sa partie bleue.

A l'étranger, les canots portent le signe de leur nationalité.

29. — Sur les rades étrangères et dans les relations avec les bâtiments étrangers, toute embarcation doit porter le pavillon national, à moins que le commandant supérieur n'en ordonne autrement.

Canots montés par le préfet maritime, le major général et les chefs de service du port.

30.—1° Le préfet maritime porte sur l'avant de son canot le pavillon carré national marqué de deux ancres bleues en sautoir dans la partie blanche, et de trois étoiles blanches placées horizontalement dans la partie supérieure du guindant. Il porte le pavillon national à la poupe.

2° Le major général arbore sur l'avant de son canot le pavillon national marqué de deux ancres bleues dans sa partie blanche, et de deux étoiles placées horizontalement dans la partie supérieure du guindant. Il ne porte point de pavillon à la poupe.

3° Les officiers supérieurs des ports, lorsqu'ils sont en service, arborent à la poupe de leur canot le pavillon national flottant ou à demi ferlé, selon leur grade; ce pavillon est marqué de deux ancres bleues dans sa partie blanche.

Cas où on porte les marques distinctives dans les canots.

31. — Les marques distinctives arborées sur les canots ne sont obligatoires que pour les cérémonies et les visites officielles.

Les marques distinctives ne peuvent être arborées que par les officiers de la marine.

32. — Les pavillons et autres marques distinctives attribuées aux officiers de la marine en service ne peuvent être arborés sous prétexte d'assimilation quelconque de grade ou de fonction par aucun officier ou agent des départements ministériels autres que celui de la marine, à moins d'un ordre spécial du ministre de ce dernier département.

TITRE III.

Des devoirs des officiers généraux de la marine et autres personnes embarquées.

Devoirs réciproques des supérieurs et des inférieurs.

33. — 1° Tout inférieur doit respect à son supérieur, et obéit de la manière la plus absolue aux ordres qu'il reçoit de lui.

2° Tout supérieur maintient le respect et l'obéis-

sance qui lui sont dus, et s'abstient envers son inférieur de tout mauvais traitement.

Les supérieurs doivent l'exemple.

34.—1° Tout supérieur donne l'exemple des bonnes
mœurs, du respect pour la religion et pour l'ordre
public.

2° Il donne également l'exemple du zèle et de la
subordination. Il maintient en toutes circonstances
et de tout son pouvoir la discipline, le bon ordre
et la stricte exécution des règlements et des consignes.

3° Dans toutes les circonstances, et quels que
soient les dangers auxquels il peut se trouver
exposé, il fait tous ses efforts pour contribuer à la
gloire des armes de la France et soutenir l'honneur
du pavillon.

Respect des institutions du pays où on se trouve.

35. — Chacun doit respecter la religion, les mœurs,
les institutions et usages des populations au milieu
desquelles il se trouve.

On ne peut quitter un service sans ordre.

36. — Nul ne quitte son poste sans ordre ou sans
avoir été relevé.

On ne peut permuter pour aucun service sans autorisation.

37. — Nul ne peut, sans en avoir obtenu l'autorisation de son chef direct, permuter avec une autre
personne pour l'accomplissement d'un service dont
il est chargé.

Permissions d'absence.

38.—1° Nul ne peut s'absenter du bâtiment sans
autorisation.

2° Lors des exercices généraux, aucune permission d'absence ne peut être accordée.

Dans toute réunion, le plus ancien prend le commandement.

39. — Lorsque des officiers ou des officiers mariniers appartenant à divers bâtiments se trouvent appelés à concourir à un même service, ou sont réunis par une circonstance qui nécessite leur coopération, le plus élevé en grade, ou le plus ancien à grade égal, prend de droit le commandement, quand bien même il n'est porteur d'aucune commission ou ordre spécial à cet effet.

Avis à donner aux chefs d'événements intéressant l'Etat.

40. — En pays étranger, tout officier doit donner avis à ses chefs de tous les faits qui parviennent à sa connaissance, qui seraient de nature à leur être utiles dans l'intérêt de l'Etat ou de la mission qu'ils ont à remplir.

Responsabilité.

41.—**1°** Tout supérieur est responsable des conséquences des ordres qu'il donne.

2° Tout subordonné est responsable de l'exécution des ordres qu'il reçoit.

3° Tout inférieur rend compte à son supérieur de l'accomplissement des ordres qu'il en a reçus, ou des motifs qui ont pu en empêcher l'exécution.

Punitions.

42. — Tout supérieur, selon le cas, punit son inférieur ou requiert sa punition conformément aux lois et règlements.

Répression des voies de fait.

43.—**1°** Tout supérieur doit arrêter toute querelle entre ses inférieurs, et si des voies de fait sont commises, il les réprime et en provoque sur-le-champ la punition.

2° Il veille à ce que, à moins de nécessité absolue, aucune personne de l'équipage à l'état d'ivresse, et qu'il y a lieu d'arrêter, ne soit approchée que par des hommes qui ne sont pas ses supérieurs en grade.

On doit réprimer tout désordre dont on est témoin.

44. — Tout supérieur, quel que soit son grade, qui est témoin, soit à bord, soit à terre, d'un désordre quelconque, ou d'un détournement d'objets appartenant à l'État ou de faits de nature à compromettre la sûreté d'établissements de la marine ou de bâtiments de la flotte, doit, selon sa situation, ou réprimer sur-le-champ ces actes ou rendre compte, dans le plus bref délai possible, à son chef immédiat et à l'autorité compétente.

Mode de représentation contre un acte illégal d'un supérieur.

45. — 1° Si un inférieur se croit fondé à se plaindre d'un acte illégal ou d'un procédé offensant à son égard de la part de son supérieur, il est autorisé à lui adresser par écrit des représentations respectueuses, sans que toutefois l'exécution des ordres reçus puisse en être retardée. La réclamation n'est permise à l'inférieur que lorsqu'il a obéi.

2° Dans le cas où ces représentations ne seraient pas accueillies, cet inférieur peut les transmettre à l'autorité supérieure compétente.

3° Toutes adresses et réclamations collectives sont interdites.

Forme des lettres.

46. — Les relations écrites de l'inférieur au supérieur doivent consacrer l'expression du respect, et être rédigées selon la forme indiquée au modèle n° 22.

Mode de s'adresser par écrit aux supérieurs.

47. — Tout écrit officiel, si ce n'est dans les cas prévus par les règlements spéciaux, adressé par toute personne embarquée au ministre de la marine ou au commandant en chef doit être remis ouvert au capitaine du bâtiment. Celui-ci prend connaissance de cette pièce, et la transmet sans délai au commandant en chef, en y joignant, s'il le juge à propos, ses propres observations. Si l'écrit est adressé au ministre, le commandant en chef peut surseoir à le transmettre : dans ce cas, il en informe l'auteur de l'écrit. Si, après un délai qui ne peut excéder quinze jours, celui-ci persiste dans sa première détermination, le commandant en chef adresse la pièce au ministre, en y joignant ses propres observations.

On doit être toujours en uniforme.

48. — Toute personne embarquée, à quelque corps de la marine qu'elle appartienne, porte constamment l'uniforme de son grade, et se conforme à la tenue prescrite pour chaque jour.

Défense d'embarquer des marchandises.

49.—1° Il est expressément interdit à toute personne appartenant à un bâtiment d'embarquer aucun objet dans un but de spéculation commerciale.

2° Il est interdit à toute personne appartenant à l'état-major ou à l'équipage d'un bâtiment de se livrer à aucun commerce. Il lui est également interdit d'avoir aucun intérêt direct ou indirect dans les marchés relatifs aux fournitures ou aux travaux entrepris pour le service du bâtiment.

Saluts aux supérieurs et sur le gaillard d'arrière.

50.—1° Tout inférieur doit le salut à son supérieur lorsqu'il passe près de lui.

2° Ce salut est dû, à terre, comme à bord, aux supérieurs de toute arme et de toute nation.

3° Toute personne salue en paraissant sur le gaillard d'arrière.

4° Il est interdit de former des groupes dans cette partie du bâtiment, d'y séjourner du côté où se trouvent le capitaine et l'officier de quart, et de s'y livrer à aucune conversation bruyante.

Observation des lois et ordonnances. — Défense de divulguer les opérations de l'armée. — Interdiction de toute critique.

51.—1° Toute personne embarquée à quelque titre que ce soit se conforme aux prescriptions des lois, ordonnances, décrets et règlements relatifs au service de la marine et les fait exécuter en ce qui la concerne ; elle est également responsable de l'inobservation de ces prescriptions et des conséquences qui peuvent en résulter.

2° Toute communication écrite ou verbale sur les mouvements des forces navales et autres de l'Etat lui est défendue.

3° Toute critique de la conduite ou des ordres des supérieurs, toute action ou parole de nature à affaiblir l'autorité des chefs ou à ébranler la confiance des équipages lui sont formellement interdites. Tout supérieur présent arrête immédiatement toute infraction à cet égard.

Défense d'embarquer des matières inflammables ou des liqueurs spiritueuses.

52. — Il est défendu à toute personne embarquée d'apporter à bord des liqueurs spiritueuses ou des matières inflammables sans l'autorisation du capitaine ou de l'officier en second.

Admission aux diverses tables; leur présidence.

53.—1° Nulle personne embarquée appartenant à un service public n'est admise à la table de l'officier général ou du capitaine du bâtiment, si elle n'a rang d'officier supérieur.

2° Nulle personne embarquée appartenant à un service public n'est admise à la table de l'état-major, si elle n'a rang d'officier.

3° La personne la plus élevée en grade ou en ancienneté présente préside la table à laquelle elle appartient. Toutefois, la table de l'état-major est présidée, à grade égal des personnes présentes, par un officier de vaisseau; celle des aspirants, dans les mêmes circonstances, par un aspirant, et celle des maîtres selon l'ordre hiérarchique établi parmi les officiers mariniers par l'article 495 ci-après.

4° La personne qui préside la table y maintient le bon ordre, et y empêche tout discours contraire à la discipline et aux bienséances.

Les personnes qui n'ont pas de chambre sont soumises au branle-bas.

54. — Toute personne embarquée qui n'est pas logée dans une chambre ou dans un poste est assujettie au branle-bas.

On doit observer le silence.

55. — Pendant toute manœuvre ou tout exercice, le plus grand silence doit être observé dans toutes les parties du bâtiment.

Ne pas prendre de passagers dans les canots sans ordre.

56. — Le chef d'une embarcation ne peut, à moins d'ordre contraire, permettre à aucune personne étrangère au service d'y prendre passage.

Partie du bâtiment où on peut fumer.

57.—1° Il est interdit aux officiers et aux aspirants de fumer dans la grande chambre, dans le carré, dans les chambres, dans les postes, dans les embarcations, et pendant tout service quelconque.

2° Il ne leur est permis de fumer, sur le pont, que sur l'avant du grand mât, et, dans la batterie haute, que sur l'avant du panneau du dôme. A bord des bâtiments à batterie barbette, ils peuvent fumer sur le gaillard d'arrière à bâbord, en rade, et sur celui de sous le vent, à la mer, sans toutefois dépasser vers l'arrière le panneau du dôme.

3° L'équipage ne peut fumer que sur le gaillard d'avant et dans la batterie haute à tribord, dans l'espace compris entre le grand panneau et la cuisine.

TITRE IV.

De l'embarquement des officiers et des mutations qui peuvent survenir dans les états-majors des bâtiments de la flotte.

Désignation aux embarquements.

58.—1° Les officiers de vaisseau destinés à servir à la mer sont désignés par le Président de la République, s'ils sont appelés à exercer un commandement.

2° Ils sont désignés par le ministre de la marine :

Lorsque, étant officiers supérieurs, ils sont appelés à remplir les fonctions d'officier en second ;

Lorsqu'ils sont appelés à servir dans un état-major général, quel que soit leur grade ;

Lorsqu'enfin, ils doivent former l'état-major d'un bâtiment-école ou celui d'un bâtiment destiné à faire une campagne scientifique ou d'exploration.

3° I s sont désignés par le préfet maritime, lorsque, étant officiers subalternes, ils sont appelés à former l'état-major d'un bâiment.

4° Les officiers d'administration et de santé sont désignés, pour embarquer sur les bâtiments de la flotte, par le ministre,

S'ils sont officiers supérieurs,

S'ils sont destinés à faire des campagnes scientifiques ou d'exploration ;

Ou s'ils sont appelés à remplir les fonctions de *sous-commissaires de division ;*

5° Ils sont désignés par le préfet maritime, sur la proposition du commissaire général, ou du conseil de santé, selon les corps, s'ils sont officiers subalternes.

6° L'embarquement des officiers de tout autre corps de la marine est ordonné par le ministre.

Nomination et composition des états-majors généraux.

59.—1° A moins de désignation spéciale du ministre, les officiers généraux choisissent leur capitaine de pavillon ; les officiers généraux et chefs de division choisissent les officiers de vaisseau destinés à composer leur état-major général et les personnes destinées à remplir près d'eux les fonctions de secrétaire.

2° Ces choix sont soumis à l'approbation du ministre de la marine.

3° Les officiers généraux et chefs de division peuvent, en outre, désigner un des officiers du bâtiment qu'ils montent pour remplir près d'eux les fonctions d'aide de camp. Cet officier prend la désignation *d'officier d'ordonnance.*

4° Un officier général commandant en chef peut choisir pour secrétaire un sous-commissaire ou un aide-commissaire.

5° Un chef de division commandant en chef peut choisir pour secrétaire un aide-commissaire.

6° I s peuvent également choisir pour secrétaire toute personne étrangère au service de la marine. Cette personne est admise à la table de l'état-major.

7° Les secrétaires font partie de l'état-major général.

8° Les officiers généraux et chefs de division emp.oyés en sous-ordre peuvent avoir un secrétaire choisi parmi les aides-commissaires, les commis ou les écrivains.

Embarquement des officiers au choix et autres.

60. — 1° A moins de désignation spéciale du ministre, le capitaine de vaisseau choisit l'officier qui doit remplir les fonctions de second à bord du bâtiment qu'il commande. Il a, en outre, le droit d'embarquer à son choix un lieutenant de vaisseau.

2° Le capitaine de frégate commandant a le droit d'embarquer à son choix un lieutenant ou un enseigne de vaisseau.

3° Le droit de choisir des officiers ne peut être exercé que dans les ports de France. La désignation de ces officiers, lorsqu'ils ne sont pas officiers supérieurs, est soumise à l'approbation du préfet maritime et à celle du commandant en chef.

4° Le nombre réglementaire des officiers de vaisseau composant les états-majors des bâtiments est complété par le préfet maritime, suivant le rang d'inscription des officiers de chaque grade sur une liste dressée à cet effet à la majorité générale du port.

5° Les officiers d'administration et de santé sont désignés, pour embarquer, suivant leur rang d'inscription sur un tableau dressé dans le port à cet effet. Ceux de ces officiers qui sont appelés à servir sur les bâtiments destinés à des campagnes scientifiques ou d'exploration sont désignés par le ministre de la marine.

6° Les officiers de vaisseau appelés à composer les états-majors des bâtiments destinés à des campagnes scientifiques ou d'exploration sont désignés par le ministre de la marine, sans préjudice toutefois du choix attribué au capitaine, conformément aux prescriptions du présent article.

7° Les officiers de vaisseau des bâtiments-écoles sont nommés par le ministre, sur la proposition des capitaines, au fur et à mesure des vacances.

8° Lorsqu'un capitaine quitte son commandement dans un port de France, les officiers de vaisseau qui ont été embarqués à son choix débarquent en même temps que lui, pour faire place aux officiers de choix du capitaine qui lui succède.

Ordre d'embarquement.

61. — L'officier qui reçoit un ordre d'embarquement se rend à son poste dans le plus bref délai. A son arrivée à bord, il se présente au capitaine et à l'officier en second.

Mutations que peuvent opérer les commandants en chef et les commandants supérieurs.

62.—1° Tout commandant en chef d'une armée, escadre, division ou station, peut opérer, parmi les états-majors et les équipages des bâtiments faisant partie de la force navale qu'il commande, les mutations qui lui semblent nécessaires au bien du service.

2° Un commandant supérieur ne peut opérer de mutation sur les bâtiments placés momentanément sous son commandement qu'avec le consentement des chefs, présents sur les lieux, des bâtiments à bord desquels la mutation doit s'opérer.

3° Toutefois, lorsque les circonstances l'exigent impérieusement, le commandant supérieur peut, sous sa responsabilité, opérer parmi les états-majors et les équipages de ces bâtiments toutes les mutations qui qui paraissent indispensables au bien du service.

4° Dans tous les cas, si le capitaine d'un de ces bâtiments vient à décéder, le commandant supérieur nomme pour remplacer ce capitaine le plus ancien officier, présent sur les lieux, du grade afférent au commandement du bâtiment dont le capitaine est décédé, et à défaut d'un officier de ce grade, le plus ancien officier du grade inférieur. Cette nomination reste provisoire jusqu'à décision du commandant en chef.

L'officier le plus élevé en grade succède au commandant en chef en cas de décès.

63.—1° Lorsque, par une circonstance quelconque, le commandant en chef se trouve hors d'état d'exercer le commandement, il est remplacé dans ses fonctions par l'officier de l'armée le plus élevé en grade ou le plus ancien à grade égal.

2° Si le commandant en chef est tué pendant le combat, le chef d'état-major ou le capitaine de pavillon, selon leur ancienneté, lui succèdent provisoirement, jusqu'à ce que l'officier le plus ancien de l'armée ait fait connaître qu'il a pris le commandement. La marque distinctive du commandant en chef décédé reste hissée à bord du bâtiment qu'il montait jusqu'à ce que l'ennemi soit hors de vue.

Succession au commandement.

64.—1° Dans le cas où le capitaine d'un bâtiment isolé et hors des ports de France vient à décéder, ou à être empêché de commander, l'officier en second prend toujours le commandement, quand même il se trouverait à bord des officiers passagers ses supérieurs de grade ou d'ancienneté.

2° En cas de décès de l'officier en second, l'officier de vaisseau le plus ancien lui succède, et le commandement se transmet ainsi de suite à tous les officiers de vaisseau du bâtiment, selon l'ordre hiérarchique.

3° S'il se trouve à bord des officiers de vaisseau en supplément, ces officiers succèdent au commandement du bâtiment suivant le rang qui leur est assigné par les articles 66 et 67 ci-après.

4° Le commandement est dévolu ensuite aux aspirants de première classe, puis aux officiers mariniers dans l'ordre suivant :

Le premier maître de manœuvre ;

Le premier maître de canonnage ;

Le capitaine d'armes ;

Le premier maître de timonerie.

Le premier maître mécanicien.

5° A défaut de premiers maîtres, le plus ancien des aspirants de deuxième classe prend le commandement.

6° Le capitaine provisoire pourvoit, autant que possible, aux remplacements nécessaires dans le personnel. Ces remplacements ne sont maintenus que jusqu'à ce que, par suite de la rencontre d'un bâtiment de guerre ou de l'arrivée du bâtiment dans un port de France, il puisse être pourvu aux places vacantes.

Les prérogatives n'appartiennent qu'au grade.

65. — Celui qui remplit les fonctions d'un grade supérieur au sien ne jouit pas des prérogatives de ce grade. Il jouit de celles attribuées à ses fonctions.

Rang des officiers en supplément.

66. — 1° Les officiers qui, exceptionnellement et en vertu d'une décision du ministre, sont embarqués en supplément, prennent rang à bord, quelle que soit leur ancienneté, après les officiers de leur grade embarqués au nombre réglementaire.

2° Ils ne sont aptes à remplir, dans un port de France, les vacances qui surviennent dans l'état-major réglementaire du bâtiment où ils sont embarqués ou d'autres bâtiments de la même force navale, qu'autant que leur rang sur la liste d'embarquement du port les y porterait.

3° Toutefois, hors des ports de France, ils sont appelés de droit, suivant leur grade et leur ancienneté, à remplir les vacances qui peuvent survenir.

Officier passager.

67. — Tout officier passager, embarqué pour se rendre à une destination, est considéré comme officier en supplément pendant la durée de son séjour à bord ; mais il ne prend rang qu'après tous les officiers embarqués en supplément.

Mode de procéder quand l'avancement d'un officier est connu à bord.

68.—1° Si l'avancement d'un officier du bord est annoncé officiellement, cet officier prend le rang qui lui est attribué par son nouveau grade, mais il n'en remplit les fonctions qu'après en avoir obtenu l'autorisation.

2° Si le nouveau grade auquel cet officier est parvenu est supérieur à celui du capitaine, cet officier cesse toute fonction à bord, jusqu'à ce qu'il puisse retourner en France, ou qu'il soit désigné pour remplir un emploi de son nouveau grade.

TITRE V.

Du commandant en chef, et des officiers généraux et chefs de division employés en sous-ordre.

CHAPITRE Ier.

DU COMMANDANT EN CHEF.

SECTION Ire.

DISPOSITIONS GÉNÉRALES.

Époque où le commandement en chef commence et cesse.

69.—1° Le commandant en chef jouit des droits,

honneurs et prérogatives qui lui sont attribués a ce titre, à dater du jour où il a pris effectivement le commandement en chef.

2° Avant cette époque, ou après qu'il a remis le commandement en chef à l'officier qui lui succède, il ne jouit que des droits, honneurs et prérogatives attribués à l'officier général employé en sous-ordre. Si le commandant en chef est chef de division, il ne jouit dans ce cas que des prérogatives de capitaine de vaisseau commandant un bâtiment.

3° Lorsque, pour aller prendre possession d'un commandement, ou pour suivre une nouvelle destination en quittant un commandement, un officier général embarque sur un bâtiment qui ne fait pas partie de la force navale qu'il est appelé à commander ou qu'il vient de commander, cet officier général n'est embarqué que comme passager sur le bâtiment qui le transporte.

Il fait connaître son état-major général et se fait présenter les états majors.

70.—1° Le commandant en chef fait connaître, par un ordre du jour, les officiers dont il a fait choix pour composer son état-major général.

2° Il se fait présenter les états-majors des bâtiments placés sous ses ordres.

Mode de communiquer avec ses subordonnés.

71. — Dans le cours ordinaire du service, il donne ses ordres, soit directement, soit par l'intermédiaire d'un officier de l'état-major général.

Les rapports lui sont adressés directement.

72. — Les rapports qui doivent lui être faits par les officiers généraux, par les capitaines, et par les différents chefs de service sous ses ordres, lui sont adressés directement.

2

Correspondance du commandant en chef avec le ministre.

73.—1° Il a seul le droit de correspondre officiellement avec le ministre de la marine.

2° Il lui rend compte des circonstances de sa navigation, et en général de tous les événements qui peuvent intéresser le service de l'État.

Inspections générales et particulières.

74.—1° Chaque année, le commandant en chef passe dans la forme prescrite une inspection générale du personnel et du matériel de tous les bâtiments placés sous son autorité, à l'effet d'examiner la situation de toutes les parties du service et de connaître le degré d'instruction des officiers et des équipages. Il rend compte au ministre des observations qu'il a recueillies dans ces inspections générales. Il choisit pour cette opération l'époque nécessaire pour que le résultat puisse en être parvenu en France avant le 1er novembre.

2° Il passe, en outre, aussi souvent qu'il le juge nécessaire, des inspections particulières pour s'assurer de l'observation des ordonnances et des règlements, ainsi que de l'exécution des ordres qu'il a donnés.

3° Il peut se faire remplacer dans ces inspections particulières par les officiers généraux employés en sous-ordre, ou par son chef d'état-major pour des détails spéciaux de service.

4° Si des troupes passagères sont embarquées sur des bâtiments de l'armée, il inspecte ces troupes, en ce qui concerne la santé et la discipline du bord. Il est, dans ce cas, accompagné par l'officier qui les commande si cet officier est d'un grade inférieur au sien, et, dans le cas contraire, par le commandant en second de ces troupes.

5° Lorsque le commandant en chef se fait remplacer dans ces inspections par un officier général ou par le chef d'état-major, le commandant des troupes passagères, si l'officier général ou le chef d'état-major est son inférieur de grade ou d'ancienneté, peut se faire également remplacer par l'officier immédiatement inférieur de grade ou d'ancienneté à l'officier qui inspecte.

Relations avec le capitaine de pavillon.

75. — 1° Ses relations habituelles de service avec le capitaine de pavillon ont lieu, soit directement, soit par l'intermédiaire d'un officier de l'état-major général.

2° Il fixe les heures auxquelles il donnera ses ordres à cet officier.

Le commandant en chef peut changer son pavillon de bâtiment.

76. — 1° Pendant le cours de la campagne, le commandant en chef peut porter son pavillon ou son guidon sur tout bâtiment de la force navale qu'il commande.

2° Il rend compte au ministre de la marine des motifs qui l'ont déterminé à changer de bâtiment.

3° Lorsqu'un chef de division transporte son guidon sur un autre bâtiment, il désigne l'officier qui commandera le bâtiment qui portait précédemment ce guidon.

Il donne la route. — Lorsqu'il prend le commandement du bâtiment, il est responsable.

77. — 1° Le commandant en chef donne la route, et il en est responsable.

2° Lorsqu'il juge convenable de prendre lui-même le commandement du bâtiment qu'il monte, il en est fait mention sur le casernet. C'est à lui qu'appartient alors toute la responsabilité du bâtiment.

Il peut suspendre ou renvoyer en France un officier ou
aspirant.

78.—1° Le commandant en chef a le droit de suspendre de ses fonctions, et même de renvoyer en France tout officier ou aspirant placé sous ses ordres, quel que soit son grade ou ses fonctions, auquel il aurait à reprocher une conduite ou des actes qui, n'étant pas susceptibles d'être jugés par un conseil de guerre, lui paraîtraient cependant de nature à motiver cette mesure.

2° Il désigne l'autorité à laquelle cet officier ou aspirant devra se présenter à son débarquement dans un port de France.

3° Il rend compte immédiatement au ministre de la marine des ordres qu'il a donnés et des motifs qui les ont déterminés.

Mode de traiter les prévenus de crimes ou délits.

79.—1° Le commandant en chef fait traduire devant un conseil de guerre, ou devant tout autre tribunal compétent, toute personne placée sous ses ordres qui est prévenue de crime ou délit.

2° Lorsqu'il y a impossibilité de former un conseil de guerre, ou qu'il n'y a pas sur les lieux de tribunal compétent, le commandant en chef prend toutes les mesures qu'il juge convenables pour assurer la prompte action de la justice, sans nuire toutefois aux nécessités du service.

Mode de se saisir des déserteurs.

80.—1° Lorsque le prévenu d'un crime ou d'un délit commis à bord, ou lorsqu'un déserteur a trouvé asile en pays étranger ou à bord d'un bâtiment étranger, le commandant en chef ne peut exiger par la force que ce prévenu ou ce déserteur lui soit remis par les autorités étrangères ; mais s'il existe entre la France et le pays de refuge des traités d'extradition, le commandant doit former et suivre, par la voie diplomatique, la demande d'extradition.

2° Si le prévenu ou le déserteur s'est réfugié en pays français, le commandant en chef doit requérir les autorités civiles de le remettre entre ses mains. En cas de refus, il se pourvoit auprès du ministre de la marine.

Observation des règlements, des rôles et de la tenue. — Les équipages ne sont pas dérangés pendant le repas.

81. — 1° Le commandant en chef maintient à bord des bâtiments placés sous ses ordres la plus stricte exécution des ordonnances, règlements et autres dispositions relatives aux différentes parties du service.

2° Il s'assure que les dispositions prescrites pour la rédaction des journaux de navigation, pour la formation des rôles et la tenue des différents contrôles et registres de toutes sortes, sont suivies avec exactitude et uniformité.

3° Il exige la stricte observation des prescriptions relatives à la tenue des officiers et des équipages.

4° Il peut, selon les parages où il se trouve, apporter aux prescriptions du tableau de service et aux divers règlements qui en sont le développement, les modifications qu'il juge convenables, à la charge par lui, lorsque ces modifications doivent avoir un caractère de permanence, d'en rendre compte au ministre de la marine.

5° Il exige que les travaux à exécuter et le service du bord soient subordonnés à l'heure et à la durée du repas des équipages, et que, hors les cas de force majeure, les hommes ne soient jamais dérangés pendant ce temps.

Exercices.

82. — 1° Il ordonne des exercices de toute nature et

2.

veille à ce que les aspirants, et chacun des hommes de l'équipage, soient successivement exercés dans les différentes parties du service.

2° Il fait faire tous les trois mois, autant que possible, des exercices du canon à boulets, et l'exercice du fusil à balles.

3° Après chaque exercice, il adresse au ministre de la marine un rapport détaillé sur les progrès des équipages dans ces parties de leur instruction.

Abstention de travail le dimanche. — Service religieux, respect dû aux ministres de la religion.

83.—1° Il n'ordonne ou ne permet, les dimanches et jours de fête, aucuns travaux autres que ceux qui sont indispensables à la sécurité et à la propreté du bâtiment.

2° Il veille à ce qu'aux heures fixées les prières soient dites à haute voix, dans la forme prescrite ; à ce que le service divin soit célébré les dimanches et fêtes, lorsque le temps ou les circonstances de la navigation n'y mettent pas d'empêchement ; à ce que les funérailles des personnes décédées à bord aient lieu avec toute la décence convenable ; enfin, à ce que nul à bord ne s'écarte du respect et de la déférence dus au caractère dont les ministres de la religion sont revêtus.

Commissions de santé.

84.—1° Lorsque le commandant en chef ou le commandant supérieur conçoit des inquiétudes sur l'état sanitaire des parages où il se trouve, il réunit une commission de santé, composée du médecin en chef, ou du *chirurgien-major de division*, et de trois chirurgiens-majors au moins, et présidée par le chef d'état-major. Cette commission donne par écrit son avis au sujet de cet état sanitaire.

2° Lorsqu'il y a lieu de renvoyer en France des invalides ou des convalescents, le commandant en

chef ou le commandant supérieur convoque une semblable commission de santé, pour juger de l'état sanitaire de ces invalides ou de ces convalescents. Les
chirurgiens-majors de chacun des bâtiments auxquels
ces malades appartiennent, sont appelés dans cette
commission, où ils ont voix consultative.

3° Les rapports, certificats et autres pièces dont il
est fait mention aux articles 245, 324, 626 et 671 ci-
après, et pouvant servir à ouvrir des droits à pension
en faveur de ces invalides ou convalescents ou de
leurs familles, sont produits devant la commission, et
le commandant en chef ou le commandant supérieur
ordonne que les hommes renvoyés en France dans
ces circonstances soient munis d'un duplicata de ces
pièces.

Économie des munitions ; comptes rendus fréquemment à ce
sujet.

85.—1° Le commandant en chef fait observer la
plus stricte économie dans la consommation des munitions de toutes sortes, et s'attache à éviter, autant
que possible, des achats en pays étranger ; enfin, il
fait tous ses efforts pour se suffire avec ses propres
ressources et, dans ce but, il se fait rendre compte
par l'officier d'administration employé en chef et par
le chef d'état-major, chaque fois qu'il le juge convenable, de l'état (modèles nos 10 et 11) des approvi-
sionnemen s des bâtiments sous ses ordres.

2° Il veille à ce qu'il ne soit porté sur les états de
consommation que les dépenses réellement effectuées
sur les différents articles d'approvisionnement, et
interdit formellement toute consommation fictive qui
dénaturerait la situation réelle de l'existant à bord.

3° Il fait exécuter par les moyens à sa disposition
les réparations nécessaires aux bâtiments, et aux
objets d'armement dont ils sont pourvus, et il ne permet d'envoyer dans les arsenaux que ceux de ces
objets qu'il est impossible de réparer à bord.

Embarquement des passagers.

86.—1º Dans les ports de France, il veille à ce qu'il ne soit embarqué sur les bâtiments qu'il commande aucun passager, si ce n'est en vertu d'une autorisation du ministre de la marine.

2º Hors des ports de France, il ne reçoit sur les bâtiments placés sous ses ordres que les passagers dont l'embarquement est requis par les gouverneurs des colonies, par les officiers généraux de terre ou de mer investis d'un commandement en chef, ou par les agents diplomatiques et consulaires de France.

3º Dans les pays étrangers où il n'y a pas d'autorités françaises, le commandant en chef peut, sous sa responsabilité, recevoir sur ses bâtiments toute personne dont l'embarquement est justifié par les règles du service ou par des circonstances graves.

4º Le commandant en chef peut se refuser à obtempérer aux réquisitions qui lui sont faites par les autorités et agents désignés dans le 2ᵉ paragraphe ci-dessus, lorsque sa mission ou la situation de ses bâtiments est de nature à ne pas permettre l'embarquement des passagers. Il rend compte au ministre des motifs de son refus.

5º Il défend expressément qu'aucune femme, autre que les passagères, ne s'embarque pour séjourner à bord ou pour faire campagne.

Mode de procéder pour des marchandises ou matières inflammables embarquées illégalement.

87.—1º Si, contrairement aux prescriptions des articles 49 et 52 du présent décret, il est embarqué des marchandises quelconques à bord des bâtiments réunis sous ses ordres, il les fait mettre sous scellés.

2º S'il est semblablement introduit à bord de ces bâtiments des liqueurs spiritueuses, poudres ou autres matières inflammables, il les fait saisir et détruire immédiatement.

3° Dans les deux cas, il fait dresser procès-verbal de l'exécution de ces dispositions et poursuit les délinquants devant le tribunal compétent.

Prévision de la mort du commandant en chef dans un combat.

88. — 1° En prévision de cas de mort dans un combat, il prescrit les mesures à prendre pour la transmission du commandement à l'officier le plus élevé en grade après lui, et pour le mode secret d'en informer cet officier.

2° Il désigne également d'avance le signal secret par lequel on lui fera connaître, pendant le combat, le décès d'un officier général ou d'un chef de division employé en sous-ordre.

SECTION II.

DU COMMANDANT EN CHEF PENDANT L'ARMEMENT ET EN RADE.

Renseignements sur la situation de l'armée.

89. — 1° A son arrivée dans le port, le commandant en chef reçoit du préfet maritime ou de l'officier auquel il succède, des renseignements sur la situation, tant au personnel qu'au matériel, des bâtiments qui doivent être réunis sous ses ordres, et sur les mesures prises pour compléter leur équipement.

2° Il s'entend avec le préfet maritime pour que ces bâtiments puissent être mis le plus promptement possible en état de prendre la mer.

3° Il informe le ministre des progrès de l'armement.

Répartition des chefs sur divers bâtiments de l'armée.

90. — 1° A moins d'un ordre spécial du ministre, le commandant en chef désigne les bâtiments qui porteront les pavillons des officiers généraux employés en sous-ordre, et ceux sur lesquels doivent être em-

barqués les chefs de service placés sous ses ordres
L'officier d'administration en chef est seul obligatoi-
rement embarqué sur le bâtiment monté par le commandant en chef.

Sécurité des bâtiments. — Signal du mot d'ordre et autres services.

91.—1° Pendant la durée du séjour en rade, il
s'assure que toutes les précautions sont constamment
prises à bord des bâtiments qu'il commande, pour les
garantir contre les accidents de la mer et les atta-
ques de l'ennemi.

2° Il fait signaler chaque jour le mot d'ordre, les
rondes de jour et de nuit, les visites d'hôpitaux, les
bâtiments et embarcations de garde, et il tient la
main à l'exécution des mesures sanitaires qui ont été
prescrites.

3° Il fait tirer, s'il y a lieu, le coup de canon de
diane et de retraite.

Le commandant en chef se concerte avec le préfet pour la défense de la rade.

92.—1° Il communique au chef supérieur du port
tous les avis et renseignements qu'il a recueillis, et
qui peuvent intéresser le service de l'Etat.

2° Lorsque les circonstances l'exigent, il se concerte avec les autorités locales sur les mesures à
prendre, soit pour la défense de la rade ou du littoral,
soit pour toute autre opération où le concours des
forces qu'il commande peut être nécessaire.

Il fait dresser sans retard les rôles de répartition, et préparer les dispositions du combat.

93.—1° Il exige que, dans le plus bref délai après la
mise en rade, les capitaines employés sous ses ordres
aient arrêté les rôles de répartition prescrits par les
règlements, et terminé toutes les dispositions néces-

dres pour la navigation et le combat, de telle sorte qu'en cas de besoin il n'y ait plus qu'à ordonner le branle-bas et commencer le feu.

2° Il s'assure par lui-même de l'exécution de ses ordres à ce sujet, et rend compte au ministre du résultat de son inspection.

Il informe le ministre des progrès de l'armement.

94.—1° Dès qu'un bâtiment a son armement complet, au personnel et au matériel, le commandant en chef en informe le ministre de la marine.

2° Il informe également le ministre des progrès successifs de l'instruction des équipages.

Il peut diviser la force navale qu'il commande en escadres ou en divisions.

95.—1° Le commandant en chef peut diviser la force navale qu'il commande en escadres ou en divisions, dont il donne le commandement aux officiers généraux employés en sous-ordre, ou, à défaut, à des capitaines de l'armée, en suivant, dans la distribution de ces commandements aux officiers généraux et aux capitaines, l'ordre d'ancienneté de ces officiers.

2° Il désigne, dans ce cas, sur la proposition de ces commandants en sous-ordre, ceux des officiers de l'armée qui compléteront leurs états-majors généraux.

3° Lorsqu'il y a lieu de détacher une force navale pour une mission quelconque, il désigne, à moins d'un ordre spécial du ministre, l'officier qui en prendra le commandement.

4° Il désigne également, s'il y a lieu, les officiers qui centraliseront les services d'administration et de santé dans cette force navale pendant la durée du détachement.

Il assigne des postes aux divers bâtiments.

96.—1° Avant le départ, le commandant en chef

assigne à chaque bâtiment le poste qu'il doit occuper dans l'ordre de marche naturel et dans l'ordre de bataille, et il désigne les bâtiments répétiteurs ainsi que ceux qui doivent porter ses ordres. Tout bâtiment monté par un officier général ou un chef de division est répétiteur.

2° Il fait distribuer aux officiers généraux et aux capitaines un tableau indiquant ces dispositions.

3° Il leur fait connaître également les modifications qu'il a jugé à propos d'apporter au livre des signaux, à raison de la nature de sa mission et des parages qu'il doit parcourir.

Séries de signes et indication des rendez-vous remis aux capitaines.

97.—1° Il remet aux officiers généraux et aux capitaines employés sous ses ordres :

1° Les séries de signes dont il pourra être fait usage pour les signaux, avec les numéros de chacune de ces séries ;

2° Deux paquets cachetés contenant : l'un, les signaux de reconnaissance ; l'autre, l'indication des points de rendez-vous en cas de séparation.

2° Il indique dans quelles circonstances ces paquets doivent être ouverts, et lui être remis.

Pièces qui doivent être chargées lorsqu'on prend la mer.

98. — Lorsqu'il prend la mer, s'il ne juge pas à propos d'ordonner que les batteries soient chargées, il exige qu'un certain nombre de pièces des batteries hautes soient toujours prêtes à tirer, soit pour des signaux, soit pour toute autre éventualité.

Le pavillon est arboré en entrant en rade ou en appareillant.

99.—1° Dans les circonstances ordinaires de la navigation, quelle que soit l'heure du jour à laquelle l'armée vient au mouillage ou le quitte, le commandant en chef ordonne que le pavillon de poupe soit arboré.

2° Il le fait arborer également lorsqu'étant au mouillage, un ou plusieurs bâtiments de guerre français ou d'une puissance amie, arrivant ou partant, ont mis eux-mêmes leur pavillon.

Vedettes en temps de guerre. — Embossures.

100.—1° En temps de guerre, lorsque l'armée est au mouillage, le commandant en chef fait placer pendant la nuit des vedettes pour surveiller les passages où l'ennemi pourrait se présenter.

2° Il ordonne que les embossures soient toujours préparées, et que toutes les dispositions soient prises pour virer sur ces embossures, afin de pouvoir présenter le travers du côté où le bâtiment peut être attaqué.

SECTION III. — DU COMMANDANT EN CHEF A LA MER.

Il empêche de traverser les colonnes.

101.—Le commandant en chef veille à ce que les bâtiments se tiennent exactement dans l'ordre qu'il a prescrit, et il manœuvre de manière à empêcher qu'aucun navire étranger à l'armée ne puisse traverser les colonnes.

Il évite les mouvements extraordinaires pendant la nuit.

102.—Il s'abstient autant que possible de modifier sa voilure ou sa vitesse, ou de faire des mouvements extraordinaires pendant la nuit et surtout pendant la brume.

Mode d'agir en cas de séparation.

103.—1° Si, par un événement quelconque, un ou plusieurs des bâtiments employés sous ses ordres viennent à se séparer de lui, le commandant en chef, lorsque ces bâtiments rallient, statue sur la conduite des officiers commandants conformément aux pouvoirs qui lui sont attribués par les articles 78 et 79 du présent décret.

2° Si le commandant en chef ne retrouve pas ces

bâtiments aux points de rendez-vous qu'il a indiqués, il adresse au ministre de la marine les renseignements qu'il a recueillis sur les circonstances de leur séparation, et il y joint ses observations.

Évolutions et inspections à la mer.

104. — 1° Lorsque la nature de sa mission le permet, le commandant en chef exerce aux évolutions navales les bâtiments placés sous ses ordres.

2° Il fait aussi souvent qu'il le peut des inspections à bord de ces bâtiments.

Urgence des missions pour les bâtiments à vapeur.

105. — 1° Lorsqu'il fait prendre la mer à un bâtiment à vapeur pour une mission quelconque, le commandant en chef mentionne, dans les instructions qu'il remet au capitaine de ce bâtiment, le degré d'urgence de la mission qu'il lui confie.

2° Au retour de ce bâtiment il s'assure, par l'examen du rapport sommaire, si le capitaine s'est conformé aux prescriptions réglementaires et à ses instructions en ce qui concerne l'économie à apporter dans la consommation du combustible.

Police sur les corsaires, les bâtiments du commerce et de pêche.

106 (1). — 1° Hors des ports français, le comman-

(1) Lettre adressée au ministre des affaires étrangères par le ministre de la marine (14 février 1852).

Monsieur le ministre et cher collègue, par votre lettre du 25 décembre 1851, qui répond à la communication du décret du 15 août précédent sur le service à la mer, vous exprimiez l'appréhension que l'art. 106 de cet acte, qui attribue au commandant en chef le droit de police sur les rades étrangères, n'atteignît le même droit réservé aux consuls dans l'intérieur du port par l'art. 19 de l'ordonnance du 29 octobre 1833.

Je pense, après examen, que la distinction reste parfaitement établie, l'art. 19 de l'ordonnance précitée spécifiant que la police des navires marchands sur rade n'appartient au consul qu'autant qu'il ne s'y trouve pas de bâtiments de l'État. Le décret du 15 août 1851, d'ailleurs, écarte toute idée d'intervention du commandant en chef dans l'intérieur du port

Vous présentiez dans la même lettre, touchant l'art. 111, une observation qui m'a paru reposer sur une erreur : en effet, que le navire soit sur rade ou dans le port, la rédaction des actes de décès n'en appartient pas moins uniquement au consul, et, aux termes mêmes de l'instruction du 2 juillet 1828, il y a dans l'une et dans l'autre position, suspension de la compétence de l'officier instrumentaire.

Loin donc d'infirmer le droit du consul, l'art. 111 ne fait que lui donner, à mon

dant en chef a droit de visite et de police sur tout corsaire, navire de commerce ou bâtiment de pêche français.

2° Dans les rades étrangères, il exige que les capitaines de navires de commerce français le préviennent de leur arrivée ou de leur départ, et lui communiquent les avis qui peuvent intéresser le service.

3° Il punit, d'un à huit jours d'arrêts à leur bord (1), les capitaines de commerce qui se refuseraient à remplir ces devoirs. Toutefois, si les intérêts qui leur sont confiés ne permettent pas l'application immédiate de cette punition, elle ne sera infligée auxdits capitaines qu'à l'époque de leur retour en France. Dans ce cas, la condamnation aux arrêts est inscrite sur le rôle d'équipage.

4° Le commandant en chef rend compte de la conduite de ces capitaines au ministre de la marine, qui statue sur les peines plus graves qu'ils auraient pu encourir.

5° Il prend connaissance, en ce qui lui appartient, des plaintes portées par les capitaines ou par leurs équipages, et il fait rendre justice à qui de droit, sans préjudice de la juridiction des agents du département des affaires étrangères.

sens, plus de force, puisqu'il prescrit au commandant en chef, lorsqu'un décès aura lieu à bord d'un des bâtiments de la flotte, d'en informer l'agent consulaire de France avec lequel il doit s'entendre sur les dispositions à prendre pour l'inhumation du défunt.

Ces explications vous amèneront sans doute à penser comme moi, monsieur et cher collègue, que les fonctions des commandants à la mer et des consuls sont restées parfaitement distinctes et que le décret du 15 août n'a empiété en rien sur celles que l'ordonnance du 29 octobre 1833 attribue à ces derniers.

Agréez, etc.   Théodore Ducos.

1) Ce paragraphe a été modifié ainsi qu'il suit par le décret disciplinaire et pénal pour la marine marchande du 24 mars 1852.

Art. 84. — « Est puni d'une amende de vingt-cinq francs à cent francs, à laquelle il peut être joint un emprisonnement de six jours à un mois,

« Tout capitaine, maître ou patron, etc., qui, à moins de légitimes motifs d'empêchement, s'abstient, à son arrivée sur une rade étrangère ou à son départ, de se rendre à bord du bâtiment de guerre français commandant la rade :

« Tout capitaine, maître ou patron, qui, sans empêchement légitime, ne se conforme pas aux règles établies pour la police de la rade, après qu'il lui en a été donné connaissance. »

6° Il fait rechercher et arrêter les déserteurs des bâtiments de l'Etat qui se trouvent sur les navires de commerce français. Il peut également y faire rechercher et arrêter tout autre marin dont l'embarquement n'aurait pas été légalement autorisé.

7° Si, parmi ces hommes, il s'en trouve qui soient prévenus de crimes, il les fait détenir à son bord jusqu'à ce qu'il puisse les débarquer dans un port français, ou les traduire devant les autorités compétentes.

Secours à des Français ou à des étrangers.

107.—1° Lorsqu'il a fait fournir des munitions ou des vivres à des bâtiments français ou étrangers, il ordonne à l'officier chargé en chef de l'administration de faire dresser en double expédition un état des objets qui ont été fournis. Cet état est signé par les personnes qui ont reçu ces vivres ou ces munitions.

2° Si quelque circonstance s'oppose à l'accomplissement de cette dernière formalité, l'officier d'administration du bâtiment qui a fourni le secours en dresse procès-verbal conformément à ce qui est prescrit pour les objets perdus.

3° Dans le cas où ces navires réclameraient l'assistance d'ouvriers des bâtiments sous ses ordres, le commandant en chef décide s'il y a lieu d'exiger une indemnité dont il règle alors d'avance la quotité. La distribution de cette indemnité a lieu par voie de disposition intérieure.

4° Lorsque, pour une cause quelconque, des officiers mariniers, quartiers-maîtres ou matelots, provenant des bâtiments de l'Etat, sont embarqués sur des bâtiments de commerce comme devant faire partie de leur équipage, le commandant en chef exige que ces hommes reçoivent, dans cette nouvelle destination, une solde au moins égale à celle qu'ils recevaient, suppléments compris, sur le bâtiment de l'Etat, qu'ils ont quitté. Cette stipulation est portée au rôle.

Réquisitions au commerce.

108 (1). — 1° En cas de nécessité absolue, le commandant en chef peut requérir des navires du commerce, soit un service de remorque, soit des secours en hommes et en munitions. Il peut même avancer ou retarder momentanément leur départ, mais il est tenu de justifier sans délai, envers le ministre, de cette nécessité.

2° Dans ce cas, il fait dresser contradictoirement, avec les capitaines de commerce dont il a requis les services, un état indiquant la nature et la durée des secours, l'espèce et la quantité des objets fournis, et le temps dont il a avancé ou retardé leur départ ; il remet à ces capitaines des copies certifiées dudit état, destinées à régler ultérieurement l'indemnité qui pourrait être due. Il adresse, dans le plus bref délai, une expédition de cet état au ministre de la marine.

3° Il ne peut toutefois, dans aucune circonstance, requérir, pour les embarquer sur un des bâtiments sous ses ordres, des capitaines ou des subrécargues des navires de commerce.

Branle-bas de combat en arrivant au mouillage.

109. — 1° Lorsque l'armée se rend à un mouillage, le commandant en chef prend toutes les précautions nécessaires pour la sûreté des bâtiments sous ses ordres, et, selon les circonstances, il ordonne le branle-bas de combat sur tous les bâtiments.

2° Il prescrit l'ordre dans lequel l'armée doit mouiller.

A l'étranger, il s'entend avec les agents français.

110. — Dans un port étranger, il s'adresse aux agents diplomatiques ou consulaires de France, ou à défaut, aux autorités locales, pour obtenir des informations sur tout ce qui pourrait intéresser la mission dont il est chargé, et, en général, le service de l'Etat.

(1) Voir en note la lettre du ministre de la marine du 14 février 1852, p. 38

Décès à l'étranger.

111 (1).—1° Sur une rade étrangère, lorsqu'un décès a lieu à bord d'un des bâtiments de l'armée, il en informe l'agent consulaire de France et s'entend avec lui sur les dispositions à prendre pour l'inhumation du défunt.

2° Il l'informe également des honneurs funèbres qui doivent être rendus à la personne décédée, et il ne permet le débarquement d'un détachement d'hommes, armés ou non, destiné à rendre ces honneurs, qu'après avoir reçu à ce sujet l'avis de cet agent.

3° A défaut d'agent consulaire, il s'adresse aux autorités locales.

Communications avec la terre et les bâtiments. — Transmission des lettres.

112.—1° Le commandant en chef permet ou interdit les communications de toute nature, même par écrit, avec la terre ou avec les bâtiments appartenant ou non à l'armée.

2° Lorsqu'il a permis d'écrire, il donne, s'il le juge nécessaire, des ordres pour que les lettres soient réunies à bord du bâtiment qu'il désigne.

Achats à l'étranger.

113.—En pays étranger, le commandant en chef ordonne les achats de vivres, de munitions et de numéraire nécessaires aux bâtiments placés sous ses ordres.

Marins disponibles à l'étranger.

114.—1° Lorsque, dans le cours de la campagne, il devient nécessaire de compléter les équipages des bâtiments employés sous ses ordres, le commandant en chef s'adresse, dans les colonies françaises, aux gouverneurs et autres chefs supérieurs, pour qu'ils lui fassent remettre les marins français qui seraient disponibles par suite de débarquement, de désertion, ou pour toute autre cause.

(1) Voir en note la lettre du ministre de la marine du 14 février 1852, p. 38.

2° En pays étranger, alors même que les équipages sous ses ordres seraient complets, il s'adresse aux agents consulaires de France pour qu'ils lui fassent connaître les marins français qui se trouvent disponibles ; et, s'il y a lieu, il requiert ces agents de prendre des mesures ou de faire les démarches nécessaires pour que ces marins soient remis à sa disposition.

3° A défaut d'agents consulaires, il s'adresse aux autorités locales, en se conformant aux dispositions des traités existants.

4° Lorsque, par suite des démarches ci-dessus, il se trouve à bord des bâtiments placés sous son autorité des marins en excédant à l'effectif réglementaire, à la première occasion, il les fait passer en France ; il expédie d'abord ceux qui ont rendu le plus de services à l'Etat.

Formalités lorsqu'il débarque un homme en pays étranger.

115.—1° Le commandant en chef ne peut débarquer et laisser à terre, en pays étranger, aucun homme à gages, sans s'être concerté à ce sujet avec l'agent consulaire de France, et sans que cet homme ne produise en double expédition :

Un certificat constatant qu'il a des moyens d'existence ;

Un engagement de renoncer à tout droit de réclamer son repatriement gratuit ;

Un certificat constatant que son débarquement a lieu sur sa demande ou avec son consentement.

2° Une expédition de ces pièces reste entre les mains du commandant en chef, l'autre est remise à l'agent consulaire de France dans le port où le débarquement a lieu.

3° A défaut d'agent consulaire, le débarquement ne peut avoir lieu sans le consentement officiel des autorités locales. Les pièces mentionnées au § 1er du présent article doivent toujours être produites et conservées par le commandant en chef.

Marins français réclamant sa protection.

116.—1° Lorsqu'il retrouve dans ses relâches, ou à bord des navires qu'il rencontre à la mer, des marins français qui réclament sa protection, il les fait recevoir sur les bâtiments qu'il commande, après avoir constaté leur nationalité et s'être concerté avec les autorités compétentes.

2° Il rend compte au ministre des obstacles qu'il aurait pu éprouver dans ces circonstances.

Le commandant en chef peut requérir l'embargo.

117.—Dans les colonies françaises, lorsque les intérêts du service de l'Etat lui paraissent exiger que les mouvements des bâtiments qu'il commande restent secrets, il peut requérir l'autorité supérieure d'ordonner l'embargo sur les bâtiments français et étrangers, en lui faisant connaître confidentiellement les motifs de sa demande, et quelle devra être la durée de l'embargo.

Il donne, au besoin, avis de son départ aux capitaines de commerce.

118. — Dans les colonies françaises ou en pays étranger, si les circonstances ou la nature de sa mission le permettent, le commandant en chef, lorsqu'il pense que la mer peut ne pas être libre, fait donner avis de son départ aux capitaines des navires de commerce qui se trouvent en partance, afin qu'ils puissent profiter de son escorte.

Il protége le commerce.

119.—1° Il protége le commerce, et donne aux navigateurs français toutes les indications qu'il a pu recueillir, et qui sont de nature à les éclairer sur les intérêts commerciaux de la France.

2° En cas de danger, il leur donne, soit en hommes, soit en munitions, toute l'assistance qui peut se concilier avec la situation de ses bâtiments et avec la mission dont il est chargé, et il défend qu'il soit exigé aucune rétribution à raison de services rendus par ses ordres dans de telles circonstances.

Plan de ses mouvements de combat.

120.—Autant qu'il lui est possible, le commandant en chef fait connaître à l'avance aux officiers généraux et aux capitaines ses intentions sur les mouvements et manœuvres qu'il se propose de faire, soit pour l'attaque, soit pour la défense.

Branle-bas de combat. — Il ne combat que sous le pavillon français.

121.—1° En présence de l'ennemi, le commandant en chef ordonne le branle-bas de combat.

2° Avant de commencer l'action, il fait arborer les marques distinctives et hisser le pavillon français sur tous les bâtiments. Dans aucun cas, il ne doit combattre sous un autre pavillon. Dans les combats de nuit, il ordonne qu'un fanal soit placé au-dessus du pavillon de poupe.

3° Lorsque le combat est engagé, il fait tout ce qui est en son pouvoir pour s'emparer des bâtiments ennemis ou pour les détruire.

Formalités lors de l'amarinage d'une prise.

122. — 1° Lorsqu'un bâtiment ennemi a été amariné, le commandant en chef envoie, aussitôt qu'il est possible, un officier à bord de ce bâtiment, pour s'assurer que les dispositions prescrites concernant l'amarinage des prises ont été exécutées.

2° Il ordonne à cet officier de veiller à ce que les prisonniers de guerre soient traités avec humanité.

Mesures à prendre pour l'équipage d'un bâtiment désemparé.

123. — Si, par suite du combat ou d'autres événements, un des bâtiments placés sous ses ordres est tellement désemparé qu'il ne puisse suivre l'armée ni relâcher sans courir le risque d'être enlevé par l'en-

3.

nemi, ou de périr, le commandant en chef, sur le rapport ou le signal qui lui en est fait par le capitaine, ordonne que ce bâtiment soit évacué et détruit.

Lorsqu'il change de bâtiment, il a soin d'emporter tous les papiers relatifs à sa mission.

124. — Si, pendant le combat, le commandant en chef passe sur un autre bâtiment, il a soin de prendre avec lui tous les papiers relatifs au service ou à la mission de l'armée ; et s'il craint que ces papiers ne tombent entre les mains de l'ennemi, il les fait détruire sous ses yeux.

Marins au service ennemi.

125. — Si, à bord d'un bâtiment de guerre ennemi qu'il a capturé, le commandant en chef trouve un marin français employé au service de ce bâtiment, il le fait traduire devant le tribunal compétent.

Dispositions relatives aux neutres et aux corsaires.

126.—1° Il observe et fait observer par les capitaines des bâtiments sous ses ordres les dispositions prescrites par les décrets et ordonnances sur la navigation des neutres.

2° Il s'assure que les corsaires français qu'il rencontre se conforment exactement aux ordonnances sur les armements en course.

3° S'il a connaissance de quelques infractions à cet égard, il en rend compte au ministre de la marine.

Il transmet au ministre l'état des mutations dans les états-majors et les rapports sommaires.

127. — 1° Tous les mois, autant que possible, et à son arrivée dans un port de France, le commandant en chef transmet au ministre de la marine les états distincts, suivant les corps (modèle n° 9), des mutations qui ont pu survenir parmi les états-majors généraux et les états-majors de la force navale qu'il commande.

2° Il transmet également au ministre, après y avoir consigné ses propres observations, les rapports sommaires qui lui sont remis tous les trois mois par les capitaines de bâtiments à vapeur.

Il fait examiner les propositions d'amélioration des diverses parties du service.

128. — Il examine ou fait examiner les propositions qui peuvent lui être présentées par les officiers sous ses ordres sur les améliorations à introduire dans les différentes parties du service, et il fait consigner sur un registre spécial celles de ces propositions qui lui paraîtraient devoir être prises en considération.

Notes sur les officiers généraux, les chefs de service, les officiers et les aspirants.

129. — 1° Tous les ans, à la suite des inspections générales, ainsi qu'à la fin de la campagne, il se fait remettre, par les officiers généraux employés en sous-ordre et par les capitaines, des notes détaillées sur la conduite et le mérite des officiers de tous grades et aspirants employés sous leurs ordres, et sur les autres personnes de l'état-major des bâtiments qu'ils commandent.

2° Il se fait remettre par le chef d'état-major des notes semblables, concernant les officiers attachés aux états-majors généraux.

3° Il adresse toutes ces pièces au ministre de la marine, en y joignant ses observations, de manière à ce qu'elles soient parvenues à Paris avant le 1er novembre de chaque année.

4° Il lui transmet en même temps des renseignements semblables sur les officiers généraux et sur les chefs de service employés sous ses ordres.

5° Ces diverses notes sont dressées sur des états distincts, suivant les corps (modèles n°s 1 et 2).

Archives des stations.

130. — En quittant son commandement, le commandant en chef remet sur bordereau à son successeur, en copie ou en original, tous les documents qui concernent la station ou la force navale qu'il vient de commander, et qui peuvent en former les archives et intéresser le service de l'Etat.

Journaux, registres et autres documents à remettre, au désarmement, au major général du port.

131. — 1° Dès que le désarmement a été ordonné, le commandant en chef adresse au ministre de la marine les journaux et divers registres tenus par les chefs d'état-major.

2° Il se fait remettre et adresse au major général du port tous les casernets, tables de loch, plans et devis, et rapports sommaires des bâtiments placés sous son commandement.

3° Il se fait également remettre par les officiers généraux employés en sous-ordre et par les capitaines, leurs journaux de navigation et ceux des officiers de l'armée. Il peut différer de restituer à certains officiers généraux, capitaines ou autres officiers, ceux de ces journaux qu'il juge utile de retenir momentanément ; dans ce cas, il leur en délivre un récépissé.

4° Il appose son visa aux journaux des capitaines.

SECTION IV.

DU COMMANDANT EN CHEF ESCORTANT UN CONVOI.

Le commandant en chef prend connaissance de l'état du convoi.

132. — 1° Le commandant en chef, chargé d'escorter un convoi, s'assure si la situation du personnel et du matériel des navires qui le composent leur permet d'entreprendre la navigation à laquelle ils sont destinés.

2° Il fait dresser un état indiquant le nom et l'espèce des bâtiments du convoi, les noms des capitaines et des armateurs, le tonnage et le chargement des bâtiments, le nombre d'hommes d'équipage, le port d'où ces navires ont été expédiés, et leur destination.

3° Lorsque le convoi doit faire une autre navigation que celle de cabotage, le commandant en chef adresse une copie de cette liste au ministre de la marine.

Papiers qu'il remet aux capitaines du convoi.

133.—1° Il assigne un numéro à chacun des navires.

2° Il remet à leurs capitaines un exemplaire des signaux généraux du convoi, et il s'assure qu'ils sont pourvus des pavillons et fanaux nécessaires pour ces signaux.

3° Il indique, pour le cas de séparation, dans des paquets cachetés qu'il délivre aux capitaines :

Les points de rendez-vous sur lesquels devront se porter les navires ;

L'époque jusqu'à laquelle ils devront attendre le convoi à chaque rendez-vous,

Le point d'atterrage définitif.

4° Ces paquets ne doivent être ouverts que dans les cas indiqués par le commandant en chef, et ils lui sont rendus à l'arrivée du convoi à sa destination, ou lors d'une séparation définitive.

5° En remettant aux capitaines les signaux, instructions et autres documents relatifs au convoi, le commandant en chef leur prescrit de renfermer ces papiers dans une boîte de plomb, et de les jeter à la mer dans le cas où ils seraient sur le point de tomber au pouvoir de l'ennemi.

Le commandant en chef peut convoyer les étrangers.

134.— En temps de guerre, le commandant en chef

d'un convoi peut recevoir sous son escorte les navires des puissances alliées de la France qui demandent à s'y ranger, lorsqu'ils font la même route que lui.

Navigation du convoi.

135.—1° Il fait naviguer le convoi dans l'ordre le plus propre à lui faire occuper le moins d'espace possible et à prévenir les accidents de la navigation.

2° Il répartit les bâtiments de l'escorte de manière à empêcher que les navires du convoi ne s'écartent, qu'aucun bâtiment étranger ne s'introduise parmi eux pendant la nuit, et que la remorque puisse être donnée promptement aux traîneurs.

3° Il se place toujours de manière à pouvoir se porter rapidement sur les points où sa présence peut devenir nécessaire.

4° Lorsqu'il y a lieu de détacher des chasseurs pour éclairer la marche du convoi, il les fait toujours rentrer avant la nuit.

Le commandant en chef ne peut chasser hors de vue du convoi

136. — Le commandant de l'escorte d'un convoi ne peut, sous aucun prétexte, chasser un ennemi, même inférieur en forces, hors de vue du convoi.

Il défend le convoi jusqu'à l'extrémité. — S'il doit se séparer du convoi, il lui signale des instructions.

137.—1° Le commandant de l'escorte fait tous ses efforts pour défendre le convoi, et s'il est attaqué par des forces supérieures, il n'en fait pas moins la résistance la plus opiniâtre pour le mettre à même d'échapper à l'ennemi.

2° S'il est contraint de se séparer des navires placés sous son escorte, il leur signale la route et la manœuvre qu'ils doivent faire pour se soustraire à la poursuite de l'ennemi.

Mesures disciplinaires contre les capitaines du convoi.

138.—1° Si la désobéissance d'un des capitaines de navires escortés est de nature à compromettre la sûreté du convoi, le commandant en chef peut le démonter et le remplacer, et il ne laisse ce capitaine à son bord qu'autant qu'il est chargé de la gestion de la cargaison.

2° Il informe le ministre de la marine et l'autorité supérieure du port de relâche ou d'arrivée de la conduite de ce capitaine, et des mesures qu'il a prises à son égard.

Police des capitaines de l'escorte et du convoi.

139. — Le commandant en chef fait traduire devant un conseil de guerre tout capitaine de l'escorte et tout capitaine de navire de commerce qui est prévenu d'avoir volontairement abandonné le convoi.

Mouillage du convoi.

140.—1° A l'arrivée du convoi dans une rade ou dans un port, le commandant en chef tient sous voiles tout ou partie de son escorte, jusqu'à ce que tous les navires soient rendus au mouillage.

2° Il fait mouiller les bâtiments de l'escorte dans la position la plus avantageuse pour protéger le convoi.

Abandon du convoi.

141. — Le commandant en chef chargé d'escorter un convoi et qui l'a abandonné est jugé par un conseil de guerre.

CHAPITRE II.

DU COMMANDEMENT DANS LES RENCONTRES.

Rencontre d'un commandant supérieur.

142.—1° Lorsque des officiers commandants se

rencontrent eu rade ou à la mer, le commandant inférieur, dès que les circonstances le permettent, se rend à bord du commandant supérieur pour lui rendre compte de la situation des forces ou du bâtiment qu'il commande, et il lui communique ses instructions, s'il ne lui a pas été enjoint de les tenir secrètes.

2° Lorsque les bâtiments doivent se séparer, le commandant inférieur prévient le commandant supérieur du jour et de l'heure de son départ. Toutefois, il ne s'éloigne qu'après en avoir obtenu par signal l'autorisation.

Cas où le commandant supérieur peut détourner le commandan inférieur de sa mission.

143.—1° A moins d'ordres spéciaux, nul officier ne peut se prévaloir de la supériorité de son grade ou de son ancienneté pour retenir ou détourner de sa route la totalité ou une partie des forces qu'il rencontre, ou pour en disposer d'une manière quelconque.

2° Toutefois, s'il juge que le service de l'Etat l'exige impérieusement, le commandant supérieur peut employer momentanément les bâtiments qu'il rencontre, lorsque le commandant inférieur n'est pas porteur d'instructions spéciales qui lui défendent de se détourner de sa destination. Aussitôt que la coopération de ces bâtiments cesse d'être nécessaire, le commandant supérieur prescrit, s'il en est temps encore, au commandant inférieur de reprendre le cours de sa mission.

Rencontre des convois.

144. — Lorsque plusieurs convois se rencontrent, le plus ancien des commandants d'escorte exerce le commandement supérieur; mais il ne peut s'opposer à ce que les chefs d'escorte qui ont des destinations différentes suivent chacun sa route particulière, à moins qu'il ne juge que le concours de tous les bâtiments armés soit momentanément nécessaire pour protéger le passage du convoi.

Responsabilité du commandant supérieur. — Il rend compte de sa détermination.

145. — Dans tous les cas, le commandant supérieur est responsable de la détermination qu'il a prise, et il en rend compte, dans le plus bref délai, au ministre de la marine, et au commandant en chef duquel peuvent dépendre les bâtiments détournés de leur mission.

CHAPITRE III.

DES OFFICIERS GÉNÉRAUX ET CHEFS DE DIVISION EMPLOYÉS EN SOUS-ORDRE.

Devoirs généraux de l'officier général employé en sous-ordre.

146. — Tout officier général employé en sous-ordre obéit ponctuellement et sans délai au commandant en chef, et dans aucun cas, ni sous aucun prétexte, il ne modifie les ordres qu'il en a reçus ; il veille à ce que les règles de service établies par le commandant en chef soient exactement observées à bord des bâtiments placés sous ses ordres.

Pouvoirs et fonctions communes au commandant en chef et à l'officier général employé en sous-ordre.

147.—1° Lorsqu'un officier général employé en sous-ordre commande une force détachée, il se conforme, sous l'autorité du commandant en chef, pendant le temps de la séparation, aux dispositions des chapitres précédents.

2° Lorsque l'armée a été divisée en escadres ou divisions, les officiers généraux employés en sous-ordre qui commandent ces escadres ou divisions exercent dans les bâtiments rangés sous leur commandement, sous l'autorité du commandant en chef, les pouvoirs et fonctions attribués à ce commandant par les articles 70, 71, 72, 77 (§ 2), 84 (§§ 1, 2, 3 et 5), 82 (§ 1), 83, 85, 87.

Inspections des officiers généraux employés en sous-ordre.

148. — Les officiers généraux employés en sous-ordre inspectent, d'après les ordres du commandant en chef, les bâtiments de l'armée, et lui rendent compte du résultat de leurs inspections.

Signaux qu'ils font aux bâtiments de l'armée.

149. — Dans les mouvements généraux, les officiers généraux employés en sous-ordre chargés de diriger une colonne font, aux bâtiments de cette colonne, tous les signaux qui peuvent être nécessaires pour l'exécution des mouvements prescrits.

Pendant le combat, leur surveillance peut s'étendre sur tous les bâtiments de l'armée.

150. — 1° En présence de l'ennemi, l'officier général employé en sous-ordre exerce sa surveillance sur ceux des bâtiments de l'armée qui portent des marques distinctives inférieures à la sienne; et s'il s'aperçoit qu'un de ces bâtiments fait des mouvements contraires aux ordres du commandant en chef, il le rappelle sur-le-champ à l'exécution de ces ordres.

2° Si ce bâtiment continue de désobéir, ou s'il évite le combat sans nécessité évidente, l'officier général le plus à portée de ce bâtiment envoie un officier à bord pour remplacer le capitaine, ou pour le faire remplacer par le second de ce bâtiment. Cet officier général informe le plus tôt possible le commandant en chef de la mesure qu'il a prise, et, si l'armée est divisée en escadres ou divisions, le commandant direct du capitaine qu'il a suspendu.

L'officier général en sous-ordre se dévoue pour dégager le commandant en chef.

151. — 1° Pendant le combat, tout officier général

tout tous ses efforts pour seconder le commandant en chef.

2° Si, pendant l'action, le dernier ordre de combat prescrit à l'armée se trouve rompu et que le bâtiment du commandant en chef soit en danger, et hors d'état de faire des signaux, tout officier général employé en sous-ordre se porte promptement à son secours avec les bâtiments qu'il peut réunir, et il se dévoue pour le dégager.

Si son bâtiment est désemparé, il peut porter son pavillon sur tout bâtiment de l'armée.

152.—1° Si, pendant le combat, le bâtiment monté par un officier général employé en sous-ordre se trouve entièrement désemparé et dans l'impossibilité de faire des signaux, ce commandant doit porter son pavillon sur un autre bâtiment.

2° Dans toute autre circonstance, il ne peut changer de bâtiment qu'avec l'autorisation du commandant en chef.

Séparation du commandant en chef.

153.—1° Si, par un événement quelconque, un officier général employé en sous-ordre s'est séparé de son commandant en chef, soit seul, soit avec d'autres bâtiments de l'armée, il ordonne aux bâtiments qui portent une marque distinctive inférieure à la sienne et qui sont hors de vue du commandant en chef de se ranger sous son pavillon, et il rallie avec eux le commandant en chef.

2° L'officier général employé en sous-ordre qui est ainsi séparé prescrit de réunir, sur chacun des bâtiments qui se trouve sous son commandement par le fait de la séparation, les officiers qui ont eu connaissance de l'événement, pour en constater les causes et les circonstances.

3° Il ordonne qu'il soit dressé sur ces bâtiments

un procès-verbal des observations faites par ces officiers, lequel sera signé par eux, et il joint ces pièces
au rapport qu'il doit adresser, dans le plus bref
délai, au commandant en chef et au ministre de la
marine.

4° Si l'officier général employé en sous-ordre ne
rallie pas, sa conduite est soumise à une enquête, et
s'il ne justifie des causes de sa séparation, il est jugé
par un conseil de guerre dès que le rapport du commandant en chef est parvenu.

5° L'officier général employé en sous ordre dont
la conduite est soumise à l'enquête ne peut exercer
de commandement pendant la durée de cette enquête.

Remplacement du commandant en chef.

154.—1° Lorsque, par une circonstance quelconque, le commandant en chef cesse l'exercice de
ses fonctions, le plus ancien officier général employé
en sous-ordre qui lui succède fait connaître, par un
signal ou par un ordre du jour, qu'il prend le commandement en chef.

2° Dans le cas où, en présence de l'ennemi, cet
officier général changerait de bâtiment, ou s'il meurt
pendant le combat, sa marque distinctive reste hissée
à bord du bâtiment qu'il montait jusqu'à ce que l'ennemi soit hors de vue.

Notes sur les officiers qui ont été employés sous les ordres d'un officier général employé en sous-ordre.

155.—1° Lorsqu'un officier général employé en
sous-ordre commande une force détachée, il doit,
lorsqu'il rallie le pavillon du commandant en chef,
être en mesure de remettre, s'il y a lieu, à ce commandant des notes détaillées sur la conduite et le
mérite des capitaines, des officiers et des aspirants
qui ont été employés sous ses ordres.

2° Il doit également être en mesure de remettre au commandant en chef le journal et les divers registres qui ont été tenus par son chef d'état-major, ainsi que les journaux des capitaines et des officiers de tous les bâtiments qui ont été employés sous ses ordres.

3° Lorsque l'officier général commandant une force détachée ne doit point rallier le commandant en chef en temps opportun pour que celui-ci puisse remplir les obligations de l'article 129 dans le délai voulu, il adresse à ce commandant les notes prescrites par le premier paragraphe ci-dessus, à l'époque nécessaire pour que le commandant en chef puisse satisfaire aux obligations dudit article.

Les dispositions qui précèdent sont applicables au chef de division en sous-ordre.

156. — Les dispositions du présent chapitre concernant les officiers généraux employés en sous-ordre sont applicables aux chefs de division employés en sous-ordre.

TITRE VI.

Des officiers de l'état-major général.

Autorité du chef d'état-major.

157. — 1° Le chef d'état-major a sous son autorité les aides de camp et officiers d'ordonnance appartenant à l'état-major général dans lequel il sert.

2° Il exerce une surveillance directe sur les officiers attachés aux états-majors généraux des officiers généraux et chefs de divisions employés en sous-ordre.

3° Sa surveillance s'étend également sur tous les

officiers composant les états-majors des bâtiments de
l'armée.

Le chef d'état-major fait connaître les chefs de service.

158. — Le chef d'état-major fait connaître par un
ordre du jour quels sont les différents chefs de service employés dans l'armée, l'escadre ou la division.

**Il se pourvoit des cartes, plans, etc., etc., nécessaires pour la
campagne.**

159. — 1° Le chef d'état-major se pourvoit à la majorité générale du port, des cartes, plans, instructions
nautiques, connaissances des temps et autres documents nécessaires à la mission que doit remplir l'armée, l'escadre ou la division.

2° Il reçoit personnellement du major général les
signaux secrets des bâtiments de l'Etat entre eux et
avec les batteries de côte.

Fonctions du chef d'état-major. — Son poste dans le combat.

160. — 1° Le chef d'état-major seconde le commandant en chef dans toutes les dispositions relatives au
service, aux mouvements et aux opérations de l'armée, de l'escadre ou de la division à laquelle il est
attaché.

2° Hors de la présence du commandant en chef, il
le supplée et le représente.

3° Pendant le combat, il se tient auprès du commandant en chef.

**Il reçoit directement les ordres du commandant en chef. — Il
surveille l'exécution des ordres et le service des signaux.**

161. — 1° Le chef d'état-major reçoit directement
les ordres du commandant en chef sur toutes les parties du service, et il les transmet, soit par signaux,
soit par écrit, soit verbalement.

2° Ces ordres sont obligatoires pour tous ceux auxquels ils sont adressés.

3° Dans toutes les circonstances, et principalement en présence de l'ennemi, le chef d'état-major surveille lui-même, ou fait surveiller sous sa responsabilité, l'exécution des ordres du commandant en chef, et il lui en rend compte immédiatement.

4° Il fait diriger, par les officiers de l'état-major général, le service des signaux du bâtiment que monte le commandant en chef, et il surveille ce service.

Registres et contrôles tenus par le chef d'état-major.

162. —1° Il inscrit sur un registre tous les ordres émanant du commandant en chef, en indiquant le jour et l'heure auxquels il les a reçus, et il le présente à sa signature à la fin de chaque mois. Ce registre, intitulé *Registre des ordres du commandant en chef*, est conforme au modèle n° 3.

2° Il indique sommairement sur un second registre, intitulé *Registre d'inscription d'ordres* (modèle n° 4), les ordres qu'il transmet, ainsi que les demandes et communications adressées au commandant en chef et les réponses qui y ont été faites ; il y porte le jour et l'heure où ces ordres ont été transmis, et où ces demandes, communications et réponses ont été faites ; il y indique également la manière dont ces ordres, demandes, communications ou réponses ont été transmises ou adressées.

3° Il veille à ce que les officiers appelés à bord du commandant en chef pour recevoir des ordres écrits transcrivent ces ordres sur le *Registre de transmission* (modèle n° 5), dont ils doivent être porteurs, et à ce qu'ils émargent le registre semblable sur lequel ils copient ces ordres.

4° Il fait inscrire tous les signaux qui sont faits dans l'armée, ainsi que le moment où ils sont amenés, sur le *Registre des signaux* (modèle n° 6).

5° Il tient un *Registre des punitions* infligées aux officiers généraux employés en sous-ordre, aux chefs de service, aux capitaines et aux officiers des états-majors généraux employés dans l'armée.

6° Il tient le contrôle (modèle n° 8) de tous les officiers et aspirants de l'armée; il y fait enregistrer les ordres d'embarquement et de débarquement, et en général, tous les mouvements qui ont lieu parmi les états-majors.

7° Il tient en même temps une liste des officiers composant l'état-major de chaque bâtiment, et il annote sur cette liste les mouvements qui peuvent survenir, afin de pouvoir toujours connaître quel est l'officier qui est chef de quart à bord de chacun des bâtiments à toute heure du jour et de la nuit.

Il conserve la correspondance du commandant en chef, et tient un journal historique des opérations de l'armée.

163.—1° Il conserve les pièces de la correspondance officielle des officiers généraux, des capitaines et autres officiers avec le commandant en chef.

2° Il tient un journal historique des mouvements et opérations de l'armée et de tous les événements qui surviennent pendant le combat et dans le cours de la campagne, en rade comme à la mer. Il porte sur ce journal les déclarations, avis et renseignements qu'il a pu recueillir, et qui sont de nature à intéresser les opérations de l'armée.

3° Il arrête et signe ce journal chaque mois et à la fin de la campagne, et le présente ensuite au commandant en chef, qui le signe après l'avoir vérifié.

État des approvisionnements à remettre au commandant en chef.

164. — Le chef d'état-major doit toujours être prêt à remettre au commandant en chef un état (modèle n° 7) des approvisionnements, vivres. combustibles, etc., des bâtiments de l'armée, de l'escadre ou de la division.

Il prend le mot d'ordre et le signale, ainsi que les différents services journaliers.

165.—1° Tous les jours à l'heure fixée, le chef d'état-major reçoit du commandant en chef le mot d'ordre qu'il signale à l'armée ; il signale également les rondes, embarcations de garde, visite d'hôpitaux et autres services journaliers.

2° Il veille à ce que les officiers chargés de ces divers services lui en rendent compte à l'heure qu'il a fixée pour recevoir leurs rapports.

Inspections qu'il passe par ordre du commandant en chef.

166.—1° Toutes les fois que le commandant en chef le juge nécessaire, le chef d'état-major inspecte les bâtiments de l'armée et leurs équipages dans certains détails spéciaux, ainsi que les hôpitaux flottants ou temporairement établis à terre pour le service de l'armée.

2° Il inspecte également les troupes passagères en ce qui concerne la conservation de leur santé, la discipline et la propreté à maintenir à bord.

Il est rapporteur des conseils sur les opérations de l'armée.

167. — Lorsque le commandant en chef juge convenable de convoquer des conseils pour discuter des projets relatifs aux opérations de l'armée, le chef d'état-major exerce près de ces conseils les fonctions de rapporteur.

Il fait rendre les honneurs funèbres.

168. — Il fait rendre les honneurs funèbres déterminés par le présent décret aux officiers de toutes armes et autres personnes, appartenant à l'armée, qui décèdent à bord.

4

Mode d'agir du chef d'état-major en cas de décès du commandant en chef.

169.—1° En cas de décès, d'absence ou de tout autre événement qui empêche le commandant en chef d'exercer le commandement, le chef d'état-major, s'il n'est pas lui-même l'officier le plus élevé en grade, ou, à grade égal, le plus ancien de l'armée, informe sur-le-champ de cet événement l'officier à qui doit appartenir le commandement.

2° En présence de l'ennemi, tout événement qui empêche le commandant en chef d'exercer ses fonctions est annoncé à l'officier appelé à le remplacer par un signal secret ou par tout autre moyen convenu d'avance, conformément à l'article 88 du présent décret.

3° Dans ce cas, le pavillon de commandement reste arboré sur le bâtiment du commandant en chef jusqu'à ce que l'ennemi soit hors de vue, et le chef d'état-major, s'il est supérieur en grade ou en ancienneté au capitaine de pavillon, et, dans le cas contraire, ce dernier, donne à l'armée les ordres qu'il juge nécessaires, jusqu'à ce que le successeur du commandant en chef ait fait connaître qu'il a pris le commandement.

4° Il est procédé de la manière indiquée par le paragraphe précédent, à bord du bâtiment monté par un officier général commandant en sous-ordre, lorsque ce commandant est empêché par un événement quelconque d'exercer le commandement.

Position des officiers de l'état-major général en cas de décès de l'officier général.

170.—1° Lors du décès d'un officier général ou d'un chef de division, les officiers qui ont composé son état-major général cessent toute fonction. Il leur est assigné une nouvelle destination.

2° Toutefois, si le successeur d'un commandant en chef décédé n'a pas d'état-major général, le chef d'état-major, si son grade ou son ancienneté ne l'appelle pas au commandement en chef de la force navale, continue ses fonctions près du nouveau commandant en chef jusqu'à ce qu'il ait été statué sur sa position par le ministre.

Remises des registres et journaux, cartes et plans à la fin de la campagne.

171.—1° A la fin de la campagne et après le désarmement, le chef d'état-major remet au commandant en chef sous les ordres duquel il était placé les registres et journaux qu'il a tenus conformément aux articles 162 et 163 du présent titre.

2° Les chefs d'état-major des commandants en sous-ordre remettent les mêmes documents à leurs chefs directs qui, après les avoir visés, en font la remise au commandant en chef.

3° A la même époque, le chef d'état-major remet au major général du port, les cartes, plans, devis et autres documents qui lui ont été délivrés.

4° Il dépose personnellement, entre les mains du major général du port, les signaux secrets qui lui ont été remis au commencement de la campagne.

TITRE VII.

Du capitaine du bâtiment.

CHAPITRE Ier.

DISPOSITIONS GÉNÉRALES.

Remise du bâtiment au capitaine. — Reconnaissance du capitaine à bord.

172.—1° Lorsqu'un officier est désigné pour commander un bâtiment, ce bâtiment lui est remis par le directeur des mouvements du port, si le bâtiment n'est pas armé.

2° Le major général de la marine fait reconnaître à son bord le capitaine au moment où il prend le commandement, et dès qu'un dixième au moins de l'équipage est embarqué.

3° Dans tout autre cas, le bâtiment est remis par le capitaine qui en quitte le commandement.

4° Si ce bâtiment se trouve hors de France et isolé, cet officier fait reconnaître le nouveau capitaine à bord.

5° Si ce bâtiment fait partie d'une force navale, le chef d'état-major ou tout autre délégué du commandant en chef fait reconnaître le nouveau capitaine.

6° Si enfin ce bâtiment est en rade de France et ne fait pas partie d'une force navale dont le commandant en chef soit présent, le major général du port fait reconnaître le nouveau capitaine.

De qui dépend le bâtiment dans l'arsenal et hors de l'arsenal.

173.—1° Tout bâtiment en armement, en réparation ou en désarmement dans l'arsenal dépend du préfet maritime.

2° Toutefois, le capitaine d'un bâtiment armé, momentanément dans l'arsenal, et faisant partie d'une force navale dont le commandant en chef est présent, ne cesse pas pendant ce temps de dépendre de ce commandant en chef, en ce qui concerne les mutations du personnel.

Le capitaine reçoit les plans et devis du préfet.

174.—1° Le capitaine reçoit du préfet maritime, ou de l'officier auquel il succède dans le commandement, les plans d'arrimage, d'emménagement, de mâture et de voilure, ceux des machines et de l'appareil évaporatoire, les notes et devis remis au retour des précédentes campagnes, l'état des lieux, enfin tous les documents qui forment l'historique du bâtiment et en constatent les qualités.

2° Il est responsable de la bonne conservation des plans, devis et tous autres documents qui lui sont remis.

3° Quelle que soit la durée du temps pendant lequel un capitaine exerce le commandement d'un bâtiment, ceux des devis d'armement et de campagne qui lui sont remis en blanc par son prédécesseur ou par le préfet maritime doivent être remplis par lui et renfermer ses observations.

4° S'il n'est pas muni d'un nombre suffisant de ces devis, il en fait immédiatement la demande, afin de pouvoir se conformer aux obligations que lui impose le paragraphe précédent.

Il ne fait aucun changement dans la coque.

175.—1° A moins de nécessité absolue et dont il est tenu de justifier, le capitaine ne peut faire aucun changement dans la coque, l'accastillage, l'artillerie, la machine, l'appareil évaporatoire, la mâture, la voilure et le gréement du bâtiment.

2° Il ne fait faire aucune chambre ni soute nouvelle, et il ne permet aucun changement dans celles qui existent. Il ne fait élargir aucun sabord, écoutille ou hublot, et ne peut, sous aucun prétexte, en faire ouvrir de nouveaux.

3° Le capitaine est personnellement responsable de toute infraction au présent article.

Il fait une visite exacte du bâtiment.

176.—1° L'officier nommé au commandement d'un bâtiment fait une visite exacte de ce bâtiment avec les officiers et les principaux maîtres qui sont destinés à servir sous ses ordres.

4.

2° Il rend compte, par écrit, du résultat de cette visite, selon le cas, au préfet maritime ou au commandant en chef de la force navale à laquelle il appartient.

Sa correspondance avec les chefs.

177.—1° En cours de campagne, le capitaine d'un bâtiment qui n'est pas sous les ordres du chef d'une force navale quelconque, ou d'un préfet maritime, correspond directement avec le ministre de la marine.

2° Lorsque le secret ne lui a pas été prescrit sur l'objet de sa mission, il informe le préfet maritime du port d'armement des principales circonstances de sa navigation, ainsi que de la situation de son bâtiment et de son équipage.

3° Si le bâtiment est sous les ordres directs du préfet maritime, et que, dans l'intérêt urgent du service, le capitaine juge utile d'écrire directement au ministre, il peut user de cette faculté; mais il doit informer sans retard le préfet de cette circonstance en lui envoyant copie de ses dépêches, et lui rendre compte des causes qui ont déterminé la mesure qu'il a prise.

4° Les capitaines de bâtiments détachés d'une force navale peuvent user de la faculté donnée ci-dessus sous les mêmes réserves, mais seulement dans des circonstances graves, et s'il leur est impossible d'entrer promptement en communication avec le commandant en chef.

Il est président du conseil d'administration.

178. — Le capitaine est président du conseil d'administration du bâtiment.

Il tient un livre d'ordre.

179.—1° Le capitaine tient un registre, intitulé *Li-*

ore d'ordres, sur lequel il inscrit ses ordres généraux relatifs au service.

2° Il exige que chacun des ordres que renferme ce registre soit émargé par ceux des officiers ou autres personnes qu'ils concernent.

Il tient un registre des punitions des officiers.

180. — Il inscrit sur un registre particulier les punitions qu'il a infligées aux diverses personnes de l'état-major et les motifs qui les ont déterminées.

Son journal.

181.—1° Il tient un journal exact de sa navigation (mod. n°s 25 et 28).

2° Lorsque le bâtiment fait partie d'une force navale, le capitaine présente ce journal à son chef direct quand il en est requis.

3° Il se fait présenter le 1er dé chaque mois, et plus souvent s'il le juge nécessaire, les journaux des officiers, et il y appose son visa.

Bordereau des objets embarqués.

182.—1° Il prescrit que toute personne expédiée pour prendre des approvisionnements se fasse remettre la pièce qui constate la nature et la quantité des objets délivrés, et qui doit être signée par la personne qui en a fait livraison.

2° Il ordonne que l'officier de service vérifie la concordance de cette pièce avec les objets qui arrivent à bord, et qu'il en opère la transcription sur le casernet.

Passagers.

183.—1° Dans les ports de France, le capitaine ne reçoit à son bord, comme passagères, que les personnes pourvues d'un ordre d'embarquement délivré par le ministre de la marine ou le préfet maritime.

2° Hors des ports de France, il ne reçoit que celles dont l'embarquement est requis par un officier de vaisseau commandant supérieur, par un gouverneur des colonies, par un officier général de terre commandant en chef, enfin par un agent diplomatique ou consulaire de France.

3° Il défend expressément qu'aucune femme, autre que les passagères, ne s'embarque pour séjourner à bord ou pour faire campagne.

4° Dans les pays étrangers où il ne se trouve pas d'autorités françaises, le capitaine peut, sous sa responsabilité, recevoir sur son bâtiment toute personne dont l'embarquement serait justifié par les règles du service ou commandé par des circonstances graves.

5° Le capitaine peut faire des représentations motivées aux réquisitions qui lui sont faites par les officiers généraux de terre, les gouverneurs des colonies et les agents diplomatiques et consulaires, lorsque sa mission ou la situation de son bâtiment est de nature à ne pas permettre l'embarquement des passagers. Il rend compte à son chef direct des représentations qu'il a faites, si elles ont fait suspendre l'embarquement demandé.

6° Il fait inscrire les passagers sur le rôle d'équipage, avec mention de leurs qualités et de l'ordre en vertu duquel ils ont été embarqués.

Police des passagers.

184.—1° Le capitaine fait observer par les passagers les prescriptions des lois, décrets, règlements et autres dispositions sur le service de la marine.

2° Il veille à ce qu'aucun passager, quelle que soit sa position, n'intervienne sans ordre dans le service du bâtiment.

Il est responsable des consommations extra-réglementaires.

185. — Il est personnellement responsable de toutes

consommations non prévues par les règlements qu'il a ordonnées ou autorisées, à moins qu'il ne justifie les causes qui ont donné lieu à ces consommations.

Le capitaine se conforme aux règlements de la santé et de la douane.

186.—1° En France et en pays étranger, le capitaine se conforme aux instructions qui lui sont transmises par les commandants des bâtiments stationnaires et par les agents de la santé, relativement aux mesures sanitaires qui doivent être observées, et il tient la main à ce que ces agents ne soient point troublés dans l'exercice de leurs fonctions.

2° Il fait également observer les lois et règlements relatifs aux douanes en ce qui concerne les bâtiments de l'État.

Il ne peut s'absenter sans autorisation.

187.—1° Le capitaine d'un bâtiment sur une rade ou dans un arsenal de France ne peut s'absenter du port sans l'autorisation des chefs dont il relève.

2° Il ne peut découcher, s'il est en sous-ordre, sans l'autorisation du chef duquel il dépend.

3° Dans aucune circonstance, il ne s'absente du bord en même temps que l'officier en second.

Propreté, siccité et salubrité du bâtiment.

188.—1° Il exige la plus grande propreté dans toutes les parties du bâtiment.

2° Il prescrit les dispositions qui peuvent contribuer à la santé de l'équipage et à la salubrité du bâtiment.

3° Il ordonne aux officiers de veiller à ce que les hommes qui quittent un service ne conservent pas sur eux de vêtements mouillés, et que, lorsqu'il y a lieu de faire changer ces hommes de vêtements, ils en fassent mention sur le casernet.

Il désigne les postes des factionnaires.

189.—1° Il désigne les divers postes où doivent être habituellement placés des factionnaires.

2° S'il y a lieu de placer d'autres factionnaires que ceux qui sont désignés dans les règlements, il détermine leur consigne, qu'il fait afficher, s'il y a lieu, aux postes que ces factionnaires doivent occuper.

Le capitaine signe les certificats de bonne conduite des officiers mariniers.

190.—1° Lorsqu'il y a lieu de délivrer des certificats de bonne conduite ou de capacité à des officiers mariniers, ou à des quartiers-maîtres ou autres hommes d'un rang inférieur remplissant les fonctions de maîtres chargés, ces certificats (modèle n° 18) sont remis par l'officier en second au capitaine ; s'il les approuve, il y appose son visa, sans lequel ces certificats ne sont pas valables.

2° Il se fait présenter la liste des hommes autres que les officiers mariniers auxquels l'officier en second propose de délivrer des certificats de bonne conduite et de capacité (modèle n° 19). Il appose son visa à cette liste après y avoir porté ses propres observations.

Lecture des lois pénales maritimes.

191. — Tous les trois mois, et plus souvent au début de la campagne, le capitaine fait faire à haute voix, par les capitaines de compagnie, en présence de l'équipage, la lecture des lois pénales maritimes.

Peines de discipline et autres.

192.—1° Il prononce sur-le-champ les peines de discipline qui ont été encourues.

2° Pour les peines plus graves qui ne peuvent être prononcées que par les conseils de justice ou les concelle de guerre, le jugement rendu est lu en présence de l'équipage assemblé ; le capitaine fait réunir la garde, et il est présent lui-même à la tête de l'état-major en armes.

Services des hommes en punition.

193.—1° Le capitaine décide s'il y a lieu d'attribuer quelque service aux hommes en punition ou de leur faire faire quelques exercices.

2° Il fixe la nature de ce service et de ces exercices.

Articles du commandant en chef applicables au capitaine.

194. — Le capitaine naviguant isolément se conforme, en ce qui le concerne, aux dispositions des articles 78, 79, 80, 81, 82, 83, 85, 87, 91, 98, 99, 100, 106, 107, 108, 109, 110, 111, 112, 113, 114, 115, 116, 118, 119, 121, 125, 126, 127, 128, 129, 130, 132, 133, 134, 135, 136, 137, 138, 139, 140 et 141 du présent décret, relatifs au commandant en chef.

CHAPITRE II.

DU CAPITAINE PENDANT L'ARMEMENT ET DANS L'ARSENAL.

Partage de la responsabilité entre le directeur du port et le capitaine.

195.—1° Lorsque le bâtiment est dans l'arsenal, la responsabilité se partage entre le directeur des mouvements du port et le capitaine. Ce directeur est chargé du placement, de l'amarrage, de la sûreté extérieure du bâtiment, de sa mise en rade, de son entrée dans le port, et de la surveillance des feux que le major général autorise à y tenir allumés.

2° La garde et la sûreté intérieure, la surveillance des travaux d'armement et de réparation exécutés par les diverses directions, celle des hommes travaillant à bord, quoique n'appartenant pas à l'équipage, sont dévolues au capitaine.

3° Toutefois, le capitaine ne commence à participer à la responsabilité que lorsqu'un dixième au moins de l'équipage est embarqué ; jusqu'alors cette responsabilité appartient entièrement au directeur des mouvements du port.

4° Elle appartient entièrement au capitaine aussitôt que le bâtiment est mouillé à son poste en rade.

Le capitaine reçoit les consignes du directeur du port.

196. — Le capitaine reçoit du directeur des mouvements du port les consignes relatives aux bâtiments qui sont dans l'arsenal ; il veille à ce que chacun à bord se conforme à ces consignes.

Surveillance des travaux par le capitaine. — Il en rend compte.

197. — 1° Le capitaine fait tous ses efforts pour hâter l'armement de son bâtiment.

2° Il surveille l'exécution des travaux qui doivent être faits à bord, ainsi que le bon emploi du temps des ouvriers, et il adresse directement au préfet maritime les plaintes qu'il aurait à porter, tant sur la manière dont les travaux sont exécutés que contre ceux des ouvriers ou des agents de l'arsenal employés à son bord qui lui auraient semblé ne pas remplir leurs devoirs.

3° Il rend compte journellement au major général des progrès de l'armement et de la conduite des travaux (modèle n° 12).

Il visite d'avance le matériel d'armement.

198. — 1° Il prend, autant que possible, connaissance,

dans les magasins du port, de la situation du matériel d'armement destiné à son bâtiment.

3° Il ne peut déléguer cette faculté qu'à son second.

Il fait faire les corvées dans l'arsenal par les embarcations du port.

199. — Il ne permet pas que les mouvements et transports relatifs au service du bâtiment soient faits par ses embarcations, tant que le bâtiment est dans l'arsenal, ces corvées devant être faites par des embarcations qui lui sont momentanément fournies par la direction du port.

Il ne peut refuser les objets fournis par le port.

200. — 1° Le capitaine ne peut refuser la mâture, la voilure, les agrès, les munitions, les approvisionnements, les rechanges et autres objets qui ont été jugés susceptibles d'un bon service par les autorités de l'arsenal.

2° Mais, si ces objets lui paraissent défectueux, il peut présenter ses observations au préfet maritime, qui, après avoir fait procéder à une vérification contradictoire, prononce définitivement.

Il fait examiner par une commission les vivres de campagne.

201. — 1° Le capitaine fait examiner la qualité des vivres et rafraîchissements qui doivent être embarqués pour la campagne, par une commission composée d'un officier de vaisseau, de l'officier d'administration et du chirurgien-major.

2° Le commis aux vivres, le boulanger, un maître ou un second maître et un sous-officier des troupes passagères, s'il en est embarqué, sont appelés à cet examen.

3° En cas de contestation sur la qualité de ces vivres ou rafraîchissements, il est procédé conformément aux dispositions de l'article précédent.

Il fait essayer les objets de rechange.

202. — 1° Il fait essayer tous les objets en service qui se rapportent aux différentes manœuvres, et notamment à celles nécessaires aux mouvements des ancres et du gouvernail.

2° Il fait mettre momentanément en place, afin de les essayer, les mâts, voiles, barres de perroquet, gouvernail, barre de gouvernail, et autres objets de rechange. Aucun de ces objets n'est définitivement arrimé qu'après avoir été essayé, et avoir reçu une marque qui constate que cette obligation indispensable a été remplie.

Il désigne les logements.

203. — Dès que l'état-major est complet, le capitaine assigne aux officiers les logements que les règlements attribuent à chacun d'eux.

Il charge le plus ancien officier du détail général.

204. — 1° Il charge l'officier de vaisseau qui le suit immédiatement dans le commandement du détail général du bâtiment, de la police supérieure et de la discipline de l'équipage. Il se fait rendre compte, par cet officier, de toutes les peines de discipline qui ont été infligées à bord.

2° Il le charge de la répartition de l'équipage aux divers postes, de la formation des rôles, de la direction et de la surveillance des différents services du détail, enfin du service général d'hygiène et de propreté.

3° Il le charge aussi de recevoir les rapports et les comptes des officiers de vaisseau et autres embarqués sur le bâtiment.

4° Il lui confie la direction supérieure de l'instruction de l'équipage, suivant le mode uniforme établi pour la flotte.

3° Il lui communique le plan d'arrimage qui doit être exécuté.

Distribution des officiers dans les différents services.

205.—1° Il confie le commandement des batteries aux plus anciens officiers de vaisseau, après l'officier en second, selon l'ordre hiérarchique, en donnant le commandement de la batterie basse au plus ancien d'entre eux, celui de la seconde batterie à celui qui le suit immédiatement, et ainsi de suite, en en exceptant toutefois l'officier de manœuvre; il répartit les autres officiers dans les diverses batteries.

2° Il charge l'officier de vaisseau le plus ancien après le second du bâtiment, de la surveillance du matériel de l'artillerie et de celle des petites armes.

3° Il désigne, suivant leur aptitude, les officiers de vaisseau qui seront adjoints à l'officier en second pour le seconder dans la direction des divers services du détail général.

4° L'officier de manœuvre et les officiers qui commandent les compagnies de débarquement peuvent être choisis parmi tous les officiers du bâtiment, à l'exception de l'officier en second et de celui qui commande la 1re batterie.

5° L'officier chargé des montres peut également être choisi parmi tous les officiers du bâtiment, sauf les mêmes exceptions.

6° Le capitaine charge spécialement un officier de vaisseau de surveiller l'instruction théorique et pratique des aspirants.

7° Il répartit les aspirants dans les différents services du détail, où ils secondent les officiers qui y sont attachés.

8° Il emploie les officiers en supplément selon leur aptitude et les besoins du service.

Il règle le service des gardes.

206.—1° Le capitaine règle le service journalier des

officiers de vaisseau dans l'arsenal, en gardes de vingt-quatre heures. Le second, quels que soient son grade et le nombre des officiers embarqués, est toujours dispensé du service de la garde.

2° Quelle que soit la force numérique de l'état-major, le commandement de la garde ne peut être donné qu'aux cinq plus anciens officiers. Les officiers chefs de garde se succèdent à tour de rôle toutes les vingt-quatre heures, en commençant par le moins élevé en grade ou le moins ancien d'entre eux.

3° Le nombre des gardes ne peut jamais excéder cinq, ni être moindre que trois.

4° Lorsque, ayant plus de trois officiers, le capitaine juge à propos de réduire le nombre des gardes, il en rend compte à son chef direct.

5° Dans le cas où le nombre des officiers de vaisseau, non compris le second, est inférieur à trois, le capitaine peut, sous sa responsabilité, confier le commandement de la garde à la personne n'ayant pas rang d'officier qui lui paraît la plus capable de remplir cette fonction, en suivant, autant que possible, dans l'exercice de ce choix, l'ordre hiérarchique.

Il ordonne que les officiers de service couchent à bord.

207.—1° Le capitaine ordonne que les officiers et aspirants de garde couchent à bord aussitôt que le bâtiment entre en armement.

2° Il fixe les heures auxquelles tous les officiers du bâtiment doivent se trouver réunis à bord.

Il règle le service des chirurgiens dans le port.

208.—1° Il ordonne que le chirurgien-major se rende à bord au moins deux fois par jour aux heures indiquées ; il tient la main à ce qu'un des officiers de santé en sous-ordre attachés au bâtiment soit présent pendant les heures de travail.

2° Lorsqu'il est embarqué plus de deux chirurgiens en sous-ordre, il exige que l'un d'eux fasse le
service de la garde dès que la moitié de l'équipage
est à bord.

Il se munit de cartes, plans, etc., etc.

209.—1° Dès que sa mission lui est connue, il éta-
blit, d'après le catalogue de l'hydrographie française,
le bordereau des cartes, plans, instructions nautiques,
connaissances des temps et autres documents qu'il
juge lui être nécessaires. Il fait la demande de ces
objets au major général.

2° Si sa mission est secrète, il adresse cette demande à l'autorité compétente.

3° Dans tous les cas, il va recevoir des mains du
major général les signaux secrets des bâtiments de
l'État entre eux et avec les batteries de côte.

**Il s'assure que les officiers sont munis de leurs instruments
et livres.**

210.—1° Au moment où le bâtiment va sortir de
l'arsenal, il se fait présenter par les officiers les instruments nautiques, cartes et livres dont ils doivent
être pourvus conformément au règlement.

2° Il s'assure que tous les officiers de santé sont
munis des instruments prescrits qu'ils doivent conserver constamment à bord.

Il est présent lors de la sortie de l'arsenal.

211.—1° Le capitaine est présent à bord lorsque le
bâtiment sort de l'arsenal.

2° Il tient la main à ce que les officiers et l'équipage exécutent ponctuellement les manœuvres ordonnées par l'officier de la direction du port chargé
de conduire le bâtiment en rade.

CHAPITRE III.

DU CAPITAINE EN RADE ET A LA MER.

En sortant de l'arsenal, le capitaine fait hisser la marque distinctive et son numéro.

212.—1° Dès que le bâtiment est hors de l'arsenal, le capitaine fait hisser le pavillon national, et la flamme ou la marque distinctive attribuée à son grade ou à sa position.

2° S'il ne doit pas commander la rade, il hisse en même temps son numéro.

En arrivant sur rade, il prend les ordres du commandant supérieur.

213.—1° Tout capitaine entrant sur rade, et la trouvant commandée par un officier d'un grade supérieur au sien ou plus ancien que lui, envoie, dès qu'il est mouillé, un officier à bord de ce commandant pour prendre ses ordres relativement au service de la rade. Il se rend auprès de lui dès que son bâtiment est en sûreté.

2° Si le capitaine qui entre sur une rade se trouve devoir lui-même y exercer le commandement à raison de son grade ou de son ancienneté, les capitaines des bâtiments présents au mouillage se rendent à son bord pour y prendre ses ordres.

Il règle le service des quarts.

214.—1° Dès que le bâtiment sortant de l'arsenal est mouillé en rade, le capitaine règle le service des quarts entre les officiers de vaisseau.

2° Ce service ne peut être divisé en plus de cinq quarts de quatre heures chacun ; le capitaine a la faculté de réduire ce nombre jusqu'à trois, si les circonstances lui paraissent l'exiger ; il en rend alors compte à son chef direct. Lorsqu'il use de cette faculté, le commandement du quart est réservé aux plus anciens officiers.

3° Le service du quart commence à huit heures du soir ; le premier quart appartient à l'officier le plus ancien, et ainsi de suite.

4° Lorsque le bâtiment doit faire partie d'une armée, escadre ou division, le service des quarts est réglé de manière à ce que le plus ancien officier fasse le quart en même temps que le plus ancien officier du bâtiment commandant, et ainsi de suite.

5° Dans le cas où le nombre des officiers, non compris le second, est inférieur à trois, le capitaine peut, sous sa responsabilité, confier le commandement d'un quart à la personne n'ayant pas rang d'officier qui lui paraît la plus capable de remplir cette fonction, en suivant, autant que possible, l'ordre hiérarchique dans l'exercice de ce choix.

6° En rade, lorsque le nombre des officiers est inférieur à trois, non compris le second, le service peut être divisé en gardes de vingt-quatre heures. Dans ce cas, le capitaine peut user de la faculté qui lui est attribuée par le § 5 de l'article 206.

Rôles définitifs.

215.—1° Dans le plus bref délai après la sortie du port, le capitaine fait dresser les rôles définitifs de combat, d'abordage, de quart, d'appareillage, de mouillage, d'incendie, du service de la machine, et de manœuvres de toute espèce, conformément à ce qui est prescrit par les règlements.

2° Il arrête la liste des hommes dont les fonctions à bord comportent des suppléments de solde.

3° Il consacre tout le temps dont il peut disposer à l'application des rôles qu'il vient d'établir, et à assurer ainsi tout d'abord l'organisation militaire de son bâtiment.

Dans certains cas, les surnuméraires peuvent être employés
à tout service.

216.—1° Le capitaine assigne aux surnuméraires embarqués des postes de combat et d'incendie.

2° Indépendamment du service spécial qui leur est attribué, il peut les charger de tout autre emploi dans les circonstances extraordinaires de la campagne, ou dans celles où la totalité de l'équipage doit être mise en action.

3° Lorsque, par une cause quelconque, un quart de l'équipage est hors de service ou absent du bord, les surnuméraires peuvent être appelés à faire le quart concurremment avec l'équipage.

Il informe le préfet que l'armement est terminé. — Commission d'armement.

217.—1° Aussitôt que l'armement est terminé et que le bâtiment se trouve en mesure de recevoir à bord la commission d'armement, le capitaine en informe le préfet maritime.

2° Avant de recevoir cette commission, il fait une inspection générale de l'équipage, afin de connaître si tous les hommes embarqués réunissent les conditions voulues pour un bon service. Il se fait rendre compte, par les capitaines des compagnies, que les hommes sont munis des effets réglementaires.

3° Lorsque la commission d'armement est à bord, il lui présente toutes les observations et les réclamations qu'il juge utiles; il en requiert l'insertion au procès-verbal.

4° Pendant les opérations de la commission d'armement, le capitaine exige que tout le monde soit présent à bord.

Le capitaine donne toute publicité aux consignes et ordres généraux.

218.—1° Le capitaine fait afficher dans les divers

postes du bâtiment les ordres généraux de service et les consignes qu'il a reçus du commandant de la rade ; il leur donne toute la publicité possible ; il n'y apporte aucun changement, et en assure l'exécution.

2° Il fait afficher également l'extrait des lois pénales maritimes applicable aux équipages, et, dans les différents postes, les consignes qui doivent y être exécutées.

Il fixe l'heure où il donne ses ordres au second.

219. — Le capitaine fixe l'heure à laquelle il donne chaque soir ses ordres à l'officier en second.

Heures de l'allumage et de l'extinction des feux.

220. — 1° Le capitaine ne tolère à bord d'autre feu permanent que celui de la mèche.

2° Il fixe les heures auxquelles les autres feux allumés à des époques régulières doivent être allumés et éteints.

Il se fait remettre la liste des malades et exempts de service.

221. — Il se fait remettre tous les matins par le chirurgien-major une liste nominative des malades et exempts de service, émargée d'observations sur leur état.

Abstention du travail le dimanche. — Il fait dire les prières.

222. — 1° Les dimanches et jours de fête, il n'ordonne aucuns travaux que ceux qui sont indispensables à la propreté et à la sécurité du bâtiment.

2° Il donne des ordres pour que les prières soient dites à l'heure fixée, et pour que l'aumônier célèbre le service divin les dimanches et fêtes, lorsque le temps ou les circonstances de la navigation n'y font pas obstacle.

3° Il veille à ce que les funérailles des personnes

5.

décédées à bord soient célébrées avec toute la décence convenable.

4° Il détermine le lieu où la messe doit être célébrée.

5° Il veille à ce que les personnes du bord ou les passagers qui assistent au service divin s'y comportent avec toute la décence convenable, et que l'ordre et le silence soient observés dans toutes les parties du bâtiment par toutes les personnes qui n'assisteraient pas à ce service.

6° Lorsqu'il n'y a point d'aumônier à bord, il désigne la personne qui dira les prières à haute voix.

7° Lorsque l'aumônier l'a prévenu qu'il doit administrer les sacrements à des malades, le capitaine prescrit les mesures d'ordre et de police commandées par la sainteté de cette cérémonie.

8° Il ordonne que tous les hommes placés sur le passage du saint-sacrement se découvrent et se rangent du bord opposé. Ces hommes doivent faire face, en se tenant dans une attitude respectueuse.

Permissions d'absence

223.—1° Le capitaine ne peut permettre à plus de la moitié des officiers et des aspirants de s'absenter pendant le jour, et il tient la main à ce qu'aucune personne embarquée sur le bâtiment ne découche sans son autorisation. Il n'accorde cette autorisation aux aspirants que dans des circonstances exceptionnelles.

2° Il fixe les heures de départ des embarcations affectées au service des officiers pour les porter à terre, et celles du départ de terre de ces embarcations pour les ramener à bord.

3° Il ne peut donner permission de descendre à terre à plus du sixième de l'équipage à la fois, la maistrance non comprise. Il fixe l'heure à laquelle les hommes en permission doivent rentrer, et il fait expédier, s'il est nécessaire, des embarcations pour les ramener à bord.

Il fait tenir les embarcations hissées.

224.—1° Il veille à ce qu'on tienne hissées les embarcations qu'aucune nécessité de service n'oblige de laisser à la mer.

2° La chaloupe peut rester mouillée à portée du bâtiment, suivant le temps et les localités.

Il peut faire visiter les effets personnels et les provisions qui sont apportées à bord.

225.—1° Le capitaine tient la main à ce qu'il ne soit apporté à bord que les objets qui doivent faire partie de l'équipement du bâtiment et ceux qui sont à l'usage des personnes embarquées. Il a le droit de visiter ou de faire visiter par le second du bâtiment ces derniers objets.

2° Il se fait présenter, s'il le juge convenable, l'état des provisions destinées aux tables des officiers, des aspirants et des premiers maîtres, afin de s'assurer si ces provisions répondent aux nécessités de la campagne, et si elles peuvent être contenues dans les parties du bâtiment destinées à les recevoir.

Service des agents de la machine.

226.—1° Le capitaine défend que les mécaniciens et chauffeurs de quart soient jamais distraits du service des machines, lorsque les feux sont allumés.

2° Ceux de ces hommes qui, dans cette circonstance, ne sont pas de quart, peuvent, selon leurs grades, être employés à tous les services du bord dans les cas extraordinaires, ou dans ceux où la totalité de l'équipage doit être mise en action.

3° Lorsque les machines ne sont pas en activité, les mécaniciens et chauffeurs peuvent être employés, selon leurs grades, à tous les services du bord.

4° Toutefois, l'entretien des machines doit passer avant tout autre service.

Inspections journalières du capitaine.

227.—1° Tous les matins, le capitaine, accompagné de l'officier en second, inspecte le bâtiment dans toutes ses parties. Il est reçu, dans chaque batterie, par l'officier qui la commande; dans les autres parties du bâtiment, par les officiers auxquels elles sont confiées, et, dans l'hôpital, par le chirurgien-major.

2° Le dimanche il est accompagné, en outre, dans l'inspection du bâtiment, par l'officier d'administration et par le chirurgien-major.

Il commande lui-même lors des manœuvres générales.

228.—1° Le capitaine commande lui-même, ou par l'organe de l'officier de manœuvre, lors des appareillages et des mouillages, pendant le combat, et généralement dans toutes les circonstances importantes.

2° Lors des mouvements ou manœuvres qu'il commande lui-même ou qu'il fait commander par l'officier en second, il ordonne que les officiers du bâtiment soient à leurs différents postes, lorsqu'il juge que leur présence y est nécessaire.

Dispositions pour le cas où un homme tomberait à la mer.

229. — Il veille à ce que la bouée de sauvetage et une embarcation soient toujours préparées pour porter secours à un homme qui tomberait à la mer. Il prescrit qu'un fanal soit, tous les soirs, disposé à être placé dans cette embarcation. Il fait établir, pour chaque quart, un rôle de sauvetage pour laisser tomber la bouée, en suivre le relèvement et manœuvrer le canot.

Appel aux postes de combat.

230.—1° Tous les soirs, à la mer et en rade, en

temps de paix comme en temps de guerre, le capitaine ordonne que l'équipage soit placé aux postes de combat, et que l'appel en soit fait. Il exige que toute personne présente à bord soit à son poste de combat.

2° Après cet appel, il se fait rendre compte par l'officier en second si toutes les dispositions de combat sont prises.

Il fait visiter les pièces qui sont chargées.

231. — Le capitaine fait visiter souvent les pièces qui sont prêtes à tirer; il se fait rendre compte par les officiers commandant les batteries de l'état des charges et de toutes les précautions qui sont prises pour conserver ces charges sèches et en bon état.

Surveillance du registre signalétique des canons.

232. — Il surveille la tenue du registre signalétique des canons embarqués sur son bâtiment.

Il fixe la quantité de poudres et artifices qui sera tenue hors des soutes.

233. — 1° Il fixe la quantité de poudres qui sera tenue hors des soutes pour les signaux et autres éventualités du service.

2° Il désigne l'emplacement où ces munitions seront déposées.

Entretien des projectiles, du matériel d'artillerie et des armes portatives.

234. — Il veille à l'exécution des mesures ordonnées par les règlements, pour l'entretien du matériel d'artillerie, le calibrage des projectiles aux époques prescrites, et la conservation des armes portatives.

Inspection des sacs.

235. — Il ordonne que les capitaines de compagnie passent, une fois par trimestre, et plus souvent, s'il est nécessaire, l'inspection des sacs des hommes de leur compagnie.

Il ne permet de porter que des effets réglementaires.

236. — A moins d'une nécessité absolue, il ne permet à aucun homme de l'équipage l'usage d'effets d'habillement autres que ceux fournis par les magasins de l'État, et il n'ordonne ou ne permet aucune modification dans la coupe ou la nature des effets réglementaires.

Remplacement du capitaine d'une compagnie.

237.—1° Lorsqu'un officier du bâtiment commandant une compagnie est remplacé dans ce commandement, le capitaine réunit le conseil d'administration à l'effet d'examiner la situation de la comptabilité de cette compagnie et d'en dresser procès-verbal.

2° Mention est faite sur ce procès-verbal de la remise de tous les objets appartenant à la compagnie.

3° Une copie de ce procès-verbal, signée des membres du conseil d'administration, est remise à l'officier qui quitte le commandement de la compagnie.

États à remettre tous les mois. — Compte à rendre des mutations.

238.—1° Lorsqu'il fait partie d'une force navale ou lorsqu'il est sous l'autorité du préfet maritime, le capitaine fait dresser, le 1er de chaque mois, et lorsqu'il rallie après une séparation de plus de quinze jours, un état de situation du personnel, un état de situation des vivres, de l'eau et du combustible, un état des mutations et un état des malades (modèles nos 10, 13 et 16). Il adresse ces pièces à son chef direct.

2° Tout officier commandant un ou plusieurs bâtiments sous l'autorité du préfet maritime doit rendre compte à ce chef des mouvements opérés sur ces bâtiments, lors même qu'il serait sous la police générale du commandant supérieur de la rade.

Le capitaine examine les pièces d'administration aux epoques prescrites.

239.—1° Le capitaine examine et vise dans les formes et aux époques prescrites les pièces relatives à l'administration du bâtiment.

2° Avant d'arrêter ces pièces, il s'assure que les opérations relatives à la recette et à l'emploi du matériel ont été faites régulièrement et avec économie.

Il se fait rendre compte de l'état des approvisionnements.

240. — Il se fait rendre compte fréquemment de la quantité des approvisionnements de toutes sortes existant à bord, et de leur état de conservation.

Il fait monter sur le pont, aérer et visiter les objets d'armement.

241.—1° Tous les trois mois, il fait visiter les chaînes. Il fait, aux mêmes époques, aérer les voiles, câbles, grelins, etc., et, en général, tous les objets d'armement du bâtiment. Tous les mois, il fait mettre en jeu les pompes dont on ne se sert pas journellement.

2° Il fait constater sur le casernet l'exécution de ces prescriptions, et il y fait annoter les détériorations qui ont pu être reconnues dans ces divers objets.

Commission pour juger des objets avariés.

242.—1° Lorsqu'il lui est rendu compte qu'il existe à bord des munitions navales de toute nature, des vivres ou des rafraîchissements avariés, le capitaine nomme une commission pour les examiner, et cette commission dresse procès-verbal de leur état.

2° S'il s'agit d'examiner des munitions navales, la commission est composée de l'officier en second, d'un officier de vaisseau, du maître dans l'article duquel sont les approvisionnements à examiner, et de l'officier d'administration.

3° Si ce sont des vivres ou rafraîchissements qu'il y a lieu d'examiner, la commission est composée des mêmes officiers, auxquels sont adjoints le chirurgien-major et le commis aux vivres, et, suivant la nature des denrées à visiter, le boulanger ou le tonnelier.

4° D'après le procès-verbal de la commission, le capitaine ordonne les dispositions que le résultat de la visite exige.

5° Si cette visite a lieu dans un port étranger où il existe un agent consulaire de France, le capitaine se concerte avec cet agent pour statuer sur l'emploi des objets avariés.

Une copie annotée des marchés reste à la chancellerie.

243.—1° Il fait déposer à la chancellerie du port où ils ont été passés une copie des marchés qu'il a été nécessaire de faire pour approvisionner son bâtiment.

2° Il inscrit sur cette copie ses observations sur la manière dont les conditions de ces marchés ont été remplies.

Cas où le capitaine peut renvoyer en France des personnes de son bâtiment.

244.—Indépendamment des pouvoirs qui lui sont attribués par l'article 194, le capitaine peut débarquer et renvoyer en France les personnes appartenant à son bâtiment qui se trouvent dans un des cas suivants :

1° Maladie ou blessure grave dûment constatée et de nature à rendre impropre au service;

2° Expiration d'un engagement volontaire ou de toute période obligée de service, après remplacement;

3° Prévention de crime ou délit, lorsqu'un conseil compétent ne peut être réuni sur les lieux.

Testaments. — Événements qui donnent droit à pension.

245.—1° Le capitaine reçoit, conjointement avec l'officier d'administration, le testament de toute personne embarquée.

2° Il fait constater en temps utile les décès, disparitions, blessures et autres événements pouvant ouvrir des droits à pension en faveur des marins ou de leurs familles.

3° Il tient la main à ce que les prescriptions des ordonnances et règlements sur les justifications à faire pour établir des droits à pension soient strictement observées.

4° Il s'assure qu'au moment de leur débarquement les marins qui peuvent faire valoir ces droits sont porteurs d'une expédition des certificats nécessaires.

5° Il fait adresser sans retard en France les pièces constatant les décès, disparitions ou autres événements qui pourraient entraîner des droits à pension en faveur des familles des marins qui seraient victimes de ces événements.

Mode de procéder pour les effets des décédés et déserteurs.

216.—1° Lorsque le décès d'un officier ou de toute autre personne appartenant à l'équipage a été constaté, le capitaine ordonne que l'inventaire de ses effets soit dressé en double expédition par l'officier d'administration, en présence de l'officier en second.

2° Il fait prendre les mêmes dispositions à l'égard des effets laissés par les déserteurs; les effets de ces derniers, ainsi que ceux des hommes de l'équipage décédés, sont vendus à bord deux mois après la constatation du décès ou de la désertion.

3° Il ordonne que les scellés soient apposés sur les effets des officiers, des aspirants de la marine et des passagers qui viendraient à décéder.

4° Si, à raison de la durée de la campagne ou pour toute autre cause, il est à craindre que ces effets ne se détériorent, le capitaine peut les faire vendre à bord. Il en est dressé procès-verbal.

La machine est mise en mouvement une fois par semaine.

247.—Pendant le séjour en rade, le capitaine d'un bâtiment à vapeur fait mettre la machine en mouvement au moins une fois par semaine, en faisant virer les roues ou l'arbre de l'hélice.

Surveillance des soutes à charbon.

248.—1° Le capitaine d'un bâtiment à vapeur fait examiner fréquemment l'état du combustible dans les soutes, pour s'assurer que ce combustible ne s'échauffe pas.

2° Lorsque l'approvisionnement de charbon doit être renouvelé, il fait mettre en position d'être brûlé le premier le charbon qui reste de l'ancien approvisionnement.

Il interdit l'accès de la passerelle et l'entrée dans la chambre des machines.

249.—1° A bord d'un bâtiment à vapeur, le capitaine interdit l'accès de la passerelle à toute personne qui n'y est pas appelée pour le service.

2° Il interdit également l'entrée de la chambre des machines à toute personne qui ne fait pas partie de l'état-major du bâtiment, ou qui est étrangère à la manœuvre de l'appareil.

Reconnaissance qu'il fait d'un mouillage peu fréquenté.

250.—1° Lorsqu'il se trouve mouillé sur une rade ou dans un parage inconnu ou peu fréquenté, il fait reconnaître le fond à plusieurs encablures du bâtiment, et, si les circonstances le permettent, il lève un plan du mouillage.

2° Il porte sur son journal toutes les observations qu'il a pu recueillir sur les localités.

Il fait prendre la patente de santé.

251. — Le jour ou la veille du départ, le capitaine donne l'ordre au chirurgien-major de se munir d'une patente de santé.

Appel général de l'équipage après le départ.

252. — 1° Dès que le bâtiment a pris la mer, le capitaine fait constater l'effectif de l'équipage par un appel général.

2° Si, après le départ, il est découvert à bord des individus qui n'appartiennent pas au bâtiment, le capitaine les fait porter sur le rôle d'équipage avec l'indication de leur signalement, de leur filiation et de la profession qu'ils ont déclarée.

3° Si ces individus sont Français, il les met à la disposition de l'administration de la marine dans le premier port français où il aborde, ou à la disposition de l'agent consulaire de France, s'il relâche en pays étranger. S'il n'y a point sur les lieux d'agent consulaire, et qu'il juge à propos de les débarquer, il ne peut le faire qu'avec l'assentiment de l'autorité locale.

4° Dans le cas où ces individus ne seraient pas Français, il les remet à l'agent de leur nation au premier port où il arrive, et, à défaut d'agent, il les débarque, à moins que l'autorité locale n'y mette empêchement.

Le capitaine renvoie les pilotes sans retard.

253. — Le capitaine s'abstient de retenir à son bord, au delà du temps où leur présence est réellement utile, les pilotes lamaneurs qui ont été requis pour piloter le bâtiment.

Il désigne les vigies.

254. — 1° Il ordonne que des vigies soient placées,

durant le jour, dans les parties élevées de la mâture, et, pendant la nuit, aux bossoirs, sur le beaupré, sur la vergue de misaine et sur la passerelle.

2° Il détermine, selon les circonstances, le nombre de ces vigies et la place qu'elles doivent occuper.

Il écrit ses ordres sur le casernet.

255.—Il écrit chaque soir ses ordres sur le casernet, et il les signe.

Signaux.

256.—1° En armée, en escadre ou en division, le capitaine fait observer nuit et jour les signaux de tous les bâtiments et particulièrement ceux des officiers généraux ou supérieurs commandants. Il fait inscrire ces signaux sur le registre destiné à cet effet.

2° Il peut adresser au commandant en chef ou à son chef direct tous les signaux relatifs au service et à la navigation.

3° Il ne peut correspondre par signaux avec les autres bâtiments de l'armée sans en avoir obtenu l'autorisation.

4° Il attend les ordres du commandant en chef pour faire des signaux de reconnaissance à un bâtiment étranger.

Il imite les mouvements du bâtiment commandant.

257.—1° Lorsqu'il est en sous-ordre, il fait veiller tous les mouvements du bâtiment commandant, et les imite exactement, lors même que ce bâtiment ne ferait pas de signaux à cet effet.

2° S'il juge nécessaire, pour l'instruction de l'équipage, de multiplier les exercices, il en demande l'autorisation à son chef direct.

Devoirs du capitaine lorsqu'un officier général est à son bord.

258.—1° Le capitaine de pavillon fait prévenir l'officier général qui monte son bâtiment de tous les mouvements qui doivent s'y exécuter.

2° Tout capitaine remplit ce dernier devoir à l'égard de tout officier général de la marine qui se trouve momentanément à son bord pour le service de son bâtiment. Il le fait prévenir immédiatement des signaux qui concernent ce bâtiment.

Responsabilité du capitaine de pavillon.

259. — Le capitaine de pavillon est chargé et responsable de l'exécution des mesures et des précautions nécessaires pour la sûreté du bâtiment, en suivant la route ordonnée par l'officier général.

Le capitaine signale tout ce qui arrive en vue.

260. — A moins d'ordres contraires, le capitaine placé en sous-ordre signale sur-le-champ toutes les voiles étrangères qui ont été aperçues de son bâtiment, et en général tout ce qu'il jugerait de nature à appeler l'attention du commandant en chef.

Calculs qui lui sont remis par les officiers.

261. — Le capitaine règle quelles sont les observations astronomiques et les calculs qui lui seront remis journellement par les officiers.

Il étudie et s'applique à améliorer les qualités de son bâtiment.

262. — Il étudie les qualités du bâtiment et s'applique à connaître les lignes d'eau les plus favorables à sa marche sous les diverses allures. Il prend note des améliorations qui pourraient être apportées dans chacune des parties de l'installation, et il en fait mention dans son journal ainsi que dans les devis qu'il remet à son successeur ou au préfet maritime lorsqu'il quitte le commandement.

A cinquante lieues de terre, on peut détalinguer les chaînes.

263.—Lorsque la traversée doit être de longue durée, et que le bâtiment se trouve à 50 lieues de terre, il peut faire détalinguer les chaînes. Elles sont étalinguées de nouveau lorsque le bâtiment arrive à une moindre distance des côtes.

Sondes.

264.—1° Aussitôt qu'il a lieu de penser que le fond est accessible à la sonde, le capitaine donne l'ordre de sonder.

2° Lorsque la profondeur n'excède pas 40 mètres, il fait placer dans les porte-haubans des hommes qui sondent avec une ligne à main, et qui crient alternativement à haute voix, d'un bord et de l'autre, le nombre de mètres d'eau et l'espèce de fond rapportée par le plomb.

3° En arrivant au mouillage, et jusqu'à ce qu'il ait laissé tomber l'ancre, il continue de faire sonder alternativement des deux bords.

Tout capitaine peut signaler que la route est dangereuse à tenir.

265.—1° Tout capitaine qui juge la route dangereuse à tenir pour son bâtiment ou pour l'armée le signale immédiatement au commandant en chef.

2° S'il est capitaine de pavillon, il prévient immédiatement l'officier général qui est à son bord qu'il juge la route dangereuse.

Croisières.

266. — Le capitaine naviguant isolément, et ayant mission de croiser pendant un temps non limité, tient la mer aussi longtemps qu'il lui est possible. Cependant il doit régler son retour de manière qu'il lui reste encore au moins quinze jours de vivres en arrivant au port.

Retranchements dans la ration.

267.—1° Si, par des causes quelconques, le bâtiment ne se trouve pas suffisamment approvisionné pour remplir ou terminer une mission, le capitaine ordonne, dans la ration, les retranchements qu'il juge nécessaires.

2° S'il est en sous-ordre, les réductions de vivres sont ordonnées par le commandant en chef.

3° Dans tous les cas, il est dressé un procès-verbal indiquant la portion de la ration qui a été retranchée, ainsi que les causes et la durée de ce retranchement, afin qu'il en soit tenu compte à l'équipage au retour en France.

Économie du combustible.

268.—1° Le capitaine d'un bâtiment à vapeur s'applique, par tous les moyens possibles, à ménager le combustible destiné à la machine.

2° Suivant la teneur de ses instructions sur le degré d'urgence de sa mission, il s'aide ou non de la vapeur dans sa navigation.

3° Lorsqu'il n'est pas sous les ordres d'une autorité maritime, il est compétent pour juger du degré d'urgence de la mission qu'il doit remplir.

4° Lorsqu'il reçoit l'ordre d'une autorité qui n'est pas une autorité maritime de remplir une mission dont la nécessité ou l'urgence ne lui paraissent pas justifiées, il adresse à cette autorité des représentations écrites sur la dépense que cette mission entraînerait, et il ne prend la mer qu'après qu'il est informé par une réponse écrite que ses représentations ne sont pas accueillies.

Rapport sommaire sur la navigation à la vapeur.

269.—1° Tous les trois mois, les capitaines des bâtiments à vapeur dressent en triplicata un *rapport sommaire* (modèle n° 30).

2° Deux expéditions de ce rapport sont remises au commandant en chef, ou, si le bâtiment navigue isolément, adressées au préfet maritime ou au ministre de la marine, selon le cas.

3° La troisième expédition reste à bord pour être jointe au devis.

Séparations.

270. — Si le capitaine naviguant en sous-ordre se sépare du commandant en chef, les dispositions de l'article 153 lui sont applicables.

Il désigne l'officier qui commandera une expédition de guerre.

271. — Lorsqu'il y a lieu d'expédier une ou plusieurs embarcations ou de débarquer une partie de l'équipage pour un service de guerre, le capitaine désigne l'officier auquel il confie le commandement de l'expédition.

Lorsqu'un bâtiment hisse son numéro, il lui est répondu par un numéro.

272. — Lorsqu'un bâtiment arrivant en vue d'un autre bâtiment hisse son numéro, ce dernier bâtiment répond en hissant également son numéro.

Manœuvre quand deux bâtiments se rencontrent.

273. — 1° Lorsqu'un capitaine rencontre un bâtiment courant à contre-bord, et qu'il est dans l'indécision de savoir lequel des deux bâtiments passera au vent de l'autre, il vient sur tribord.

2° Dans ces circonstances, le capitaine d'un bâtiment à vapeur donne, en outre, l'ordre qu'on se tienne prêt à arrêter la machine.

Les bâtiments passent sous le vent de ceux qui portent des marques distinctives.

274. — A la mer, les capitaines des bâtiments de

guerre qui doivent rallier d'autres bâtiments de l'Etat
montés par des officiers qui leur sont supérieurs de
grade ou d'ancienneté passent à poupe et sous le vent
de ces bâtiments.

Procès-verbal à dresser en cas d'abordage.

275. — Si deux bâtiments viennent à s'aborder,
chaque capitaine fait dresser un procès-verbal constatant les circonstances de l'événement, et fait signer ce procès-verbal par les officiers de quart et les
maîtres présents sur le pont. Il l'adresse, avec son
rapport, à son chef direct, s'il fait partie d'une force
navale, ou au ministre de la marine et à l'autorité
supérieure de la marine au port d'arrivée, s'il navigue isolément.

Secours qu'il donne aux alliés et aux neutres, et qu'il reçoit d'eux.

276. — 1° Il se conforme aux droits et usages des
nations maritimes dans ses communications avec
des bâtiments de guerre, alliés ou neutres, et il
s'empresse de leur donner toute l'assistance qui dépend de lui.

2° Si, lui-même, ayant besoin de secours, il éprou-
vait un refus de la part de ces bâtiments, il en rendrait compte au ministre de la marine ou à son chef
direct, selon le cas.

Dispositions lorsqu'il doute de l'état de paix.

277. — 1° Lorsqu'il a des doutes sur la continuation
de l'état de paix, si sa route le rapproche d'un autre
bâtiment, d'un port ou d'un fort étranger, ou s'il rencontre un bâtiment dont la manœuvre lui paraît sus-
pecte, il ordonne toutes les dispositions nécessaires
pour le combat.

2° Quand il y a lieu de craindre que des embarcations
suspectes ne s'approchent du bâtiment ou tentent de

6

l'accoster, il donne l'ordre de charger à balles les fusils des factionnaires qui veillent à l'extérieur.

Cas où le bâtiment est attaqué sans déclaration de guerre.

278.—Si le bâtiment est attaqué sans qu'aucune déclaration de guerre soit parvenue à sa connaissance, le capitaine se défend jusqu'à la dernière extrémité, et, s'il parvient à réduire le bâtiment qui l'a attaqué, il le traite suivant les lois de la guerre.

Il fait noter exactement toutes les circonstances du combat.

279.—Avant de commencer le combat, il charge un officier de prendre note exacte des mouvements de l'armée, de ceux de l'ennemi, des avaries, enfin de toutes les circonstances de l'action. Il lui prescrit d'indiquer l'heure de chacun de ces événements.

Distances à conserver en ligne.

280.—1° Les capitaines des bâtiments rangés en ligne conservent entre eux la distance prescrite par le commandant en chef.

2° Si un bâtiment est forcé de quitter la ligne, les autres capitaines serrent immédiatement sur le commandant en chef.

Devoirs des chefs de file et serre-files.

281.— Les capitaines chefs de file ou serre-files observent sans cesse la manœuvre de l'ennemi, et, lorsqu'il s'agit de disputer l'avantage du vent, ils s'exposent aux chances de l'abordage plutôt que de plier.

Le capitaine attend les ordres du commandant en chef pour commencer le combat.

282.—1° En armée, en escadre ou en division, aucun capitaine n'engage le combat que sur le signal du commandant en chef ou par suite des instructions qu'il en a reçues.

2° Si la nuit, la brume ou la position de l'armée ne permettent pas la transmission des signaux, le capitaine agit suivant les circonstances.

Le poste de tout capitaine est au plus fort du feu.

283.—1° Le premier devoir d'un capitaine dans le combat est de prendre au feu toute la part possible.

2° A moins que son bâtiment ne soit absolument hors d'état de manœuvrer et de combattre à son poste, le capitaine ne cesse son feu et ne quitte ce poste que sur l'ordre du commandant en chef ou de son chef direct.

3° Lorsque l'ordre prescrit pour le combat est rompu, s'il n'a pas reçu d'instructions dans la prévision de cette circonstance, le capitaine s'efforce de rallier le bâtiment portant un pavillon supérieur le plus engagé au feu.

Il défend jusqu'à extrémité le chef dont il est matelot.

284.—Tout capitaine défend de tout son pouvoir le pavillon de l'officier général ou chef de division dont il est le matelot, soit d'avant, soit d'arrière, et il se fait plutôt couler que de l'abandonner.

Il ne quitte pas son poste dans la ligne.

285.—1° Aucun capitaine ne quitte son poste pour secourir un bâtiment désemparé ou pour poursuivre ou amariner un bâtiment ennemi, à moins que le commandant en chef ou son chef direct ne lui en ait donné l'ordre ou l'autorisation.

2° Le capitaine qui a fait plier ou amener un bâtiment ennemi doit se porter aussitôt sur celui de ses matelots d'avant ou d'arrière qui se trouve le plus engagé, afin de le seconder.

Il répare ses avaries pendant le combat.

286.—1° Chaque capitaine doit faire réparer immédiatement ses avaries pendant le combat.

2° Tout capitaine dont le bâtiment désemparé s'est provisoirement réparé avant la fin du combat reprend son poste dans l'ordre prescrit; mais s'il en est trop éloigné ou que l'ordre de combat soit rompu, il se porte sur celui des points les plus rapprochés où l'action est la plus vive.

Il fait tous ses efforts pour empêcher que la ligne ne soit coupée.

287.—1° Pendant le combat, chaque capitaine fait tous ses efforts, et court même les chances de l'abordage, pour empêcher que la ligne ne soit coupée par l'ennemi.

2° Si la ligne est coupée, les capitaines des deux bâtiments entre lesquels l'ennemi a pénétré sont traduits devant un conseil de guerre.

Devoirs des capitaines des bâtiments légers qui n'ont point de poste dans la ligne.

288.—1° En présence de l'ennemi, les capitaines des frégates, corvettes, bâtiments à vapeur et autres, qui n'ont point de poste dans l'ordre de combat, s'appliquent à secourir les bâtiments désemparés ou à les couvrir de leur feu.

2° Ils tiennent prêts des grelins et tout ce qui est nécessaire pour les retirer du feu ou pour les ramener au combat.

3° Ils observent les vaisseaux ennemis et saisissent toutes les occasions de réduire ceux qui sont hors d'état de manœuvrer.

4° Ils envoient, aussitôt que possible, à bord des bâtiments qui ont amené, un officier et un détachement pour en prendre possession.

5° Ils remorquent les prises, s'il y a lieu.

Un capitaine qui s'est mal conduit au feu est traduit devant un conseil de guerre.

289. — Tout capitaine accusé par le commandant en chef ou par son chef direct de désobéissance à ses ordres, de l'avoir abandonné ou faiblement soutenu dans le combat, et de n'avoir pas pris au feu toute la part possible, est traduit devant un conseil de guerre.

Ne pas tirer sur un ennemi qui a amené.

290. — Tout capitaine cesse de tirer sur un bâtiment ennemi qui a amené son pavillon.

Un officier va prendre le capitaine d'un bâtiment qui a amene.

291. — Le capitaine, qui fait amener un bâtiment, envoie immédiatement une embarcation légère, avec un officier, pour s'emparer du capitaine, le conduire à bord du capteur, et constater ainsi que le bâtiment ennemi a amené son pavillon.

Amarinage d'une prise.

292.—1° Lorsque le capitaine a fait une prise, il ordonne à l'officier chargé d'en prendre possession de faire transporter immédiatement à son bord les officiers prisonniers, de prendre toutes les précautions nécessaires contre les accidents qui menaceraient la sûreté du bâtiment capturé, d'y maintenir l'ordre, et d'empêcher qu'aucun objet n'en soit illégalement débarqué.

2° Il ordonne également à cet officier de se saisir des signaux, journaux, ordres, instructions et autres papiers qui peuvent intéresser l'armée, et ceux qui doivent servir à constater la validité de la prise.

3° Il fait arrêter sur-le-champ et poursuivre tout individu coupable d'avoir détourné des objets appartenant au bâtiment ou à l'équipage capturé.

6.

Formalités administratives envers les prises.

293.—1° Le capitaine ordonne à l'officier d'administration de se rendre à bord de la prise et de faire, en présence de l'officier chargé de la commander, un inventaire sommaire du bâtiment, et de dresser un procès-verbal de la capture.

2° Si la prise est un bâtiment de commerce, il ordonne également à l'officier d'administration de se saisir des livres et papiers de bord, de constater l'état du chargement, de faire fermer les écoutilles de la cale, les coffres et les soutes, et d'y apposer les scellés après que l'eau et les vivres nécessaires pour la navigation de la prise en ont été extraits.

3° Il est dressé un inventaire spécial des objets appartenant aux officiers, à l'équipage et aux passagers du bâtiment capturé.

Mode d'agir envers les prisonniers de guerre.

294.—1° Le capitaine veille à ce que les prisonniers de guerre soient traités avec humanité, qu'ils conservent les effets qui sont à leur usage personnel, et qu'ils reçoivent exactement la ration qui leur est allouée par les règlements.

2° Il tient la main à ce que ces prisonniers soient gardés et surveillés de manière à leur ôter tout moyen de succès s'ils tentaient de se révolter ou de s'évader.

Devoirs du capitaine après l'action.

295.—1° Après l'action, le capitaine remet le plus promptement possible son bâtiment en état de combattre; il ordonne, s'il y a lieu, une nouvelle répartition de l'équipage dans les différents postes, et fait faire un recensement des munitions qui lui restent.

2° Dès qu'il en reçoit l'ordre, il adresse au commandant en chef le résultat de ce recensement, l'état de situation de l'équipage, et une liste nominative des hommes tués et blessés.

Rapport à remettre après l'action.

296.—1° Il remet à son chef direct un rapport sur les circonstances du combat auquel il a pris part. Il lui rend compte de la conduite de chaque officier et des hommes de l'équipage, et il lui fait connaître ceux qui se sont distingués.

2° S'il navigue isolément, il adresse son rapport directement au ministre de la marine ainsi qu'au préfet maritime du port où il aborde, ou à la principale autorité, s'il relâche dans une colonie.

Les pièces administratives concernant les prises sont adressées au ministre.

297. — Tout capitaine, commandant un bâtiment naviguant isolément, adresse sans retard au ministre, en l'informant des prises qu'il a faites, une copie certifiée des procès-verbaux qui ont été dressés pour chaque bâtiment capturé.

Devoirs du capitaine d'un brûlot.

298. Le capitaine d'un brûlot, qui a reçu l'ordre d'attaquer, prend la position la plus favorable pour aborder l'ennemi. Dès qu'il a réussi, il fait descendre l'équipage dans les embarcations, il met lui-même le feu au brûlot et ne le quitte que le dernier.

Sauvetage de l'équipage et du matériel en cas de perte.

299.—1° Dans le cas de perte ou de destruction imminente du bâtiment, le capitaine, si ses efforts pour le conserver sont devenus impuissants, et qu'il n'y ait plus aucun espoir de prévenir cet événement, s'occupe d'abord de sauver l'équipage, en commençant par les malades et les blessés; il veille ensuite à la conservation du rôle d'équipage, des journaux de bord et autres pièces relatives à la comptabilité, et au sauvetage des effets de l'équipage, des approvision-

nements et objets d'armement qu'il peut faire extraire
du bâtiment.

2° Il ne quitte son bâtiment que le dernier.

3° Dans cette circonstance, il justifie de sa conduite
devant un conseil de guerre.

*Le capitaine détruit son vaisseau plutôt que de le rendre à
l'ennemi.*

300. — Lorsque, dans un combat, un capitaine a
épuisé tous les moyens en son pouvoir pour défendre
le bâtiment qui lui est confié, et que toute résistance
est devenue impossible, s'il peut faire évacuer l'é-
quipage, il détruit son vaisseau plutôt que de le remettre à l'ennemi. Mais s'il ne peut sauver son équipage, il réunit, avant d'amener, les officiers et les
maîtres pour entendre leurs rapports sur la situation
du bâtiment.

Le capitaine forcé de se rendre détruit tous ses papiers.

301.—1° Le capitaine, forcé de se rendre, jette lui-
même à la mer ses instructions, ses signaux secrets,
et tous les papiers relatifs à sa mission, lesquels sont
toujours réunis et renfermés dans une boîte de plomb.
Il ne conserve que son ordre de commandement.

2° Il adresse, dans le plus bref délai, au ministre
de la marine un rapport sur les circonstances qui ont
occasionné la destruction ou la reddition du bâtiment.

3° A son retour en France, il justifie de sa conduite devant un conseil de guerre.

Mode de procéder lors de l'abandon du bâtiment.

302.—Le capitaine qui, par une cause quelconque,
a été forcé d'abandonner son bâtiment, s'occupe immédiatement des moyens de faire transporter les officiers et l'équipage, soit à bord des bâtiments sta-
tionnés dans les parages où il se trouve, soit dans un
port français ou neutre; et jusqu'à ce qu'il ait pourvu

à leur destination et qu'il s'en soit séparé, il conserve sur eux la plénitude de son autorité.

Le capitaine ne peut mouiller et communiquer sans autorisation.

303. — 1° Tout capitaine, arrivant sur une rade quelconque, prend le mouillage qui lui a été indiqué par le capitaine du stationnaire. A défaut, il mouille au poste qui peut lui avoir été assigné par un officier d'un grade supérieur ou, à grade égal, plus ancien que lui.

2° Lorsqu'il vient de la mer, il ne peut communiquer avec la terre ou avec les bâtiments au mouillage sans la permission du commandant de la rade, et de toute manière sans avoir rempli les formalités sanitaires exigées.

3° A bord des bâtiments à vapeur, il n'éteint les feux de la machine qu'après en avoir obtenu l'autorisation.

État des besoins en arrivant au mouillage.

304. — 1° Lorsque le bâtiment est sur le point d'arriver dans un port de France, le capitaine dresse sur des états distincts, suivant les directions qui auront à y pourvoir, des listes des besoins du bâtiment tant en réparations qu'en remplacement de rechanges, vivres et approvisionnements de toute nature.

2° A son arrivée au mouillage, il remet ces états au commandant en chef ou au préfet maritime, selon le cas.

Le capitaine venant de la mer va chez le préfet et à bord du commandant supérieur.

305. — 1° Tout capitaine, arrivant de la mer dans un port de France, se rend dans le plus bref délai près du préfet maritime, et envoie un officier prendre les ordres du commandant supérieur de la rade.

2° Il se rend ensuite près de ce commandant.

3° S'il est sous les ordres directs d'un commandant en chef présent sur rade, il se rend près de ce commandant en chef avant de se présenter au préfet.

Rapport à remettre en revenant de la mer.

306.—Tout capitaine, commandant un bâtiment revenant de la mer, rédige et remet à son chef direct un rapport renfermant le détail des principales circonstances de sa dernière traversée.

Le capitaine venant de la mer fait connaître son arrivée à un chef de service de la marine.

307.—Lorsqu'un capitaine arrive de la mer dans un port où est un fonctionnaire chargé en chef du service de la marine, ce capitaine, s'il ne se trouve pas dans le port ou sur la rade un commandant supérieur, envoie à ce chef de service un officier pour lui annoncer son arrivée, et l'échange des visites a lieu conformément aux règles prescrites par le titre XVII ci-après.

Réduction des consommations lorsqu'on doit entrer dans le port.

308. — Lorsque le capitaine a reçu l'ordre d'entrer dans l'arsenal, il en informe e commandant supérieur de la rade. Il donne l'ordre de débarquer les poudres, et fait cesser à bord toute consommation d'objets dont l'emploi n'est plus indispensable.

CHAPITRE IV.

DU CAPITAINE PENDANT LE DÉSARMEMENT.

Entrée dans l'arsenal.

309.—1° Le capitaine est présent lorsque son bâti

ment rentre dans l'arsenal. Il fait amener la flamme ou, s'il y a lieu, sa marque distinctive, et fait éteindre les feux, en arrivant à la chaîne du port.

2° Sa responsabilité cesse, quant à la sûreté de la navigation, du moment où l'officier du port reçoit de lui la direction du bâtiment.

Toute consommation cesse en entrant dans l'arsenal.

310. — Le capitaine, à son arrivée dans l'arsenal, fait cesser à bord toute consommation de munitions et approvisionnements.

Rapports au préfet maritime et au major général lorsque le bâtiment est dans le port.

311.—1° Aussitôt que le bâtiment arrivant de la rade est amarré dans l'arsenal, le capitaine en rend compte lui-même au préfet maritime et au major général de la marine.

2° Il adresse journellement au major général un rapport conforme au modèle n° 12 pour lui faire connaître l'état des travaux ou les progrès du désarmement.

Service des officiers et chirurgiens dans l'arsenal.

312.—1° Il fixe le nombre des officiers et des aspirants qui doivent coucher à bord, et il détermine le service qu'ils doivent faire pendant le désarmement, conformément aux articles 206 et 207 du présent décret.

2° Il règle le service des officiers de santé, conformément à l'article 208.

Visite de désarmement des chefs de directions du port.

313.—1° Le capitaine assiste, avec tout l'état-major, à la visite de la commission de désarmement, chargée de vérifier s'il n'a été fait aucun changement dans les emménagements et les objets d'armement du bâtiment, pendant la campagne, et si l'installation est demeurée conforme à l'état qui en a été constaté avant le départ.

2° Si, par suite de cette visite, il est reconnu que des changements non autorisés ont été faits à bord du bâtiment, la dépense occasionnée par ces changements est à la charge du capitaine.

Devis, plans et autres pièces à remettre au major général.

314. — 1° Le capitaine remet au major général du port, en triple expédition, les devis (modèles n°s 31 et 32), sur lesquels il porte ses observations en réponse aux questions qui y sont posées. Il lui remet en même temps les plans du bâtiment et de ses diverses parties, tels qu'il les a reçus lorsqu'il a pris le commandement. A bord d'un bâtiment à vapeur, il joint aux devis la collection des rapports sommaires qu'il a dû rédiger tous les trois mois, conformément à l'article 269 du présent décret.

2° Il lui remet personnellement le cahier de punitions des officiers du bâtiment.

3° Il charge un officier de faire la remise du casernet et des tables de loch tenus à bord pendant la campagne, ainsi que des notes et instruments qu'il a reçus et des renseignements et observations nautiques qu'il a recueillis.

Il vise les journaux des officiers et peut les retenir momentanément.

315. — Il reçoit de l'officier en second et vise les journaux des officiers du bâtiment. Il peut les retenir momentanément. Dans ce cas, il en délivre un récépissé.

Notes à adresser au ministre.

316. — 1° A la fin du désarmement, il adresse à son chef direct, pour être transmis au ministre, sur des

États (modèles n°s 1 et 2), des notes sur la conduite et le mérite des officiers des différents corps de la marine et des aspirants qui ont servi sous ses ordres. Ces notes sont portées sur des états distincts suivant les corps.

2° Il fait connaître verbalement au préfet maritime son opinion sur le compte de ces officiers et aspirants.

Procès-verbal d'avancement au désarmement.

317.—Il fait dresser et remet au préfet maritime un procès-verbal d'avancement conforme aux prescriptions réglementaires.

Mode de procéder pour les objets qui restent à bord.

318.—1° Au moment de la remise du bâtiment, le capitaine assiste au récolement des objets laissés à bord.

2° Il ordonne que l'officier en second, l'officier d'administration et les maîtres chargés soient présents à ce récolement.

Remise du bâtiment au port. — Présentation de l'état-major au préfet et au major général.

319.—1° Le désarmement étant achevé, le capitaine prend les ordres du préfet maritime pour remettre le bâtiment au directeur des mouvements du port.

2° Il est déchargé de sa part de responsabilité dès que le bâtiment est remis à ce directeur ; il en rend compte au préfet maritime et au major général.

3° Il présente à ces deux fonctionnaires les officiers et les aspirants qui viennent de servir sous ses ordres.

TITRE VIII.

Des officiers employés sous les ordres du capitaine du bâtiment.

CHAPITRE I.

DE L'OFFICIER EN SECOND.

—

SECTION Ire.

DISPOSITIONS GÉNÉRALES.

Fonctions et pouvoirs de l'officier en second.

320.—1° L'officier de vaisseau le plus élevé en grade, ou, à grade égal, le plus ancien, est chargé du détail général et de la police générale du bâtiment. Il prend le titre d'*officier en second*.

2° Il a autorité, quel que soit son grade ou son ancienneté, sur toutes les personnes de l'état-major et de l'équipage.

3° Il est membre du conseil d'administration du bâtiment.

4° Il remplace le capitaine en cas d'absence momentanée, et il lui succède provisoirement en cas de mort.

5° Il est spécialement chargé de l'instruction de l'équipage, suivant le mode uniforme établi pour la flotte.

6° Il reçoit directement et transmet les ordres du capitaine. Il surveille l'exécution de ses ordres, et il lui rend compte de cette exécution.

7° Il n'ordonne aucun mouvement à bord sans en prévenir le capitaine ; et si les circonstances ne lui ont pas permis de recevoir ses ordres, il lui rend compte des dispositions qu'il a prescrites.

8° Il ne peut remplacer un officier pour aucun service.

9° Il est dispensé du service des corvées, et de celui de la garde dans l'arsenal.

10° Il participe à l'émission des traites, de concert avec le capitaine et l'officier d'administration.

Il émarge et fait émarger le livre d'ordres du capitaine.

321. — L'officier en second émarge sur le registre d'ordres tenu par le capitaine tous les ordres qui y sont inscrits. Il fait émarger également ce registre par ceux des officiers que ces ordres concernent.

Il surveille la tenue du casernet, du registre des signaux et autres registres.

322. — 1° Il veille à ce que les casernets et les tables de loch soient tenus exactement, et conformément aux modèles nos 23, 24, 26, 27 et 29.

2° Lorsque le bâtiment navigue en sous-ordre, ou isolément, et qu'il n'est pas monté par un officier général ou un chef de division, l'officier en second s'assure également que le registre des signaux est tenu avec exactitude (modèle n° 6). Il se le fait présenter quand il le juge à propos.

3° Il surveille la tenue, par le maître canonnier, du registre signalétique des canons embarqués à bord.

Il tient un cahier de service.

323. — L'officier en second tient un *Cahier de service* sur lequel il inscrit les ordres à exécuter concernant le service du détail général.

Il surveille la comptabilité.

324. — 1° Il veille à ce que l'officier d'administration tienne régulièrement la comptabilité du bâtiment.

2° Il examine et vise aux époques prescrites les états de consommations et autres pièces relatives à la comptabilité.

3° En l'absence du capitaine, il reçoit, conjointement avec l'officier d'administration, le testament de toute personne embarquée.

4° Il constate, en ce qui le concerne, les événements qui ouvrent droit à pension.

Il peut prendre le commandement de la manœuvre.

325. — Lorsque le capitaine n'est pas sur le pont, l'officier en second peut faire à l'officier de quart telles observations que de droit relativement à la manœuvre du bâtiment, et même, s'il le juge nécessaire, en prendre le commandement.

Il ne s'absente pas en même temps que le capitaine.

326. — 1° L'officier en second ne s'absente jamais du bord en même temps que le capitaine.

2° Lorsqu'il désire s'absenter, il en demande l'autorisation au capitaine, et le prévient de son retour à bord.

3° Lorsqu'il s'absente du bord et qu'il prévoit que son absence sera d'une certaine durée, il en donne avis, selon les ordres du capitaine, à l'officier de vaisseau le plus ancien après lui, afin que le service ne soit pas interrompu.

Permissions d'absence qu'il peut accorder.

327. — 1° En l'absence du capitaine, l'officier en second peut accorder aux officiers des permissions de s'absenter, mais pendant le jour seulement.

2° Suivant les ordres du capitaine, il peut aussi accorder des permissions d'absence aux aspirants et autres personnes embarquées. Il fait dresser et vise la liste des hommes de l'équipage qui ont obtenu des permissions. Il fixe, d'après les ordres du capitaine, l'heure du départ et celle du retour à bord des permissionnaires. Il exige que l'officier de quart soit informé de leur départ et de leur retour et que le capitaine d'armes en prenne note.

3° Il se fait rendre compte, par l'officier de quart, du départ et du retour des passagers qui se sont absentés du bord.

Mode de procéder relativement aux certificats.

328.—1° Lorsque des hommes de l'équipage doivent être embarqués, l'officier en second soumet à l'approbation du capitaine la liste de ceux de ces hommes qui lui ont paru mériter d'obtenir un certificat de bonne conduite et de capacité.

2° Suivant les ordres du capitaine, il fait dresser ces certificats par les capitaines des compagnies, conformément aux modèles n° 18 et n° 19. Il les signe tous et soumet au visa du capitaine ceux de ces certificats qui doivent être signés par lui conformément à l'article 190 ci-dessus.

3° Il les fait délivrer aux titulaires au moment de leur débarquement.

Ses devoirs disciplinaires.

329.—1° L'officier en second ordonne les peines de discipline encourues par les hommes de l'équipage. Il en tient registre (modèle n° 20), et en rend compte au capitaine.

2° Lorsqu'il a connaissance de quelque délit de nature à comporter des peines plus graves que des peines de discipline, il en prévient sur-le-champ le capitaine et fait provisoirement arrêter le prévenu.

3° Il veille à ce que l'ordre et l'appareil prescrits soient observés lors de la lecture, en présence de l'équipage assemblé, du jugement d'un conseil de guerre ou de justice.

4° Il s'assure fréquemment que les cahiers de pupition des compagnies (modèle n° 21) sont tenus avec exactitude et conformes au registre de punitions du bâtiment.

Cas où il ne peut remplir ses fonctions.

330. — 1° Si, dans le cours de la campagne, l'officier en second, pour cause de maladie ou d'empêchement légitime, cesse de remplir ses fonctions, il est remplacé par l'officier de vaisseau le plus ancien après lui.

2° Toutefois l'officier en second conserve, hors le cas de suspension, le rang et les autres attributions qui appartiennent à son grade ou à son ancienneté, pendant tout le temps qu'il reste embarqué sur le bâtiment.

SECTION II.

DE L'OFFICIER EN SECOND PENDANT L'ARMEMENT ET DANS L'ARSENAL.

Mise à exécution des consignes et ordonnances.

331. — 1° L'officier en second veille spécialement à l'exécution des consignes données par la direction des mouvements du port.

2° Il fait observer l'ordre de service qui doit être suivi pendant le séjour du bâtiment dans l'arsenal.

Nettoyage de la cale et des soutes, arrimage.

332. — 1° Avant de commencer l'arrimage, il fait nettoyer avec le plus grand soin, et, s'il y a lieu, laver à l'eau douce et sécher la cale et les diverses soutes, et blanchir la cale à la chaux.

2° Il dirige l'arrimage du bâtiment, suivant le plan indiqué par le capitaine.

3° Il indique la place que chacun des objets embarqués doit occuper.

4° Il s'assure que les caisses et futailles destinées à recevoir de l'eau et des liquides ont subi l'épreuve destinée à constater leur bon état.

Il dirige les travaux et les fait surveiller par les officiers attachés aux services du détail.

333. — 1° L'officier en second dirige tous les travaux du bord.

2° Lorsqu'il le juge à propos, il en fait surveiller l'exécution par les officiers attachés aux divers services du détail général.

3°. Il leur donne, s'il y a lieu, l'ordre de visiter ceux des objets du matériel qui dépendent du service de détail auquel ils sont attachés.

Il s'assure de la quantité des munitions embarquées.

334. — Lorsque des munitions de toutes sortes sont embarquées, l'officier en second s'assure, ou prescrit à l'officier de service de s'assurer que la quantité de ces munitions est conforme à celle qui est inscrite sur le bordereau et autres pièces qui les accompagnent.

Essai des objets de rechange.

335. — L'officier en second assiste à l'essai qui doit être fait, conformément à l'article 202, des divers objets de rechange délivrés au bâtiment, et il ne les arrime définitivement que quand ils sont revêtus d'une marque qui constate que cet essai a eu lieu.

Il étudie l'aptitude de chaque homme.

336. — 1° Dès le commencement de l'armement, il s'applique à connaître l'aptitude de chacun des hommes embarqués. Il s'informe des fonctions qu'ils ont remplies antérieurement, et il les répartit dans les postes auxquels ils sont le plus propres.

2° Il consulte à cet égard les certificats (modèles

n°s 18 et 19) dont ces hommes peuvent être pourvus.

Il fait visiter les marins par le chirurgien-major.

337. — Il fait visiter, par le chirurgien-major, les marins destinés à faire partie de l'équipage à mesure qu'ils arrivent à bord. Il remet au capitaine la liste de ceux qui ne paraîtraient pas propres à faire la campagne ; cette liste porte l'indication de leurs maladies ou de leurs infirmités.

Surveillance du passage au billet.

338. — Avant chaque repas, tant que le bâtiment est dans le port, il fait faire, en présence de l'officier de garde, l'appel général des hommes de l'équipage et leur fait délivrer, par plat provisoire, un bon signé de lui pour recevoir leurs vivres. Ces bons lui sont remis, après la distribution, par le commis aux vivres.

Rôles provisoires avant d'aller en rade.

339. — 1° Lorsque le bâtiment est prêt à être mis en rade, l'officier en second fait des rôles provisoires de combat, de quarts et de plats.

2° Il assigne provisoirement à chaque homme un poste de couchage, et à chaque plat de l'équipage un poste pour les repas. Il rend les chefs de plats responsables de la propreté des postes.

3° Il présente à l'approbation du capitaine la liste des hommes qui lui semblent propres à remplir les fonctions qui comportent des suppléments de solde.

Il s'assure que les aspirants et chirurgiens ont les livres et instruments réglementaires.

340. — 1° L'officier en second se fait représenter par les aspirants les livres et instruments dont ils doivent être pourvus conformément au règlement.

2° Il fait opérer la même vérification par le chirurgien-major, en ce qui concerne les instruments dont les chirurgiens en sous-ordre doivent être munis.

Dispositions lorsque le bâtiment va en rade.

341.—1° Avant que le bâtiment sorte de l'arsenal, l'officier en second fait disposer les ancres et les chaînes nécessaires pour le mouiller en rade.

2° Il est présent à bord lorsque le bâtiment est conduit en rade.

SECTION III.

DE L'OFFICIER EN SECOND EN RADE ET A LA MER.

Circonstances où le second fait le quart.

342.—1° L'officier en second est toujours dispensé de faire le quart, s'il est officier supérieur.

2° S'il n'est pas officier supérieur, il est également dispensé de faire le quart, si l'état-major se compose de quatre officiers au moins, le capitaine et lui non compris.

3° Si cet état-major est de trois officiers, l'officier en second fait le quart de quatre heures à huit heures du matin, et il n'en fait pas d'autre.

4° S'il n'est que de deux officiers, l'officier en second fait le quart concurremment avec ces officiers.

5° Quel que soit son grade, il doit être présent au service de propreté et recevoir des officiers et des maîtres les rapports qu'ils ont à lui faire après les visites et les rondes dont ils sont chargés.

6° Dans toutes les circonstances importantes, à quelque heure que ce soit du jour ou de la nuit, il doit se rendre auprès du capitaine pour recevoir ses ordres.

Désignation des factionnaires et publication des ordres de service.

343.—1° Dès que le bâtiment est sur rade, l'officier

en second fixe, d'après les ordres du capitaine, le nombre de factionnaires nécessaires pour la sûreté et la police du bâtiment.

2° Il fait afficher les consignes générales et l'ordre de service donnés par le capitaine, et tient la main à leur exécution.

3° Il fait afficher également, s'il y a lieu, à chacun des postes, où sont placés des factionnaires, les consignes que ces hommes sont chargés de faire exécuter.

Il dresse les rôles définitifs de répartition

344. —1° Aussitôt après la revue d'armement, il termine les différents rôles de répartition et les présente à l'approbation du capitaine.

2° Ces rôles sont dressés conformément aux dispositions du règlement.

3° Il remet aux officiers, officiers mariniers et autres chefs des différents postes, les listes nominatives des hommes placés sous leurs ordres. Il les tient au courant des mutations qu'il juge à propos de faire parmi ces hommes dans les rôles de répartition.

Lorsqu'il commande lui-même, les officiers sont à leurs postes.

345. —Lors des mouvements généraux qu'il commande lui même, il ordonne que tous les officiers du bâtiment soient à leurs postes, s'il juge que leur présence y est nécessaire.

Il veille à ce que tous assistent aux exercices.

346. — Il veille à ce que tous les officiers et aspirants assistent aux exercices, et à ce que ceux présents à bord soient à leurs postes lors de l'appel aux postes de combat.

Il surveille l'accomplissement des devoirs des aspirants.

347. — 1° Il emploie successivement les aspirants dans les divers détails du service.

2° Il désigne les postes qu'ils occuperont pendant la durée de leur quart.

L'officier en second rend compte des exercices généraux au capitaine.

348 — Après les exercices généraux, l'officier en second, qui doit toujours y assister, rend compte au capitaine de la manière dont ces exercices ont été exécutés.

Il réunit les maîtres tous les soirs.

349. — Tous les soirs il réunit les maîtres chargés et leur donne les ordres nécessaires pour les travaux de la nuit et du lendemain.

Inspection après la propreté. — Inspection du personnel.

350. — 1° Il est chargé de tout ce qui concerne la propreté du bâtiment.

2° Lorsque ce service est terminé il fait une inspection dans toutes les parties du bâtiment, et il en rend compte au capitaine.

3° Une fois par semaine il passe l'inspection du personnel.

4° Il accompagne le capitaine dans toutes ses inspections.

Tenue de la mâture.

351. — L'officier en second surveille la tenue de la mâture et du gréement. Il indique les précautions et les soins que les circonstances exigent.

Surveillance de la tenue de l'hôpital.

352. — 1° Il porte une attention particulière à la tenue de l'hôpital, et il veille à ce que tous les soins convenables soient donnés aux malades.

2° Il se fait remettre chaque jour, par le chirurgien-major, le bulletin des malades et des exempts de service (modèle n° 15), et il fait aux rôles de répartition les changements nécessaires.

3° Il fait dresser les billets d'hôpital (modèle n° 17), et il en fait tenir note par l'officier d'administration.

4° Il ordonne que les hommes sortant d'un hôpital hors du bord se présentent à la visite du chirurgien-major.

Précautions en ce qui concerne les poudres.

353.—1° Lorsque des poudres ou artifices sont embarqués ou débarqués, il fait éteindre tous les feux du bâtiment ; il fait placer des factionnaires partout où il est nécessaire, et fait prendre toutes les précautions qu'exige cette opération.

2° Il garde en dépôt dans sa chambre les clefs des soutes à poudre. Il ne les confie qu'à l'officier chargé du matériel de l'artillerie ou au maître canonnier, et il se fait rendre compte qu'elles ont été remises à leur place.

3° Lorsqu'il est nécessaire qu'une certaine quantité de poudre soit tenue hors des soutes pour les signaux ou toute autre éventualité, il s'assure que cette poudre est déposée dans la partie du bâtiment désignée à cet effet par le capitaine, et il tient strictement la main à ce qu'il ne soit extrait des soutes que la quantité de poudre prescrite.

Appels aux postes de combat.

354.—1° Le soir, à l'appel aux postes de combat, il inspecte tous les postes ; il reçoit les rapports des officiers, ordonne les rectifications qui peuvent être nécessaires, pourvoit aux remplacements, et s'assure que toutes les dispositions pour le combat ont été prises. Il en rend compte au capitaine.

2° Il fait faire ensuite dans les batteries et sur les gaillards les dispositions ordonnées par le capitaine selon le temps et les circonstances, et il prend ses ordres pour faire rompre les rangs.

Ouverture des sabords, hublots et écoutilles.

355.—Il veille à ce que les sabords, hublots et écoutilles ne soient ouverts que par son ordre ou avec son autorisation.

Il veille à l'amarrage du bâtiment en rade.

356.—1° Il se fait rendre compte matin et soir, et aux reversements de la marée, de l'état et de la disposition des chaînes, et il s'assure fréquemment que les ancres de veille sont prêtes à être mouillées.

2° Dans les rades ouvertes il exerce la même surveillance sur les dispositions relatives à l'embossage.

Note des objets en supplément embarqués dans les canots.

357.—1° Toutes les fois qu'une embarcation est expédiée pour un service de guerre ou pour une absence de plusieurs jours, l'officier en second remet à l'officier qui la commande une note détaillée des armes, munitions, vivres et autres objets, en dehors de l'armement ordinaire, qui y ont été embarqués.

2° Il s'assure de la rentrée de ces objets.

États à remettre au capitaine.

358.—1° Le premier de chaque mois, et plus souvent si le capitaine l'exige, l'officier en second lui remet des états (modèle n° 10) présentant la situation des vivres, des rafraîchissements, de l'eau et du combustible qui existent à bord.

2° Il lui remet également, sur sa demande, l'état (modèle n° 11) des divers approvisionnements et rechanges.

Surveillance du service des vivres.

359.—1° L'officier en second exerce une surveillance active et continuelle sur toutes les parties du service du commis aux vivres.

2° Il a une des clefs de la cale au vin, et il ne permet d'ouvrir cette cale qu'en présence d'un aspirant ou d'un officier marinier. Il fait délivrer au commis aux vivres la quantité de rations nécessaire pour le nombre de jours déterminé par le capitaine.

3° Il tient la main à ce que la cambuse reste fermée hors des heures de distribution.

4° Il fait vérifier fréquemment les poids et mesures destinés au service de la cambuse.

Il rend compte au capitaine des munitions avariées.

360.—Lorsqu'il a connaissance qu'il existe à bord des vivres ou autres approvisionnements avariés, il en rend compte au capitaine, qui statue, conformément à l'article 242 du présent décret.

Admission des marchands à bord.

361.—1° Il ne laisse monter à bord que les marchands autorisés par le capitaine.

2° Il leur assigne un poste dont il leur prescrit de ne point s'écarter. Il tient la main à ce qu'ils ne trafiquent que des objets dont ils lui ont fait préalablement la déclaration et dont il aura permis la vente, et à ce qu'ils n'en exigent que le prix approuvé par lui.

3° Il fait examiner par un officier de santé la qualité des denrées alimentaires mises en vente par ces marchands.

4° Il prohibe la vente de tout objet d'habillement dont l'emploi ne serait pas réglementaire ou dont la délivrance est faite par les magasins de l'Etat.

Ensevelissement des personnes décédées.

362. — Lorsqu'une personne embarquée vient à décéder à bord, l'officier en second donne, sur l'avis préalable du chirurgien-major, les ordres nécessaires pour l'ensevelissement du défunt, et pour les dispositions d'ordre à observer dans cette circonstance.

Appel général en prenant la mer.

363. — 1° Dès que le bâtiment prend la mer, il s'assure que toutes les personnes portées au rôle d'équipage sont présentes à bord et répondent à l'appel général prescrit par l'article 252. Il arrête alors l'état des rationnaires.

2° Il vérifie de nouveau, par un appel général fait à tous les postes, l'exactitude des rôles de répartition, et il rend compte au capitaine du résultat de cette vérification.

Devoirs de l'officier en second au branle-bas de combat.

364. — 1° Aussitôt que le branle-bas de combat a été ordonné, l'officier en second parcourt les différents postes pour s'assurer que toutes les dispositions prescrites s'exécutent dans toutes les parties du bâtiment.

2° Il exige la plus grande célérité dans ces diverses opérations, et il prévient le capitaine lorsqu'elles sont terminées.

Son posté dans le combat.

365. — Pendant le combat, et toutes les fois que le capitaine commande lui-même la manœuvre, l'officier en second se tient à portée de lui, prêt à recevoir ses ordres et à se rendre partout où sa présence peut être nécessaire.

Il commande le premier abordage.

366.—Lorsque l'abordage est ordonné, il conduit le premier des détachements d'abordage.

Avaries et nombre des morts et des blessés.

367.—1° Pendant le combat, l'officier en second s'applique à faire réparer les avaries qui surviennent.

2° Aussitôt que le combat a cessé, il se fait rendre compte des avaries du bâtiment par les officiers et les maîtres ; il en informe le capitaine.

3° Il se fait remettre par les officiers commandant les différents postes et par le chirurgien-major la liste nominative des blessés et des morts, et il opère sur-le-champ les mutations qui sont devenues nécessaires.

Cas où il est appelé à remplacer le capitaine.

368.—Si, pendant le combat, l'officier en second est appelé à remplacer le capitaine, il fait marquer exactement sur le casernet, par l'officier chargé d'inscrire les signaux, l'heure à laquelle il a pris le commandement du bâtiment.

Ses devoirs en cas d'incendie et de naufrage.

369.—1° En cas d'incendie ou de tout autre événement qui mettrait le bâtiment en danger, l'officier en second s'applique à maintenir l'ordre et à disposer le plus utilement possible des ressources du bord ; si le capitaine ordonne d'évacuer le bâtiment, il dirige cette opération en commençant par les malades et les blessés.

2° A moins d'un ordre contraire, il ne quitte le bâtiment qu'avec le capitaine.

État des besoins qu'il remet au capitaine.

370. — Lorsque le bâtiment est sur le point d'arriver dans un port de France, l'officier en second prépare et remet au capitaine l'état des besoins du bâtiment, tant en réparations qu'en remplacement de rechanges, vivres et approvisionnements de toutes sortes.

SECTION IV.

DE L'OFFICIER EN SECOND PENDANT LE DÉSARMEMENT.

Il veille à l'exécution de l'ordre de service et des consignes données par le port.

371.—1° Dès que le bâtiment est amarré dans l'arsenal, l'officier en second fait mettre à exécution l'ordre de service qui doit être observé pendant la durée du désarmement, tant pour la garde et la sûreté du bâtiment que relativement à l'emploi, au logement et à la nourriture de l'équipage.

2° Il veille spécialement à l'exécution des consignes données par la direction des mouvements du port.

Il est présent pendant tout le désarmement.

372.—1° Il est présent à bord pendant toute la durée du désarmement.

2° Il remet chaque soir au capitaine un modèle (n° 12), indiquant les progrès de cette opération.

Dispositions pour la fin du désarmement.

373.—1° Lorsque la visite du bâtiment et le récolement des objets restant à bord mentionnés aux articles 313 et 318 doivent avoir lieu, il prend les dispositions nécessaires; il assiste à cette visite et à ce récolement, et veille à ce que les officiers et les maîtres chargés soient présents à ces opérations.

2º Il donne à ce sujet, tous les renseignements ui lui sont demandés par les commissions chargées de ce service.

Il réunit les casernets et journaux et les remet au capitaine.

374. — Lorsque le désarmement est terminé, l'officier en second réunit les casernets du bâtiment, les journaux des officiers et des aspirants ; il y joint le sien, et remet le tout au capitaine.

Au désarmement, il présente l'état-major au capitaine.

375. — Dès que le désarmement est complétement achevé, il prend les ordres du capitaine pour lui présenter les officiers et aspirants qui ont été employés sous ses ordres.

CHAPITRE II.

DES OFFICIERS DU BATIMENT.

—

SECTION Iʳᵉ.

DISPOSITIONS GÉNÉRALES.

Leurs devoirs généraux.

376. — 1º Les officiers du bâtiment se tiennent toujours prêts à exécuter les ordres qui peuvent leur être donnés.

2º Ils se conforment ponctuellement aux règles du service, à l'ordre et à l'arrangement établis à bord. Ils veillent à ce que leurs subordonnés ne s'en écartent sous aucun prétexte.

3º Ils concourent de tous leurs efforts à la bonne et prompte exécution des mouvements ordonnés dans les postes qui leur sont assignés, et ils tiennent la main à ce que, dans ces postes, les officiers mariniers et quartiers-maîtres dirigent promptement les hommes nécessaires sur les points où des manœuvres doivent être exécutées.

Ils assistent aux exercices.

377.—1° Tous les officiers assistent anx exercices généraux.

2° Ils assistent également aux exercices particls des hommes dont l'instruction leur est spécialement confiée. Après ces derniers exercices, les officiers qui les ont dirigés rendent compte à l'officier en second de la manière dont ils ont été exécutés.

Ils se rendent à leurs postes quand on y manœuvre.

378.—Les officiers se rendent aux postes qui leur ont été assignés toutes les fois que le capitaine ou l'officier en second les fait avertir qu'on doit y exécuter un mouvement ou un exercice quelconque.

Ils ne peuvent réunir des hommes de l'équipage sans autorisation.

379.— Ils ne peuvent donner l'ordre de réunir des hommes de l'équipage pour un service quelconque sans l'autorisation de l'officier en second, et sans en informer préalablement l'officier de quart, par l'organe duquel ce mouvement doit être ordonné.

Officier le plus ancien après le second.

380.—1° L'officier de vaisseau le plus ancien après l'officier en second commande la 1re batterie ; il est chargé de la surveillance du matériel d'artillerie.

2° Il remplace l'officier en second lorsque celui-ci cesse ses fonctions, ou dans le cas mentionné au 3° paragraphe de l'article 326.

Corvées.

381.—1° Les officiers quittant le quart ou la garde

sont de corvée pendant le quart ou la garde qui suit :

2° Les officiers envoyés en corvée sont toujours armés.

3° L'officier appelé à l'ordre se munit du *cahier de transmission* (modèle, n° 5.)

Commandement des embarcations.

382.—1° A bord d'un vaisseau de ligne, un lieutenant de vaisseau commande la chaloupe lorsqu'elle est armée en guerre. Les autres embarcations sont commandées par des enseignes de vaisseau ou par des aspirants.

2° Lorsque la chaloupe d'un vaisseau de ligne n'est pas armée en guerre, elle est toujours commandée par un enseigne de vaisseau.

3° A bord des frégates et des bâtiments d'un rang inférieur, la chaloupe ou le premier canot armés en guerre sont commandés par un officier chef de quart. Les autres embarcations sont commandées par des enseignes ou par des aspirants.

4° A bord de tous bâtiments, lorsque les embarcations sont expédiées pour un service de guerre, les officiers qui doivent en prendre le commandement sont désignés par le capitaine.

L'officier de corvée surveille la tenue de l'embarcation qu'il commande et n'en laisse pas éloigner les hommes.

383.—1° L'officier détaché pour un service quelconque dans une embarcation du bâtiment veille à la bonne tenue de cette embarcation et de son équipage.

2° S'il aborde à terre ou à bord d'un autre bâtiment que le sien, il ne permet pas aux hommes placés sous ses ordres de quitter l'embarcation, sans qu'il leur en donne formellement l'autorisation.

L'officier de corvée prend note des objets qui lui sont délivrés pour le service du bâtiment.

384.—L'officier, expédié dans une embarcation pour prendre des munitions, est présent à leur livraison, et, à son retour à bord, il remet à l'officier en second la note des objets qui ont été délivrés.

Journaux des officiers.

385.— Les officiers rédigent un journal de leur navigation (modèles nᵒˢ 25 et 28); ils y joignent leurs observations sur toutes les circonstances de la navigation et le soumettent au visa du capitaine le 1ᵉʳ de chaque mois, et plus souvent s'ils en sont requis.

Les officiers font les observations astronomiques.

386.— Les officiers font journellement les observations astronomiques relatives à la navigation, et ils en remettent le résultat au capitaine avec leur point de midi.

Inspections journalières.

387. — Lors des inspections journalières, les officiers, après avoir terminé l'inspection du personnel, et en avoir rendu compte à l'officier en second, se transportent aux divers postes dont la tenue leur est confiée, afin d'y recevoir le capitaine.

Appel aux postes de combat.

388.— A l'appel aux postes de combat, les officiers exigent que ce mouvement s'exécute le plus rapidement possible. Ils font faire simultanément, dans chaque poste, l'appel des hommes placés sous leurs ordres par les officiers et les aspirants qui y sont attachés. Ils prennent note des vacances survenues et s'assurent que tout est disposé de manière à ce que le branle-bas de combat puisse être établi sans aucun retard; ils en rendent compte à l'officier en second.

Certificats aux hommes de l'équipage.

389. — Il est interdit à tout officier de délivrer des certificats de bonne conduite et de capacité à des hommes de l'équipage, autrement que dans les formes prescrites par l'article 437 du présent décret et conformément aux modèles n°s 18 et 19.

Gestion de la table de l'état-major.

390. — 1° Chacun des officiers, à son tour, est chargé de diriger le service de la table. L'ordre de ces tours est déterminé par le sort. Toutefois, sur les vaisseaux et sur les frégates, le plus ancien officier de vaisseau de l'état-major et l'officier d'administration sont exempts de ce service. La durée de chaque gestion est d'un mois au moins et de deux mois au plus.

2° Les comptes de la table sont examinés à la fin de chaque gestion par une commission composée du plus ancien officier de vaisseau de la table et de deux autres officiers désignés par le sort. L'officier chargé de diriger le service de la table ne peut faire partie de cette commission.

3° Lorsqu'un mouvement a lieu dans l'état-major, l'officier nouvellement embarqué prend pour ce service le rang de l'officier qu'il remplace.

4° Le compte de l'officier débarqué avec l'administration de la table est réglé au jour de son débarquement.

Permissions d'absence.

391. — 1° Aucun officier ne peut s'absenter du bâtiment sans en avoir obtenu la permission du capitaine et sans avoir prévenu l'officier en second.

2° En l'absence du capitaine, les officiers s'adressent à l'officier en second pour obtenir cette autorisation.

3° A leur retour à bord, ils doivent se présenter au capitaine et à l'officier en second.

SECTION II.

DES OFFICIERS DE QUART.

—

§ 1er. — *Dispositions générales.*

Devoirs en prenant le quart.

392.—1° Avant de prendre le quart, tout officier est tenu de lire les ordres écrits sur le casernet par le capitaine et sur le cahier de service par l'officier en second. Il reçoit de l'officier qu'il relève communication des ordres verbaux donnés par le capitaine et l'officier en second, ainsi que tous les renseignements relatifs à la situation du bâtiment.

2° L'officier qui a le quart de huit heures à minuit, va recevoir les ordres du capitaine avant de prendre son service.

L'officier chef de quart ne peut quitter le pont.

393.—1° L'officier chef de quart ne peut quitter le pont pendant la durée de son service, à moins qu'il ne soit remplacé par un autre officier chef de quart.

2° En rade, lorsque sa présence est indispensable dans toute autre partie du bâtiment, il peut se faire remplacer momentanément sur le pont par son second de quart, mais dans les cas urgents seulement.

Poste de l'officier de quart.

394.— Le poste habituel de l'officier chef de quart est :

A bord d'un vaisseau, sur la dunette;

A bord de tout autre bâtiment à voiles, sur le banc de quart;

A bord d'un bâtiment naviguant à la vapeur, sur la passerelle ou, à défaut, sur le banc de quart.

Devoirs de l'officier de quart.

395.—1° L'officier de quart surveille constamment avec la plus grande attention la route, la voilure, l'état du temps et de la mer, les terres, bâtiments et autres objets en vue. A bord des bâtiments à vapeur, il fait, en outre, surveiller l'appareil moteur.

2° Il veille à la ponctuelle exécution de toutes les dispositions prescrites par l'ordre de service en ce qui concerne la propreté du bâtiment, la tenue de l'équipage, les exercices, l'heure et la durée des repas, l'heure et la régularité du branle-bas, et tous les mouvements et travaux journaliers.

3° Dans les cas imprévus, il fait avertir le capitaine et l'officier en second, et prend immédiatement les mesures qu'il juge nécessaires.

4° Il est responsable, jusqu'à l'arrivée sur le pont du capitaine ou de l'officier en second, des mesures que, dans ces circonstances, il a ordonnées, et des conséquences qui résulteraient de sa négligence à prendre les dispositions qui seraient nécessaires.

5° Il lui est interdit, pendant la durée de son quart, de causer, de lire, et, en général, de se livrer à aucune occupation qui pourrait le distraire de son service.

L'officier de quart ordonne seul l'exécution des mouvements.

396.—1° L'officier de quart seul donne l'ordre d'exécution des mouvements et manœuvres qui ont lieu, lorsque le capitaine ou l'officier en second n'ont pas pris eux-mêmes le commandement.

2° Lorsque le capitaine est sur le pont, il n'ordonne aucun mouvement sans son autorisation.

Mode de commandement.

397.—1° L'officier de quart commande la manœuvre suivant le mode prescrit pour la flotte.

2° Il fait répéter les commandements par le maître de manœuvre de quart, au moyen des coups de sifflet indiqués dans le règlement.

3° Il veille à ce que les divers mouvements ordonnés soient également annoncés par des coups de sifflet, et à ce qu'aucune parole ni aucun cri n'interrompe le silence qui doit être alors observé sur le pont.

L'officier de quart fait prévenir les officiers lorsque leur présence est nécessaire.

398.—1° Lorsque le capitaine prend momentanément le commandement, l'officier de quart lui demande ses ordres pour faire prévenir les officiers du bâtiment.

2° Il fait toujours prévenir les officiers chaque fois que leur présence est prescrite dans les divers exercices ou réunions de l'équipage.

Lors des exercices généraux, il remet le quart à l'officier de manœuvre.

399.—1° Lors des exercices généraux et des appels aux postes de combat, il remet le service à l'officier de manœuvre, qui le garde pendant la durée de ces exercices et de ces appels.

2° Les événements survenus pendant que l'officier de manœuvre a le commandement du quart, sont inscrits par lui sur le casernet.

Il fait veiller tous les signaux et tous les mouvements de l'armée.

400.—1° L'officier de quart fait veiller et interpréter les signaux du commandant supérieur; il fait aussi veiller les dispositions qui sont prises à bord du bâtiment de ce commandant pour toute espèce de mouvement, afin de se mettre en mesure de les imiter. Il tient la main à ce que tous les mouvements d'ensemble s'exécutent à bord au même instant qu'à bord de ce bâtiment.

2° Il fait veiller et interpréter également tous les signaux de l'armée.

3° Il informe le capitaine de tous ces signaux, ainsi que de tous les mouvements de l'armée, et il les mentionne sur le casernet.

Ordres qui s'adressent à son bâtiment.

401. — Lorsqu'un mouvement quelconque est ordonné par signal, il en informe sur-le-champ le capitaine, il se prépare pour l'exécution et attend ses ordres.

Postes des hommes de quart.

402. — 1° L'officier de quart exige que les hommes de service soient constamment prêts à exécuter toute manœuvre, et qu'ils se tiennent habituellement dans la partie du pont qui leur est affectée.

2° Dans les mauvais temps, il peut les autoriser à se tenir dans toute autre partie du pont qu'il désigne et où ils seraient à l'abri.

Objets embarqués à bord ou débarqués.

403. — 1° A moins d'ordres contraires du capitaine ou de l'officier en second, il veille à ce qu'il ne soit apporté à bord aucun objet qui n'appartiendrait pas à l'armement du bâtiment, ou qu'il ne soit débarqué aucun objet appartenant à l'État.

2° Lorsque les munitions ou approvisionnements de toute nature sont embarqués, il en reçoit un bordereau de l'officier en second ou de la personne qui a pris livraison, et, après avoir vérifié la concordance de ce bordereau avec les objets embarqués, il le remet à l'officier en second.

3° Il porte sur le casernet le détail des objets embarqués ou débarqués.

Il fait surveiller les feux allumés à bord.

404. — 1° Il veille à ce qu'aucun feu ne soit allumé à bord sans qu'il en ait été prévenu.

2° Il fait placer un factionnaire auprès des feux qui, d'après le règlement, doivent être surveillés, et il se fait rendre compte de l'extinction de ces feux.

Il fait faire des rondes fréquentes la nuit.

405. — 1° Il exige que les rondes soient faites aux heures prescrites et qu'il lui en soit rendu compte.

2° Il fait faire en outre, lorsqu'il le juge à propos, des rondes dans les diverses parties du bâtiment par les officiers de quart sous ses ordres ou par toute autre personne qu'il juge convenable d'employer à ce service.

Précautions pour le cas où un homme tomberait à la mer.

406. — 1° Il s'assure que la bouée de sauvetage est toujours disposée pour le cas où un homme tomberait à la mer, que l'embarcation préparée à cet effet et les hommes destinés à l'armer sont toujours prêts à porter secours, et que la nuit un fanal est préparé pour cette éventualité.

2° Lorsqu'un homme est tombé à la mer, il veille à ce qu'on suive attentivement son relèvement et celui de la bouée.

Commission à la cambuse. — Il fait garder la ration des absents.

407. — 1° Avant les repas, il envoie à la cambuse la

commission, en présence de laquelle les rations doivent être préparées.

2° Lorsqu'aux heures des repas, des hommes de l'équipage sont absents pour raison de service, il fait réserver leur ration.

3° Avant la distribution, il goûte les aliments destinés à l'équipage.

Dans les orages il fait mettre à la mer les chaînes des paratonnerres.

408.—Dans les temps orageux, il a soin de faire plonger dans la mer le bout des chaînes des paratonnerres.

Il écrit sur le casernet l'heure exacte des décès.

409.—L'officier de quart, dès qu'il en reçoit l'avis du chirurgien-major, fait inscrire sur la table de loch, et inscrit ensuite sur le casernet, l'heure exacte du décès de toute personne décédée à bord, dans un hôpital annexe du bâtiment, ou dans les embarcations.

Appels au quart.

410.—Il fait faire l'appel des hommes qui quittent le quart en même temps que l'appel de ceux qui le prennent. Il se fait rendre compte du résultat de ces appels par les aspirants de service ou les officiers mariniers, et veille à ce que les hommes qui sont relevés de quart ne descendent pas avant qu'il en ait donné l'autorisation.

Il veille à ce que les hommes mouillés changent de vêtements.

411.—1° Lorsque des hommes de l'équipage ont été mouillés pendant la durée d'un quart de nuit, l'officier de quart ordonne que ces hommes changent de vêtements en quittant le pont, et que les effets mouillés soient déposés dans des bailles placées au poste de consigne.

2° Il est fait mention de cette circonstance sur le casernet.

Il transmet à son successeur les ordres qui restent à exécuter.

412.—En remettant le quart, l'officier qui en quitte le commandement transmet à l'officier qui lui succède ceux des ordres du capitaine et de l'officier en second qui restent à exécuter.

Dès qu'il quitte le quart il écrit et signe le casernet.

413.—1° Aussitôt après avoir remis le quart, l'officier relevé écrit lui-même sur le casernet (modèles n°s 23 et 26) le contenu de la table de loch, après y avoir fait les corrections qu'il juge nécessaires ; il mentionne également sur le casernet l'heure et le détail de tout ce qui a été fait à bord, l'énoncé des ordres reçus et l'heure à laquelle ils ont été donnés, les objets embarqués et débarqués, l'heure et la durée des exercices, ou les motifs qui n'ont pas permis de les faire, les consommations extraordinaires de munitions de toutes sortes, le gisement et l'apparence des terres, l'heure des marées dans les rades et les ports de relâche, la profondeur de l'eau, la force et la direction des courants, enfin toutes les observations qu'il a faites et les événements survenus pendant la durée de son quart.

2° Il signe le casernet.

§ 2. — *De l'officier de quart en rade.*

Il prévient du départ et de l'arrivée des canots. — Il fait veiller ceux qui passent.

414.—1° L'officier de quart en rade ne permet à aucune embarcation d'aborder ou de quitter le bâti-

8.

ment sans son ordre ou sans qu'il en soit averti. A moins de prescription contraire, il fait prévenir le capitaine et l'officier en second de l'arrivée et du départ de toute embarcation.

2° Il fait veiller les canots portant pavillon d'officier général qui passent à portée, et les canots où se trouvent des officiers qui accostent à bord, afin de rendre à ce pavillon et à ces officiers les honneurs qui leur sont attribués.

3° Il fait prévenir le capitaine et l'officier en second de l'arrivée et du départ des officiers généraux et supérieurs.

Dans les mauvais temps il fait mouiller un plomb de sonde et tenir des ancres prêtes.

415.—1° A l'ancre, dans les mauvais temps, il fait mouiller un plomb de sonde qu'il fait veiller par un homme d'élite, et il prend souvent des relèvements, afin de voir si le bâtiment ne chasse pas.

2° Il s'assure fréquemment que tout est disposé pour mouiller immédiatement de nouvelles ancres, et que les hommes chargés de les mouiller sont à leur poste.

3° Il s'assure également que des amarres sont élongées pour être jetées aux embarcations qui accosteraient le bord.

Il est prévenu du départ et de l'arrivée des permissionnaires.

416.—1° L'officier de quart en rade exige que les aspirants et les maîtres qui ont obtenu l'autorisation de s'absenter en permission se présentent à lui à leur départ du bord et à leur retour.

2° Lorsque des hommes de l'équipage doivent aller en permission, il en ordonne le départ, il est informé de leur retour par le capitaine d'armes.

§ 3. — *De l'officier de quart à la mer.*

Remise du quart.

417. — 1° A la mer, l'officier qui prend le quart reçoit de l'officier auquel il succède les renseignements nécessaires pour lui faire connaître la position du bâtiment par rapport à la terre, et aux autres bâtiments s'il navigue de conserve, et principalement aux bâtiments commandants s'il navigue en sous-ordre. Lorsqu'il y a quelque incertitude sur la position du bâtiment, il en prévient sur-le-champ le capitaine et prend ses ordres avant de se charger du quart.

2° L'officier qui prend le quart s'assure que le bâtiment gouverne à la route donnée autant que le permet la direction du vent, que les voiles sont bien établies, les manœuvres bien parées, et que l'appareil fonctionne régulièrement.

3° Si une manœuvre est commencée ou doit commencer à l'instant où sonne la dernière heure du quart, l'officier est tenu de la terminer avant de remettre le service, si celui qui le remplace ne croit pas devoir s'en charger lui-même, ou si le capitaine n'en ordonne autrement.

L'officier de quart ne peut changer la route. — Il s'applique à maintenir le bâtiment à son poste.

418. — 1° L'officier de quart à la mer ne peut changer la route donnée. Si, par une cause quelconque, il était forcé de s'en écarter, il en avertirait immédiatement le capitaine.

2° En armée, en escadre ou en division, il s'applique à maintenir le bâtiment au poste qui lui a été assigné et à prévenir les séparations. S'il avait lieu de craindre une séparation, ou qu'une circonstance quelconque l'empêchât de tenir son poste, il en donnerait aussitôt avis au capitaine.

Surveillance extérieure ; surveillance des vigies et feux.

419. — 1° L'officier de quart fait placer les hommes de vigie pendant le jour et pendant la nuit suivant le règlement et les ordres qu'il a reçus.

2° Il s'assure très-fréquemment que ces hommes ne cessent de veiller avec le plus grand soin, et il est particulièrement responsable des événements qui pourraient survenir par suite de sa négligence à cet égard.

3° Il exige que les aspirants de service montent dans la mâture au lever et au coucher du soleil pour explorer l'horizon et vérifier les rapports des vigies.

4° Il s'assure fréquemment que les feux réglementaires donnent tout le développement de lumière possible.

5° Pendant la durée de son quart, il fait prévenir sur-le-champ le capitaine de toute découverte de voiles, de terres ou d'autres objets.

Visite du gréement, de la machine, de la pompe et de la barre.

420. — 1° Indépendamment des rondes prescrites, il fait visiter au moins une fois pendant le quart le gréement, la mâture, la voilure, la machine et les soutes à charbon par les hommes spéciaux chargés de ces services.

2° Au commencement et à la fin du quart, il fait sonder à la pompe et visiter la barre et les drosses du gouvernail.

3° Il se fait rendre compte du résultat de ces visites.

Il fait jeter le loch et surveille la tenue de la table de loch.

421. — 1° Il fait jeter le loch toutes les demi-heures, et plus souvent si c'est nécessaire. Il se fait rendre compte du nombre de nœuds qui ont été filés.

2° Il s'assure que le chef de timonerie de quart porte exactement sur la table de loch le chemin parcouru pendant son quart, ainsi que les divers éléments de la route.

Il prévient lorsqu'il y a lieu de faire des observations astronomiques.

422.—L'officier de quart fait prévenir le capitaine, les officiers et les aspirants lorsqu'il y a lieu de faire des observations astronomiques.

Relèvements.

423.—1° Il fait prendre, aussi souvent qu'il le juge nécessaire, et une fois au moins pendant la durée de son service, le relèvement du commandant en chef, celui des officiers généraux employés en sous-ordre, et celui des chefs de file et serre-files.

2° Dès que la terre est en vue, il fait faire des relèvements pour constater la position du bâtiment.

3° Lorsque le bâtiment navigue le long d'une côte, il fait faire des relèvements au moins une fois par quart, et plus souvent, s'il craint de perdre la terre de vue.

4° Il fait relever également tout autre objet qui pourrait être en vue.

5° Dès que le bâtiment est au mouillage, soit qu'il vienne de la mer, soit qu'il ait changé de poste, l'officier de quart fait relever par le chef de timonerie les points que le capitaine a désignés pour établir le relèvement du mouillage.

6° Ce relèvement, exprimé en degrés à partir du nord et du sud, est porté sur les tables de loch et sur le casernet.

§ 4. — *Des officiers de quart en sous-ordre.*

Fonctions et postes des officiers de quart en sous-ordre.

424.—1° Les officiers de quart en sous-ordre sont

tenus de se conformer, en ce qui les concerne, à l'exécution des ordres donnés par les officiers chefs de quart.

2° A la mer, l'officier second de quart se tient sur le gaillard d'avant.

3° En rade, les officiers de quart en sous-ordre se tiennent aux postes désignés par le capitaine.

Leurs devoirs lorsqu'ils remplacent momentanément le chef de quart.

425.—1° Lorsqu'un officier de quart en sous-ordre reçoit de l'officier chef de quart l'ordre de le remplacer momentanément dans le commandement du quart, il n'exécute, à moins de circonstances urgentes, aucun mouvement sans faire prévenir cet officier chef de quart.

2° Il le fait prévenir également de tous les événements qui ont eu lieu pendant son absence du pont.

SECTION III.

DES OFFICIERS COMMANDANT LES BATTERIES.

Attributions des officiers commandant les batteries.

426. — Les officiers commandant les batteries surveillent et font surveiller par les officiers et aspirants sous leurs ordres la propreté et la tenue de leur batterie; ils sont chargés de l'instruction des hommes affectés à l'armement de ces batteries, suivant le mode uniforme d'enseignement adopté pour la flotte.

Inspection du matériel, matin et soir.

427.—1° Tous les matins, après le service de propreté, et tous les soirs, pendant l'appel aux postes de combat, les officiers commandant les batteries inspectent le matériel de leurs batteries.

2° Ils rendent compte de cette inspection à l'officier en second.

3° Lors des inspections journalières, ils accompagnent le capitaine dans les batteries qu'ils commandent.

Manœuvres dans les batteries.

428.—Les officiers commandant les batteries dirigent le service des chaînes, des cabestans et les autres manœuvres qui se font dans leurs batteries.

Officier chargé de la propreté de l'hôpital.

429.—L'officier qui commande la batterie où est situé l'hôpital est chargé de la propreté de ce poste.

Branle-bas de combat.

430.—Aussitôt que le branle-bas de combat a été ordonné, les officiers font armer les batteries qu'ils dirigent. Ils s'assurent que toutes les dispositions de combat sont prises, en ce qui les concerne, et ils en font informer l'officier en second.

Officiers employés en sous-ordre dans les batteries.

431.—1° Les officiers employés en sous-ordre dans les batteries concourent à l'instruction des hommes qui servent dans les batteries dont ils sont spécialement chargés de surveiller directement la tenue et la propreté.

2° Ils suppléent les officiers qui les commandent.

SECTION IV.

DES OFFICIERS CAPITAINES DE COMPAGNIE.

Ils sont chargés et responsables de l'administration, de la solde et de l'habillement des compagnies.

432.—1° Les officiers capitaines de compagnies embarquées sont chargés, sous l'autorité du conseil l'administration du bord, de l'administration, de la solde et de l'habillement de ces compagnies.

2° Ils sont responsables de leur gestion envers ce conseil.

Propreté et inspection des compagnies.

433.—1° Les officiers capitaines de compagnie, aidés des officiers, aspirants, officiers mariniers et quartiers-maîtres sous leurs ordres, surveillent soigneusement tout ce qui est relatif à la propreté des hommes de leur compagnie.

2° Tous les matins, ils passent l'inspection de propreté de leurs hommes.

Surveillance des sacs.

434.—1° Aux époques fixées, les capitaines de compagnie passent l'inspection des sacs et s'assurent qu'aucun des effets réglementaires d'habillement ne manque au complet de ces sacs, que tous ces effets sont en bon état, et qu'ils portent exactement les numéros de matricule.

2° Ils font dresser la note des effets manquants et de ceux qui doivent être remplacés, afin d'en faire la demande.

3° Outre les inspections trimestrielles des sacs, les capitaines de compagnie exercent une surveillance incessante sur la composition de ces sacs et sur l'entretien des effets d'habillement.

4° Ils surveillent et font surveiller par les officiers, aspirants, officiers mariniers et quartiers-maîtres sous leurs ordres le raccommodage des effets d'habillement.

5° Ils tiennent la main à ce que les hommes ne fassent aucune modification aux effets d'habillement qui leur sont délivrés.

Les livrets sont arrêtés lors des revues.

435.—Lorsqu'un inspecteur général ou le capitaine du bâtiment va passer la revue des hommes de l'équipage, les capitaines de compagnie portent sur les livrets la situation des sacs au jour de cette revue.

Permissionnaires.

436.—1° Ils font dresser et signent la liste des hommes qu'ils jugent susceptibles d'obtenir l'autorisation de descendre à terre.

2° Ils remettent cette liste à l'officier en second.

Certificats de bonne conduite et de capacité aux hommes de l'équipage.

437.—1° L'officier commandant une compagnie dresse, lorsque des officiers mariniers, quartiers-maîtres ou marins de sa compagnie débarquent pour une cause quelconque, la liste de ceux de ces hommes qui lui paraissent mériter d'obtenir un certificat de capacité et de bonne conduite.

2° Il soumet cette liste à l'officier en second.

3° Il fait ensuite dresser des certificats (modèles n°s 18 et 19) destinés à ceux des hommes portés sur cette liste que l'officier en second a désignés. Il signe ces certificats, les présente à signer à l'officier en second, et les délivre aux titulaires.

Registre de punitions des compagnies.

438.—Les officiers capitaines de compagnies tiennent un cahier de punitions conforme au modèle n° 21.

Remplacement du capitaine d'une compagnie.

439.—Lorsqu'un officier est remplacé dans le commandement d'une compagnie, il reçoit du conseil d'administration du bâtiment un extrait du procès-verbal, signé de ce conseil, qui constate la situation de la comptabilité de la compagnie et la remise de tous les objets qui sont à sa charge.

Officiers commandant des sections de compagnie.

440.—Les dispositions de la présente section sont applicables aux officiers commandant des sections de c mpagnie.

SECTION V.

DES OFFICIERS ATTACHÉS AUX DIVERS SERVICES DU DÉTAIL GÉNÉRAL.

§ 1er. — *Dispositions générales.*

Ils reçoivent les ordres du second et surveillent les personnes appartenant à leur détail.

441.—1° Les officiers attachés aux divers services du détail général du bâtiment, reçoivent directement les ordres de l'officier en second et lui rendent compte.

2° Ils exercent une surveillance spéciale, chacun en ce qui le concerne, sur les officiers, les aspirants, les maîtres et autres officiers mariniers appartenant à ces détails.

Ils prennent connaissance du matériel.

442.—1° Ils prennent une connaissance exacte de toutes les parties du matériel placé sous leur surveillance

2° Ils s'assurent que ce matériel est approprié au service auquel il est destiné.

3° Ils veillent à ce que les objets de rechange soient essayés avant d'être arrimés définitivement, et soient timbrés d'une marque qui constate que

cet essai a eu lieu, conformément aux articles 202 et
885.

Ils surveillent l'embarquement et l'emploi du matériel, et
veillent à sa conservation.

443.—1° Ils surveillent l'embarquement, le placement et le débarquement des objets qui appartiennent aux détails auxquels ils sont attachés.

2° Ils visitent, suivant les ordres de l'officier en
second, ces divers objets, et lui rendent compte de
cette visite; ils lui font connaître toutes les altéra-
tions qu'ils ont pu remarquer dans ce matériel, et
lui signalent les causes qui leur paraissent les avoir
produites.

Ils surveillent l'instruction des hommes et s'appliquent à
connaître leur aptitude.

444.—1° Ils s'appliquent à connaître l'aptitude de
chacun des hommes employés dans leurs services;
ils font part à l'officier en second de leurs observations à ce sujet.

2° Ils veillent à ce que les hommes acquièrent une
connaissance complète de tout ce qui est relatif au
service spécial auquel ils sont attachés.

Ils préviennent l'officier de quart lorsqu'ils ont des ordres à
exécuter.

445.—Lorsque des officiers attachés à un service de
détail ont à faire exécuter des ordres donnés, soit
par le capitaine, soit par l'officier en second, ils en
préviennent, dans le premier cas, l'officier en second, et dans tous les cas l'officier de quart.

Relations des maîtres avec eux.

446.—1° Les officiers attachés à un service de détail exigent que les maîtres les préviennent, chacun

en ce qui le concerne, des visites qu'ils font, aux époques prescrites, des parties du bâtiment dont ils sont chargés, ainsi que des avaries qui sont survenues dans l'intervalle de ces visites.

2° Ils exigent aussi que ces maîtres les informent de tous les ordres qu'ils ont reçus directement de l'officier en second, sans que toutefois l'exécution de ces ordres puisse être retardée.

§ 2. — *De l'officier chargé du matériel de l'artillerie.*

L'officier chargé du matériel d'artillerie surveille le matériel des batteries.

447.—1° L'officier chargé du matériel de l'artillerie commande la première batterie ; il a la surveillance générale de tout le matériel d'artillerie.

2° Lorsqu'il a connaissance de quelque irrégularité dans la tenue de ce matériel, il en rend compte à l'officier en second.

Embarquement et débarquement des poudres.

448.—1° Lorsque les poudres et artifices doivent être embarqués ou débarqués par un détachement de l'équipage, l'officier chargé du matériel de l'artillerie commande ce détachement.

2° Il ne permet aucun feu dans l'embarcation qui les transporte, et il fait arborer un pavillon rouge sur cette embarcation.

Surveillance de l'arrimage des poudres.

449.—1° Il surveille l'arrimage des soutes à poudre et à obus ; quand cet arrimage est terminé, il fait fermer les soutes et en fait remettre les clefs à l'officier en second.

2° Il fait un plan de l'arrimage des soutes à poudre.

Les poudres ne sont pas extraites des soutes sans ordre.

450. — L'officier chargé du matériel de l'artillerie porte une attention spéciale à ce qu'il ne soit extrait des soutes que la quantité de poudres et artifices fixée par le capitaine, et à ce que celles de ces munitions qui ne seraient plus nécessaires pour les signaux ou autres éventualités soient immédiatement réintégrées dans les soutes.

Calibrage des projectiles. — Surveillance du matériel d'artillerie.

451.—1° A l'armement et aux époques prescrites, cet officier fait calibrer les projectiles embarqués.

2° Il en surveille l'embarquement et le placement à bord.

3° Il fait entretenir, conformément aux règlements, le matériel d'artillerie.

4° Il surveille directement la tenue du registre signalétique des bouches à feu.

L'officier chargé du matériel d'artillerie est officier d'armement et surveille l'entretien des petites armes.

452.—1° Il remplit à bord les fonctions d'officier d'armement.

2° Il surveille l'entretien et la propreté des armes portatives et des effets de grand équipement. Il en passe de fréquentes inspections, dont il rend compte à l'officier en second.

3° Il s'assure que les prescriptions du règlement sur l'entretien des armes portatives sont observées avec exactitude.

Avant d'entrer dans l'arsenal, il s'assure que les soutes à poudre sont nettoyées, et les pièces déchargées.

453.—Avant que le bâtiment entre dans l'arsenal,

il s'assure que toutes les bouches à feu et les petites armes du bâtiment ont été déchargées, et qu'après le débarquement des poudres les soutes et coffres à poudre et à obus ont été soigneusement nettoyés.

§ 3. — *Des officiers attachés aux services de détail du bâtiment.*

Officier chargé de l'instruction des aspirants.

454.—1° L'officier chargé de l'instruction des aspirants vérifie les calculs qui sont le résultat de leurs observations.

2° Le premier de chaque mois, et plus souvent, s'il le juge à propos, il examine leurs journaux, y appose son visa, et rend compte à l'officier en second de cet examen, ainsi que des progrès de leur instruction.

Officier chargé des montres.

455.—1° L'officier chargé des montres remet chaque jour au capitaine, et inscrit sur le casernet le point, les observations astronomiques et les calculs nécessaires à la navigation.

2° Il fait aussi toutes les observations et les calculs nécessaires pour déterminer plus exactement la position des terres, bancs, écueils, etc., dont la situation géographique n'est pas bien connue.

3° Il règle les montres toutes les fois que des relâches, ou le voisinage des terres, permettent de le faire. Il tient, à cet effet, un journal de ses observations et de ses calculs.

4° A l'arrivée dans un port de France, il dépose à l'observatoire, selon les ordres du capitaine, les montres marines, pour les y reprendre au moment du départ.

Officier de manœuvre chargé du gréement.

456.—1° L'officier de manœuvre est chargé du gréement.

2° En rade, et à la mer lorsque les circonstances le permettent, il se porte en dehors du bâtiment pour examiner la position de la mâture.

3° A la mer, il veille à ce que les ancres soient solidement amarrées.

Officier chargé de la cale.

457.—1° L'officier chargé de la cale fait exécuter, sous la direction de l'officier en second, l'arrimage de la cale, et, lorsque cette opération est terminée, il dresse des plans de cette partie du bâtiment, indiquant la disposition du lest, et l'emplacement des munitions, ustensiles et autres objets qui s'y trouvent déposés.

2° Il se fait prévenir par l'officier marinier attaché au service de la cale, de tous les déplacements de vivres ou autres objets qui se font dans cette partie du bâtiment.

3° Il se fait rendre compte par ce même officier marinier de la consommation de l'eau et du combustible destiné au chauffage. Chaque jour, il s'en fait remettre une note (Modèle n° 14).

Officier chargé des embarcations.

458.—1° L'officier chargé des embarcations inspecte tous les matins les embarcations du bâtiment, et il tient la main à ce que les patrons conservent avec soin les objets qui leur sont confiés.

2° S'il reconnaît que l'armement des embarcations n'est pas complet, ou qu'elles exigent des réparations, il en informe l'officier en second.

Officier attaché au détail de la timonerie.

459.—1° L'officier attaché au détail de la timonerie

fait souvent vérifier les compas de route et de variation ; il s'assure qu'aucune cause n'en trouble l'action, et que les aiguilles ne s'oxydent pas.

2° Il fait vérifier également les horloges, les lignes de loch et de sonde , et examiner les paratonnerres.

3° Il surveille la tenue des tables de loch.

4° Dans les mouvements généraux, il est chargé du service des signaux du bâtiment. Il inscrit les signaux sur un registre (modèle n° 6).

5° Lorsque le service des signaux appartient aux officiers de l'état-major général, conformément aux dispositions de l'article 161, l'officier attaché au service de la timonerie n'en reste pas moins chargé de la surveillance du matériel de ce détail.

6° Il exige que le maître de timonerie participe aux calculs relatifs à la navigation.

7° Il surveille l'instruction des sondeurs.

Officier attaché au détail de la machine.

460.—1° L'officier attaché au détail de la machine s'assure qu'avant de la mettre en mouvement toutes les précautions commandées pour cette circonstance ont été prises avec soin.

2° Lorsque les feux doivent être éteints, il veille à ce que les règles prescrites pour la conservation de l'appareil soient strictement suivies.

3° Il apporte une attention particulière au pesage et à la consommation du combustible et des matières grasses. Il s'applique constamment à étudier tous les moyens d'apporter la plus grande économie dans cette consommation, et signale à l'officier en second ceux de ces moyens qui lui paraissent devoir être mis en usage.

4° Il surveille ou dirige le cours fait par le maître mécanicien sur le montage, la conduite et la réparation des appareils à vapeur.

5° Il est présent aux manœuvres de la machine.

6° Il surveille la tenue du casernet de la machine (modèle n° 29).

Officier attaché au détail du charpentage.

461. — L'officier attaché au détail du charpentage porte une attention spéciale à l'état de la coque et de l'accastillage du bâtiment, tant à l'intérieur qu'à l'extérieur.

Officier chargé du faux-pont.

462. — L'officier chargé du faux-pont veille à la propreté et à l'arrangement de cette partie du bâtiment.

Officier attaché au détail de la voilerie.

463. — L'officier attaché au détail de la voilerie est présent à la coupe des voiles.

Officier attaché au détail du calfatage.

464. — L'officier attaché au détail du calfatage surveille spécialement les pompes ; il les fait mettre en jeu alternativement, quand il y a lieu de s'en servir.

Officier attaché au détail des vivres.

465. — L'officier attaché au détail des vivres surveille l'arrimage de ces munitions et en dresse un plan. Il se fait prévenir des déplacements de vivres.

Officier chargé du magasin général.

466. — L'officier chargé du magasin général surveille l'arrangement et la tenue de ce magasin, et fait observer les précautions prescrites pour la conservation des objets qui y sont déposés.

9.

TITRE IX.

Des aspirants et des aspirants auxiliaires.

Rang hiérarchique des aspirants.

467.—1° Les aspirants de 1re classe ont autorité sur les premiers maîtres et autres personnes d'un rang inférieur,

2° Les aspirants de 2e classe sont subordonnés aux premiers maîtres. Ils ont autorité sur les maîtres et sur toutes les autres personnes d'un rang inférieur.

Le plus ancien des aspirants est chef de poste.

468. — Le plus ancien des aspirants est chef de poste ; il est responsable de la tenue et de l'ordre du poste. Les aspirants obéissent aux injonctions qu'il leur adresse pour assurer cet ordre et cette bonne tenue.

Les aspirants exécutent les ordres des officiers et portent leurs ordres et leurs avis.

469. — 1° Les aspirants exécutent et font exécuter les ordres des officiers. Ils sont attentifs à tous les commandements, et les font exécuter, en ce qui les concerne, avec ordre et célérité.

2° Ils sont chargés des communications relatives au service entre le capitaine et les officiers.

Leur service dans le port.

470.—Dans le port, les aspirants sont présents à bord pendant les heures de travail. Ils concourent à tous les services que comportent l'armement, le désarmement ou les réparations.

Leur service général.

471.—1° Les aspirants font, autant que possible, le même nombre de quarts que les officiers. Ils occupent pendant la durée de leur quart les postes qui leur sont désignés par l'officier en second.

2° Ils sont employés aux divers services de détail sous les ordres des officiers adjoints à l'officier en second pour la surveillance de ces services.

3° Un ou plusieurs aspirants sont attachés à tour de rôle au détail général. Ces aspirants sont alors sous la direction immédiate et spéciale de l'officier en second.

4° Les aspirans qui quittent le quart sont de corvée.

Ils ne se livrent à aucune occupation étrangère au service. — Silence qu'ils observent.

472.—1° Il est interdit à tout aspirant en service de causer, de lire, et, en général, de se livrer à aucune occupation qui pourrait le distraire de son devoir.

2° Les aspirants doivent, en toute circonstance, s'abstenir d'élever la voix.

3° Ils sont chargés de maintenir l'ordre et le silence dans toutes les parties du bâtiment où ils se trouvent.

Ils se portent dans la mâture pour tout objet de service.

473.—Les aspirants se portent dans toutes les parties de la mâture lorsqu'il y a lieu d'y manœuvrer, pour placer et retirer les vigies, pour vérifier leurs rapports, ou pour tout autre objet de service.

Ils assistent et participent aux manœuvres et exercices.

474.—1° Les aspirants assistent, sans qu'il soit nécessaire de les faire avertir, aux exercices et aux manœuvres générales qui ont lieu pendant le jour ou pendant la nuit.

2º Dans ces circonstances, et lors même qu'ils ne sont pas de service, ils doivent se porter partout où leur présence peut être utile, soit pour accélérer les manœuvres, soit pour maintenir l'ordre.

Ils doivent pouvoir commander les exercices.

475.—1º Ils doivent être en mesure de commander eux-mêmes les exercices de toute nature auxquels ils assistent.

2º Dans les exercices d'infanterie commandés par des officiers, ils se tiennent dans les rangs aux postes qui leur sont assignés.

Leur service du matin.

476.—1º Les aspirants sont présents au branle-bas et vont recevoir les ordres de l'officier en second avant le commencement du service de la propreté.

2º Ils font l'appel des hommes affectés au travail de la propreté et veillent, de concert avec les maîtres, à ce que ce travail soit fait avec soin et dans le temps prescrit. Lorsqu'il est terminé, ils en préviennent l'officier de quart et l'officier en second.

Service des aspirants de quart.

477.—Les aspirants de quart activent l'armement des embarcations ; ils surveillent l'entretien de la propreté du pont. Ils surveillent également les exercices de détail, et ne doivent rester étrangers à aucun service qui s'exécute en leur présence.

Aspirants de corvée.

478.—1º Les aspirants de corvée doivent se tenir prêts à exécuter sur-le-champ tout service qui peut leur être commandé.

2º Avant toute corvée, ils vont recevoir les ordres de l'officier de quart et de l'officier en second. Ils préviennent ces officiers de l'accomplissement du

service dont ils ont été chargés, ou des motifs qui auraient pu s'y opposer.

3° Les aspirants sont armés lorsqu'ils vont en corvée dans des embarcations.

4° S'ils sont chargés d'aller prendre des munitions
destinées au bâtiment, ils reçoivent, de la personne
qui en fait livraison, un bordereau qu'ils remettent à
l'officier en second, à leur arrivée à bord.

Aspirants employés dans les embarcations.

479.—1° Tout aspirant employé dans une embarcation du bâtiment, en surveille l'équipage, et la commande si elle n'est pas sous les ordres d'un officier de
vaisseau.

2° S'il la commande et qu'il y transporte des officiers de vaisseau, il ne fait aucune manœuvre sans
prévenir le plus ancien de ces officiers.

Aspirant commandant une embarcation.

480.—1° Lorsqu'un aspirant commande une embarcation, il est responsable de la conduite et de la
tenue des hommes qui la montent.

2° Il y maintient la discipline, et y fait observer le
silence.

3° Il exige que l'embarcation soit manœuvrée avec
vigueur, rapidité et précision.

4° Il n'y admet sans ordre aucune personne étrangère au service.

Il se tient au large des quais ou bâtiments qu'il a accostés.

481.—1° Lorsqu'avec une embarcation il accoste à
terre ou à bord de tout bâtiment autre que le sien, il
veille à ce que les hommes sous ses ordres ne s'éloi-
gnent pas sans son autorisation.

2° Si le temps le permet, il se tient sur les avirons
ou mouillé au large du bâtiment qui a été accosté.

3° S'il doit attendre près d'un quai, il se tient mouillé ou sur les avirons au large de ce quai.

Honneurs à rendre dans les embarcations.

482.—Les aspirants commandant les embarcations se conforment, pour les honneurs à rendre, aux prescriptions de l'article 759 du présent décret.

Ils ne joutent pas de marche avec un supérieur.

483.—Il est défendu aux aspirants, lorsqu'ils commandent une embarcation, de chercher à dépasser le canot d'un officier général ou supérieur, à moins qu'ils ne soient porteurs d'ordres.

Ils font des observations astronomiques.

484.—Tous les jours, lorsque le temps le permet, les aspirants font des observations astronomiques et soumettent les calculs qui en sont le résultat, ainsi que le point de midi, à l'officier chargé de leur instruction.

Ils rédigent un journal de leur navigation.

485.—Ils rédigent un journal de leur navigation (modèles n°ˢ 25 et 28); ils y joignent leurs observations sur toutes les circonstances de la navigation. Ils le soumettent au visa de l'officier chargé de leur instruction le premier de chaque mois, et plus souvent s'ils en sont requis.

Rondes faites par les aspirants.

486. — Les aspirants de service font, aux heures désignées par l'officier en second ou par l'officier de quart, des rondes dans l'intérieur du bâtiment, et ils en rendent compte à qui de droit.

Surveillance des feux.

487.— S'ils sont appelés à surveiller des travaux pour lesquels des feux sont nécessaires, ils tiennent la main à ce que ces feux ne soient pas retirés des fanaux qui les renferment.

Les appels sont dirigés par les aspirants.

488. — Les appels sont toujours dirigés et vérifiés par les aspirants.

Ils assistent aux distributions de vivres et aux repas.

489.—1° Un aspirant de corvée assiste aux distributions de vivres de toute nature.

2° Pendant la durée des repas de l'équipage, un aspirant de service est présent dans chaque batterie pour y maintenir l'ordre.

Ils mangent à une table commune.

490. — Les aspirants, et autres personnes admises à leur table, prennent leurs repas dans le poste commun.

Ils se munissent des livres et instruments réglementaires.

491.—Lorsqu'ils en sont requis, les aspirants présentent à l'officier en second les instruments et les livres dont ils doivent être pourvus conformément au règlement.

Permissions d'absence.

492.—1° Tout aspirant qui désire obtenir la permission de s'absenter, demande cette permission à l'officier en second. Il prévient cet officier de son retour à bord.

2° Il prévient également l'officier de quart de son départ et de son retour.

3° Aucun aspirant ne peut obtenir la permission de s'absenter dans le jour qu'après la fin des exercices, et lorsqu'il n'y a point ou ne doit point y avoir de mouvements extraordinaires.

4° Les aspirants ne peuvent demander l'autorisation de découcher que dans des circonstances tout à fait exceptionnelles.

Gestion de la table des aspirants.

493.—1° Le service de la table des aspirants est dirigé, à tour de rôle, par chacune des personnes qui en font partie. L'ordre de ces tours est déterminé par le sort. Le chef de poste est exempt de ce service. La durée de chaque gestion est de un mois au moins et de deux mois au plus.

2° A la fin de chaque gestion, les comptes sont examinés par une commission composée du chef de poste et de deux autres membres de la table désignés par le sort, la personne qui présente ses comptes ne fait pas partie de cette commission.

3° Lorsqu'il survient des mouvements parmi les aspirants ou assimilés, l'ordre des tours n'est point interverti ; la personne nouvellement embarquée prend le tour de celle qu'elle remplace.

Aspirants auxiliaires.

494.—1° Les dispositions du présent titre relatives aux aspirants de 2ᵉ classe sont applicables aux aspirants auxiliaires.

2° Ceux-ci prennent rang immédiatement après les aspirants de 2ᵉ classe; ils n'exercent d'autorité que sur les personnes d'un grade inférieur à celui de maître.

TITRE X.

Des officiers mariniers et des quartiers-maîtres.

CHAPITRE Ier.

DISPOSITIONS GÉNÉRALES.

Ordre hiérarchique des maîtres.

495.—Les maîtres chargés embarqués sur les bâtiments de l'Etat sont classés entre eux suivant leur grade, et à grade égal dans l'ordre suivant :

Maître de manœuvre,
Maître canonnier,
Capitaine d'armes,
Maître de timonerie,
Maître mécanicien,
Maître charpentier,
Maître voilier,
Maître calfat,
Pilote côtier,
Maître armurier,
Maître forgeron.

Leur autorité.

496.—1° Les premiers maîtres sont subordonnés aux officiers et aux aspirants de 1re classe; ils ont autorité sur les aspirants de 2e classe et sur les aspirants auxiliaires, sur les maîtres, seconds maîtres et quartiers-maîtres de toutes professions; sur les maîtres et contre-maîtres mécaniciens, sur les sergents et les caporaux d'armes et sur toutes autres personnes d'un rang inférieur.

2° Les maîtres sont subordonnés aux aspirants et

aux premiers maîtres ; ils ont autorité sur les aspirants auxiliaires, sur les seconds maîtres et quartiers-maîtres de toutes professions, sur les contre-maîtres mécaniciens, sur les sergents et caporaux d'armes et sur toutes autres personnes d'un rang inférieur.

3° Les seconds maîtres, les sergents d'armes et les contre-maîtres mécaniciens ont autorité sur les quartiers-maîtres de toutes professions, sur les caporaux d'armes et sur toutes autres personnes d'un rang inférieur.

4° Les quartiers-maîtres et caporaux d'armes ont autorité sur les matelots et chauffeurs de toutes classes, les apprentis marins, les novices et les mousses.

Autorité et surveillance spéciale des maîtres.

497.—1° Les maîtres chargés ont sous leurs ordres immédiats les officiers mariniers et quartiers-maîtres de leur profession.

2° Ils exercent une surveillance spéciale sur tous ceux des hommes de l'équipage qui sont employés dans des travaux, manœuvres ou exercices qui dépendent de leur profession.

Rang des seconds maîtres entre eux.

498. — Les seconds maîtres et quartiers-maîtres prennent rang entre eux suivant leurs classes et suivant l'ordre des professions auxquelles ils appartiennent.

Ils donnent l'exemple du zèle et maintiennent la discipline.

499.—1° Les officiers mariniers et quartiers-maîtres donnent à l'équipage l'exemple du zèle et de la subordination ; ils maintiennent de tout leur pouvoir la discipline et le bon ordre, et ils concourent, autant qu'il dépend d'eux à la stricte exécution des règlements et des consignes.

2° Ils évitent toute familiarité avec leurs inférieurs ; ils ne prennent part ni à leurs jeux, ni à leurs repas, et ne s'entretiennent avec eux que pour le service.

Ils exigent que leurs inférieurs se rendent à leurs postes.

500.—Les officiers mariniers doivent tenir la main à ce que tout homme de l'équipage qui est leur inférieur, commandé pour un service quelconque, se rende promptement à son poste et y fasse son devoir.

Visite du bâtiment avant l'armement.

501. — Les maîtres chargés accompagnent le capitaine dans la visite qu'il fait du bâtiment avant de commencer l'armement.

Les seconds maîtres et quartiers-maîtres chargés font le quart à courir.

502. — Lorsque les maîtres chargés n'ont que le grade de second maître ou de quartier-maître, ils peuvent, selon les besoins du service, faire le quart alternativement avec les autres seconds maîtres et quartiers-maîtres de leur profession.

Tous les soirs ils reçoivent les ordres de l'officier en second.

503.—Dans l'arsenal, en rade et à la mer, les maîtres chargés reçoivent tous les soirs, à l'heure qui a été fixée, les ordres de l'officier en second.

Ils assistent à tous les exercices et réunions de l'équipage

504.—Les maîtres chargés assistent aux branle-bas du matin et du soir, et à tous les exercices généraux et aux réunions de l'équipage.

Ils étudient l'aptitude des hommes sous leurs ordres et les instruisent.

505.—1° Les officiers mariniers et quartiers-maîtres s'appliquent, dès le commencement de l'armement, à connaître la conduite et l'aptitude des hommes employés sous leurs ordres.

2° Ils sont tenus d'instruire ces hommes dans tout ce qui concerne le service auquel ils sont destinés.

Munitions et ustensiles à la charge des maîtres.

506. — Ils placent dans les endroits qui leur sont désignés les munitions et ustensiles qui ne doivent pas être déposés au magasin général, et ils en sont responsables.

Ils rapportent un bordereau des munitions qu'ils vont chercher

507.—1° Lorsque les officiers mariniers ou quartiers-maîtres sont expédiés pour prendre des munitions destinées au bâtiment, ils reçoivent, de la personne qui en fait livraison, un bordereau de ces munitions.

2° A leur arrivée à bord, ils remettent ce bordereau à l'officier en second.

Ils informent l'officier de quart de l'exécution des ordres qu'ils ont reçus.

508.—Lorsque les maîtres chargés doivent exécuter des ordres quelconques, ils en informent l'officier de quart et, selon le cas, l'officier attaché au détail duquel ils dépendent; ils préviennent également ces officiers dès que ces ordres ont été exécutés.

Économie des munitions dont ils sont chargés.

509.—1° Ils se conforment strictement aux prescriptions réglementaires pour la consommation des munitions de toutes sortes et ustensiles mis à leur charge.

2° Ils apportent la plus stricte économie dans la consommation de ces objets, et ils s'appliquent à tirer tout le parti possible des matières qui, étant jugées hors de service dans leur première destination, peuvent encore être utilisées en les employant à un autre usage.

3° S'ils découvrent quelque cause de détérioration pour les objets confiés à leur charge, ils en informent sur-le-champ l'officier en second; ils le préviennent également s'ils aperçoivent dans ces objets un commencement d'altération.

Ils surveillent la propreté et suivent le capitaine dans les inspections.

510.—1° Les maîtres chargés font faire le service de la propreté dans les diverses parties du bâtiment.

2° Lors des inspections journalières, ils suivent le capitaine ou se tiennent aux postes qui leur sont assignés.

Ils surveillent le raccommodage des effets et le lavage du linge.

511.—1° Les seconds maîtres et quartiers-maîtres surveillent les hommes de leur compagnie pendant le raccommodage des effets.

2° Ils surveillent également le lavage du linge de ces hommes.

Gestion de la table des maîtres.

512.—Le service de la table des maîtres est dirigé à tour de rôle par chacun des officiers mariniers et autres personnes qui en font partie. Le maître d'équipage et le commis aux vivres sont exempts de ce service.

Permissions d'absence.

513.—1° Les permissions de s'absenter sont demandées par les maîtres chargés directement à l'officier en second. Ils préviennent cet officier et l'officier de quart au moment de leur départ du bord et au moment de leur retour.

2° Aucun maître chargé ne peut s'absenter en même temps que l'officier marinier ou le quartier-maître qui doit le suppléer.

Remplacement d'un maître chargé en cas d'absence momentanée.

514. — En cas d'absence momentanée, un maître chargé est remplacé pendant cette absence par le plus ancien second maître ou, à défaut, par le plus ancien quartier-maître de sa profession.

Remplacement d'un maître chargé en cas de décès.

515. — Lorsqu'en cours de campagne un maître chargé vient à décéder ou à être débarqué, celui des officiers mariniers ou, à défaut, celui des quartiers-maîtres de sa profession qui doit le remplacer est désigné par le capitaine.

Ils préparent un état des besoins de leur détail.

516. — Lorsque le bâtiment est sur le point d'arriver dans un port de France, les maîtres chargés préparent, chacun en ce qui concerne son service, un état des réparations qui peuvent être nécessaires aux diverses parties du matériel, ainsi qu'un état des objets à demander en remplacement.

Cessation des consommations au désarmement.

517. — 1° Aussitôt que le désarmement a été ordonné, les maîtres cessent dans leurs détails toute consommation qui ne serait pas de nécessité urgente.

2° Dès que le bâtiment entre dans le port pour désarmer, toute consommation des approvisionnements du bord est arrêtée.

CHAPITRE II.

DES MAITRES CHARGÉS.

—

SECTION ¹ʳᵉ.

DU MAITRE DE MANŒUVRE.

Autorité du maître de manœuvre.

518. — Le maître de manœuvre exerce une autorité incessante sur tous les hommes de l'équipage.

Ses fonctions à l'armement.

519. — Il dirige personnellement les opérations relatives à l'abatage, au mâtement et démâtement du bâtiment, à la mise en place des hunes, mâts de hune et chouquets, au capelage et au ridage du gréement, lorsque ces opérations ne doivent pas être faites par la direction des mouvements du port.

Il est chargé des ancres, amarres, etc.

520.—1° Il est spécialement chargé de la surveillance des ancres, du gréement, des amarres, des drômes, des embarcations et de la cale.

2° Il se fait rendre compte chaque jour, par l'officier marinier chargé de la cale, des travaux qui ont été exécutés dans cette partie du bâtiment.

Son poste de combat et son quart.

521.—1° Lors des manœuvres générales, des exercices généraux, pendant le combat, dans toute autre circonstance importante et toutes les fois que le capitaine commande lui-même, le maître de manœuvre se tient sur le pont au poste qui lui est assigné, pour transmettre et faire exécuter les ordres du capitaine.

2° Lorsqu'il est de service, il reçoit directement les ordres de l'officier commandant le quart ou la manœuvre.

3° A la mer, il fait le quart de quatre heures à huit heures du matin.

Il fait répéter les ordres au sifflet.

522. — 1° Il transmet autant que possible les commandements au moyen du sifflet. Lorsqu'il ne peut les transmettre ainsi, il les répète mot à mot, en les faisant précéder d'un coup de sifflet d'attention.

2° Il tient la main à ce que les officiers mariniers et autres hommes munis de sifflets transmettent les ordres de la manière qu'il les transmet lui-même.

3° Il exige que ces hommes se conforment, dans l'usage du sifflet, au mode prescrit pour la flotte.

Sa visite journalière.

523. — Il fait faire tous les matins, et plus souvent s'il y a lieu, la visite du gréement, des ancres, des amarres et de la drôme. Il rend compte du résultat de cette visite à l'officier de quart et à l'officier en second.

Il fait dépasser les tours des chaînes.

524. — Lorsque le bâtiment est au mouillage, il porte une attention continue aux tours qui peuvent se faire dans les chaînes. Il en rend compte à l'officier de quart et à l'officier en second; lorsqu'il est ordonné de dépasser ces tours, il est présent à l'opération.

Il s'assure que l'ancre de veille est prête à être mouillée.

525. — Chaque soir, au mouillage, il s'assure que les objets nécessaires à la manœuvre des ancres sont disposés pour être employés au premier ordre; que l'ancre de veille est toujours prête à être mouillée, et que rien ne s'oppose aux mouvements d'ancres ou d'amarres qui pourraient avoir lieu.

Il dresse la mâture et les vergues.

526.—1° En rade, tous les matins, et chaque fois qu'il a été fait un mouvement dans le gréement, il rectifie la tenue de la mâture, du gréement et des vergues. A cet effet, il se porte dans une embarcation au dehors du bâtiment, et il s'assure que la tenue extérieure est telle qu'elle a été ordonnée.

2° Il visite en même temps les bouées.

Sa surveillance à la mer.

527.— A la mer, il s'assure fréquemment que les ancres, la drôme et les embarcations sont solidement amarrées, et qu'elles ne prennent pas de jeu dans les gros temps.

SECTION II.

DU MAITRE CANONNIER.

Embarquement, débarquement et mouvements des poudres et munitions.

528.—1° Lorsque des poudres et munitions de guerre doivent être embarquées ou débarquées, le maître canonnier fait les dispositions nécessaires pour prévenir les accidents, soit dans le mouvement, soit dans l'arrimage de ces munitions.

2° Le maître canonnier est chargé, sous sa responsabilité personnelle, de l'exécution de toutes les mesures ordonnées pour la sûreté et pour la conservation des poudres et projectiles creux.

3° Il visite fréquemment les soutes à poudre.

4° Il ne fait aucun mouvement de poudres dans le bâtiment sans l'ordre de l'officier en second et il assiste à tous ces mouvements.

5° Il s'assure que tous les objets qui sont renfermés dans les soutes et dont on peut avoir un besoin immédiat sont toujours prêts à être mis en service.

6° Lorsqu'il y a lieu d'ouvrir les soutes à poudre, il va prendre lui-même les clefs, qui sont déposées dans la chambre de l'officier en second, et quand les soutes sont fermées, il rapporte également en personne ces clefs à leur place, et prévient l'officier en second qu'il a accompli ce devoir.

7° Il prévient l'officier chargé du matériel de l'artillerie et l'officier de quart toutes les fois qu'il y a lieu d'ouvrir les soutes à poudre, et leur rend compte lorsque les soutes sont fermées.

8° S'il est nécessaire d'allumer les fanaux des soutes, il en demande l'autorisation à l'officier en second, et en prévient également l'officier de quart et l'officier chargé du matériel de l'artillerie. Il rend compte aux mêmes officiers de l'extinction de ces feux.

9° Il prend pour les soutes à obus, ou toute autre soute ou coffre renfermant des poudres, les mêmes précautions que pour les soutes à poudre.

10° Si la totalité de l'approvisionnement est débarquée, il s'assure par lui-même que les soutes à poudres et à obus ont été ensuite soigneusement nettoyées.

Il ne tient hors des soutes que la quantité de poudre désignée
— **Préparation des artifices des signaux.**

529. — 1° Le maître canonnier ne tient hors des soutes que la quantité de poudre et artifices désignée par le capitaine et destinée aux signaux ou autres éventualités.

2° Il ne dépose ces munitions que dans l'emplacement désigné à cet effet.

3° Chaque soir, il s'assure que les amorces, fusées, feux de conserve et coups de canon nécessaires

aux signaux, sont toujours prêts, et il en rend compte
à l'officier de quart.

Registre signalétique des bouches à feu.

530. — 1° Le maître canonnier reçoit de la direction d'artillerie un registre signalétique des bouches à
feu embarquées sur le bâtiment, faisant connaître
l'historique de ces pièces.

2° Il continue la tenue de ce registre en y indiquant le nombre de coups tirés par chaque pièce, la
nature des charges et celles des projectiles, les varia-
tions survenues dans le diamètre et dans l'empreinte
de la lumière, enfin tous les documents qui peuvent
compléter l'historique de ces bouches à feu.

3° Au désarmement, il soumet ce registre au visa
du capitaine, à celui de l'officier en second et de l'officier chargé du matériel de l'artillerie, et le remet à
la direction d'artillerie.

Saluts.

531. — 1° Lorsque des saluts doivent être faits, le
maître canonnier s'assure personnellement que les
pièces qui doivent tirer sont convenablement chargées
et qu'elles sont détapées.

2° Il prend toutes les mesures nécessaires pour
prévenir les accidents, et est présent pendant la durée des saluts dans la batterie où ils ont lieu.

Son quart et son poste de combat.

532. — 1° A la mer, le maître canonnier fait le quart
de quatre heures à huit heures du matin.

2° Il assiste à tous les exercices du canon ainsi
qu'à l'école de théorie des chefs de pièce et char-
geurs.

3° Dans le combat, et pendant les mouvements de
chaînes et de cabestan, il se tient dans la première
batterie.

Il s'assure que les batteries sont dégagées.

533. — Lors des appareillages et des mouillages, il veille à ce qu'il n'y ait dans les batteries aucun obstacle aux mouvements des chaînes et autres manœuvres qui peuvent y être exécutées.

Visite des batteries.

534. — 1° Tous les matins, après le service de propreté, et plus souvent s'il y a lieu, il fait la visite des batteries, tant à l'intérieur qu'à l'extérieur, et il en rend compte à l'officier chargé du matériel de l'artillerie et à l'officier en second.

2° Il veille à ce que les canonniers de ronde fassent exactement leur service.

Surveillance de l'amarrage des pièces à la mer.

535. — 1° A la mer, il s'assure fréquemment par lui-même que les pièces sont hermétiquement tapées, que les lumières sont bien couvertes, et, quand il y a des pièces chargées, que les charges ne prennent point de jeu dans les roulis et ne sont pas mouillées, enfin que les pièces elles-mêmes sont solidement amarrées.

2° Il rend compte de tout ce qui est relatif à ces divers objets à l'officier chargé du matériel de l'artillerie et à l'officier en second.

Il s'assure que les pièces sont déchargées

536. — Avant de rentrer dans l'arsenal, il s'assure que toutes les pièces sont déchargées.

SECTION III.

DU CAPITAINE D'ARMES.

Ses fonctions.

537. — 1° Le capitaine d'armes est spécialement

chargé, sous la direction de l'officier en second du bâtiment, de maintenir la police et la discipline parmi l'équipage.

2° Il est préposé, sous les ordres de l'officier chargé de l'artillerie, à l'entretien de toutes les armes portatives et des effets de grand équipement embarqués pour le service du bâtiment.

3° Il dirige, sous les ordres des officiers qui en sont chargés, l'instruction des hommes de l'équipage au maniement des armes et aux manœuvres d'infanterie.

4° Il est habituellement chargé de transmettre à l'équipage les ordres et les dispositions générales du service.

Il surveille les factionnaires et fait des rondes à cet effet.

538.—1° Il réunit dans un registre toutes les consignes du bord. Il veille à ce que les factionnaires connaissent exactement celles qui leur sont données, et à ce que toutes ces consignes soient ponctuellement observées.

2° A cet effet, il fait des rondes fréquentes pendant le jour, et au moins une pendant la nuit, après l'extinction des feux des postes. Il rend compte de ces rondes à l'officier de quart.

3° Il informe sur-le-champ l'officier de quart et l'officier en second de tout manquement dont il a eu connaissance.

Il ne fait pas de quart. — Son poste au combat.

539.—1° Le capitaine d'armes ne fait point de quart habituellement; mais il se lève toujours une demi-heure avant l'équipage pour surveiller le branle-bas.

2° Pendant le combat, dans les inspections et les circonstances importantes, il se tient à portée de recevoir les ordres du capitaine.

Il surveille les feux qui sont allumés à différents postes.

540.—1° Le capitaine d'armes veille à ce qu'il n'y ait de feux allumés que ceux qui ont été autorisés ; et il s'assure fréquemment que les factionnaires chargés de la garde des feux font leur service avec exactitude.

2° Chaque soir, aux heures fixées, il fait des rondes dans toutes les parties du bâtiment pour s'assurer que les feux sont éteints aux différentes heures prescrites. Il en rend compte à l'officier de quart et à l'officier en second.

Il empêche l'introduction de liqueurs spiritueuses, poudre, armes, etc.

541. — Il porte une attention particulière à ce qu'il ne soit introduit à bord aucune liqueur spiritueuse, poudre, pièce d'artifice, ou toutes autres matières inflammables, sans l'ordre de l'officier de quart ; si, malgré sa surveillance, il est introduit quelqu'un de ces objets, il le fait saisir sur-le-champ et en informe cet officier et l'officier en second.

Il se concerte avec le maître canonnier lorsqu'il a besoin d'ouvrir la soute aux poudres.

542. — Toutes les fois qu'il a des mouvements de munitions à exécuter dans la soute aux poudres, il se concerte, après avoir reçu les ordres de l'officier en second et de l'officier de quart, avec le maître canonnier pour l'ouverture de la soute et le mouvement des munitions. Il en prévient l'officier chargé du matériel de l'artillerie.

Il inspecte la garde.

543.—Il inspecte la garde montante, et rend compte de son inspection à l'officier de quart et à l'officier en second.

Il prend note des objets mis en service pour une expédition
de guerre.

544.—1° Il fait la liste des objets que renferment
les coffres d'armes et de munitions délivrés aux embarcations disposées pour une expédition de guerre,
et il en remet une copie à l'officier chargé du matériel de l'artillerie ainsi qu'à l'officier en second.

2° Au retour de l'expédition, il s'assure que ces
coffres et munitions sont rapportés à bord ; il dresse
une note exacte de ceux de ces objets qui peuvent
manquer, et remet copie de cette note aux mêmes
officiers.

Visite des petites armes.

545.—1° Il fait journellement la visite des petites
armes, et rend compte de cette visite à l'officier
chargé du détail de l'artillerie et à l'officier en second.

2° Outre ces inspections journalières, il visite les
armes portatives chaque fois qu'elles ont été mises en
service, soit dans le combat, soit dans les exercices.
Il fait décharger celles qui ne doivent pas rester chargées.

3° S'il s'aperçoit qu'elles sont dégradées par la
faute des hommes qui s'en sont servis, il désigne à
l'officier en second les auteurs de ces dégradations.

4° Il recueille les cartouches qui n'ont pas été employées, et veille à ce qu'aucune partie de poudre ne
reste entre les mains de qui que ce soit.

5° En entrant dans l'arsenal, il s'assure de nouveau qu'aucune arme portative n'est restée chargée.

Police des marchands autorisés à vendre à bord

546.—1° Il ne laisse s'établir à bord que les marchands pourvus de l'autorisation de l'officier en second.

2° Il ne leur permet de vendre que les objets spécifiés dans la liste arrêtée par cet officier, et il veille à ce qu'il ne soit demandé de ces objets que le prix arrêté à l'avance.

3° Il exige que les marchands se tiennent au poste qui leur a été assigné, et qu'ils quittent le bâtiment à l'heure prescrite.

4° Il veille à ce que les hommes de l'équipage ne trafiquent avec les marchands d'aucune partie de leur habillement ou de leur ration.

Il tient une liste des permissions d'absence.

547.—1° Le capitaine d'armes tient une liste des hommes de l'équipage qui ont obtenu la permission de s'absenter. Il fait connaître à l'officier de quart et à l'officier en second ceux qui, à l'expiration de leur permission, ne se seraient pas présentés.

2° Il dépose, dans une soute à ce destinée, les sacs et hamacs des hommes qui doivent rester absents du bord pendant plus de vingt-quatre heures.

Il est chargé de l'exécution des punitions.

548.—1° Lorsque des hommes de l'équipage doivent subir une punition, le capitaine d'armes est chargé de prendre par lui-même ou de faire prendre par les sergents et caporaux d'armes placés sous ses ordres, et au besoin par la garde, les mesures d'exécution nécessaires. Il rend compte à l'officier de quart et à l'officier en second de l'accomplissement de ce service.

2° Il veille à ce qu'aucune personne de l'équipage en état d'ivresse, et qu'il y a lieu d'arrêter, ne soit approchée, à moins de nécessité absolue, que par des hommes qui ne sont pas ses supérieurs.

3° Il transmet au commis aux vivres les noms des hommes qui ont encouru la punition du retranchement de vin, et il lui fait connaître la durée de cette punition.

Il tient un registre de punitions.

549. — 1° Le capitaine d'armes tient un registre (modèle n° 20) sur lequel il note toutes les punitions.

2° Chaque jour, à l'heure qui lui a été fixée, il remet à l'officier en second le relevé journalier de ce registre.

Il surveille les lieux de détention.

550. — Il exerce une surveillance continuelle sur les lieux de détention établis à bord, soit qu'ils renferment des individus appartenant à l'équipage, des passagers ou des prisonniers de guerre.

SECTION IV.

DU MAITRE DE TIMONERIE.

Son quart et son poste au combat.

551. — 1° A la mer, le maître de timonerie fait le quart de quatre heures à huit heures du matin.

2° Pendant le combat, dans les manœuvres générales, dans toutes les circonstances importantes, et chaque fois que le capitaine commande lui-même, il se tient près de la roue du gouvernail; il répète à haute voix les ordres adressés aux timoniers qui gouvernent, et veille à l'exécution de ces ordres.

Visite des objets de son détail et de la barre du gouvernail.

552. — Tous les matins, et plus souvent s'il y a lieu, il fait la visite du gouvernail et de sa barre, celle des drosses, des habitacles et des autres objets de son détail. Il rend compte de cette visite à l'officier de quart et à l'officier en second.

Surveillance des habitacles et aimants artificiels.

553. — 1° Le maître de timonerie s'assure qu'il

n'existe auprès des habitacles aucun objet susceptible d'altérer la direction naturelle des aiguilles aimantées, et il vérifie souvent pendant la campagne l'exactitude des compas de route et de variation.

2° Il tient les aimants artificiels dans un endroit sec et éloigné de toute masse de fer, et il place les aiguilles de rechange de manière qu'elles puissent conserver leur propriété magnétique.

Tirant d'eau.

554. — 1° Avant la sortie du port, il vérifie, de concert avec le maître charpentier, si les divisions des différenciomètres établis à bord correspondent exactement avec les divisions marquées sur l'étrave et sur l'étambot.

2° Il prend très-fréquemment la hauteur des tirants d'eau. Il les prend toujours en sortant du port, avant d'aller à la mer, à l'arrivée au mouillage, toutes les fois qu'il est embarqué ou débarqué des objets de poids, ou toutes les fois que des objets de poids sont changés de place à bord.

3° Il remet à l'officier en second le résultat de ses observations et les porte sur la table de loch.

Il surveille et fait les signaux.

555. — 1° Dans une réunion de bâtiments, il veille et fait veiller les signaux, les mouvements de tous les bâtiments, et particulièrement ceux du commandant supérieur. Il rend compte immédiatement à l'officier de quart de ces signaux et mouvements.

2° Il tient les pavillons et les drisses dans l'ordre le plus convenable pour pouvoir faire ou répéter promptement les signaux. Chaque soir, il fait disposer le nombre de fanaux nécessaire pour le service de la nuit, et rend compte à l'officier de quart des dispositions qu'il a prises à cet égard.

Il observe les terres. — Relèvement du mouillage.

556.—1° Le chef de timonerie observe et fait observer avec soin les terres et autres objets en vue; il en prend des relèvements et rend compte à l'officier de quart de tout ce qu'il a aperçu.

2° Dès que le bâtiment est à l'ancre, il prend le relèvement du mouillage.

Il fait le point et observe la variation.

557.—1° Chaque jour, à midi, il fait le point, et en présente le résultat à l'officier en second.

2° Il observe tous les jours la variation de l'aiguille aimantée; il la porte sur la table de loch.

3° Il surveille la tenue de la table de loch (modèles n°s 24 et 27).

Il veille à ce qu'on jette le loch toutes les demi-heures.

558.—1° Il veille à ce que les seconds maîtres et quartiers-maîtres de timonerie de quart jettent le loch toutes les demi-heures, et plus souvent si c'est nécessaire; qu'ils en rendent compte à l'officier de quart, et qu'ils portent exactement sur la table de loch tous les éléments de la route parcourue pendant la durée de leur service.

2° Il veille également à ce qu'ils portent sur la table de loch tous les mouvements qui ont eu lieu pendant le quart, l'état du temps et de la mer, et toutes autres circonstances de la navigation.

Sondes.

559. — 1° Le maître de timonerie est chargé de l'instruction des timoniers et des sondeurs, sous la surveillance de l'officier attaché à ce détail.

2° Toutes les fois qu'il y a lieu de sonder, il surveille soigneusement cette opération.

Il vérifie les horloges, les lignes de loch et de sonde.

560.—1° Il vérifie fréquemment l'exactitude des horloges, et celles des divisions des lignes de loch et des lignes de sonde.

2° Il veille au bon état des paratonnerres.

Il veille le paratonnerre et tient un plomb de sonde paré.

561.—1° Dans les temps d'orage, il s'assure que les conducteurs des paratonnerres sont placés convenablement.

2° Dans les mauvais temps, il dispose un plomb de sonde, et lorsqu'il y a lieu de mouiller ce plomb, il surveille lui-même cette opération.

SECTION V.

DU MAITRE MÉCANICIEN.

Il ne fait pas de quart. — Son poste au combat.

562.—1° Le maître mécanicien ne fait pas de quart habituellement.

2° Pendant le combat, dans les circonstances graves ou dans les manœuvres générales, il se tient dans la chambre de la machine, prêt à exécuter les ordres du capitaine.

3° Lorsque les feux ne sont pas allumés, et qu'il n'y a point de travaux à exécuter dans l'appareil, il est employé, ainsi que les autres agents de la machine, à tout service de son grade à bord.

Visite de la machine.

563. — Tous les matins, et plus souvent s'il est nécessaire, il fait une visite détaillée des diverses pièces de la machine et de ses annexes. Il rend compte de cette visite à l'officier de quart et à l'officier en second.

Il ne laisse entrer personne dans la chambre de la machine.

564. — A moins d'ordres contraires, il défend l'entrée de la chambre des machines à toute personne étrangère à l'état-major du bâtiment ou au service de l'appareil.

Il surveille la conduite de l'appareil.

565. — Lorsque les feux sont allumés, il s'assure, par des rondes fréquentes, que les ordres relatifs à la conduite de l'appareil évaporatoire, et principalement à ce qui concerne l'alimentation et la conduite des feux, sont ponctuellement exécutés.

Il prend la conduite de l'appareil, lorsqu'il le juge nécessaire.

566. — 1° Le maître mécanicien dirige les manœuvres qui ont lieu dans la machine.

2° Il prend la conduite de l'appareil toutes les fois qu'il le juge nécessaire; il en informe de suite le mécanicien chef de quart.

Mode d'agir dans un accident.

567. — Lorsqu'en marche il se présente quelque accident qui nécessite un ralentissement de la marche de la machine ou son arrêt total, le maître mécanicien en informe l'officier de quart, avant d'opérer ce ralentissement ou cet arrêt. Mais si la conservation de l'appareil pouvait souffrir d'un retard dans l'exécution de ces mesures, le maître mécanicien ralentirait la marche ou arrêterait immédiatement la machine, en même temps qu'il ferait prévenir l'officier de quart des causes qui l'y auraient déterminé.

Il ne fait aucun travail dans la machine sans autorisation.

568. — Le maître mécanicien ne fait entreprendre

aucune modification, aucune réparation, ni même aucun travail de simple entretien dans la machine sans en avoir obtenu l'autorisation de l'officier en second.

Il surveille strictement la consommation du charbon.

569. — Il surveille avec une attention toute particulière et il s'applique à étudier la consommation du combustible et des matières grasses, afin d'apporter dans cette consommation la plus stricte économie.

Il fait un cours pratique sur les appareils à vapeur.

570. — Aux heures indiquées par le capitaine, il fait un cours pratique sur la conduite, l'entretien, la réparation et le montage des appareils à vapeur.

Il tient un casernet de la machine.

571. — Il tient un casernet de la machine (modèle n° 29); il le présente tous les mois, et après chaque traversée, au visa de l'officier attaché au détail de la machine et à celui de l'officier en second.

SECTION VI.

DU MAITRE CHARPENTIER.

Son quart et son poste de combat.

572. — 1° A la mer, le maître charpentier fait le quart de quatre heures à huit heures du matin.

2° Pendant le combat, et dans toutes les circonstances importantes, il se tient à portée de recevoir les ordres du capitaine.

Il vérifie les différenciomètres.

573. — Avant que le bâtiment sorte du port, il s'assure, concurremment avec le maître de timonerie,

que les divisions des différenciomètres établis à bord
correspondent exactement avec les divisions marquées
sur l'étrave et sur l'étambot.

Visite des objets dont il est chargé.

574.—1° Il fait visiter chaque matin, et il visite
souvent lui-même les porte-haubans, les mâts, les
vergues, les mâtures de rechange, les embarcations et
autres objets de son détail.

2° Il fait faire des rondes fréquentes pendant les
gros temps pour s'assurer de l'état de la coque du
bâtiment.

3° Il rend compte du résultat de ces visites et rondes à l'officier en second.

Il informe le capitaine seul s'il reconnaît que le bâtiment
est en danger.

575. — Si, par l'effet d'une avarie, il reconnaît que
le bâtiment est en danger, il en informe secrètement
le capitaine.

SECTION VII.

DU MAITRE VOILIER.

Son quart et son poste de combat.

576.—1° A la mer, le maître voilier fait le quart de
quatre heures à huit heures du matin.

2° Pendant le combat, et dans toutes les circonstances importantes, il se tient à portée de recevoir
les ordres du capitaine.

Visite des objets à sa charge.

577.—1° Il fait faire chaque matin et il fait souvent
lui-même la visite des voiles en vergue ; il rend
compte du résultat de cette visite à l'officier de quart
et à l'officier en second.

2° Il visite fréquemment la soute à voiles, et rend compte, lorsqu'il y a lieu, à l'officier en second de la nécessité d'aérer les voiles qu'elle renferme.

Il tient les voiles de rechange prêtes.

578. — Il tient toujours les voiles de rechange prêtes à être mises en service.

SECTION VIII.

DU MAITRE CALFAT.

Son quart et son poste de combat.

579. — 1° A la mer, le maître calfat fait le quart de quatre heures à huit heures du matin.

2° Pendant le combat, il se tient sur le pont ou dans l'entrepont, suivant les ordres qu'il a reçus du capitaine.

Visite des objets dont il est chargé.

580. — 1° Tous les matins, il visite les pompes, les robinets de la cale, les dalots, les écubiers, les hublots. Il rend compte de sa visite à l'officier de quart et à l'officier en second.

2° Il fait ou fait faire au moins deux rondes pendant chaque quart, et sonder autant de fois à la pompe ; le rapport en est fait à l'officier de quart.

3° Il s'assure fréquemment que les archipompes sont dégagées, et qu'aucun objet n'empêche l'eau d'arriver aux pompes.

Il tient les pompes prêtes.

581. — Il tient toujours prêtes à agir les pompes du bâtiment et les pompes à incendie.

Il informe le capitaine seul s'il reconnaît que le bâtiment est en danger.

582. — Si, par l'effet d'une avarie ou d'une voie

d'eau, il reconnaît que le bâtiment est en danger, il en informe secrètement le capitaine.

SECTION IX.

DU PILOTE CÔTIER.

Ses fonctions, son quart et son poste de combat.

583.—1° Le pilote côtier indique la route qu'il juge convenable de suivre en sortant des ports de France ou en y entrant.

2° Pendant la campagne, il fait le quart et alterne avec les seconds maîtres de la timonerie.

3° Pendant le combat, et dans toutes les circonstances importantes, il se tient près de la roue du gouvernail, à moins que le capitaine ne lui assigne un autre poste.

SECTION X.

DU MAITRE ARMURIER.

Il ne fait point de quart. — Son poste de combat.

584.—1° Le maître armurier ne fait point de quart habituellement.

2° Pendant le combat, il se tient à portée de recevoir les ordres du capitaine.

Ses fonctions.

585.—1° Outre son service spécial, il est chargé de la réparation et de l'entretien des menus objets en fer et en cuivre qui peuvent être réparés à bord.

2° Il est également chargé de l'entretien de tout ce qui est relatif à la ferblanterie, à la chaudronnerie, à l'étamage et à la vitrerie.

Visite des petites armes et autres objets.

586.—1° Il fait tous les matins la visite des petites

armes, et fréquemment celle des chaudières et autres ustensiles employés aux cuisines.

2° Il rend compte de ces visites à l'officier en second.

Après le combat et après les exercices il décharge les armes.

587. — Après le combat ou après les exercices, il visite et décharge toutes les armes à feu, et il remet immédiatement au capitaine d'armes la poudre et les balles qu'il en a retirées.

SECTION XI.

DU MAITRE FORGERON.

Il ne fait pas de quart. — Son poste de combat.

588.—1° Le maître forgeron ne fait pas de quart habituellement.

2° Pendant le combat, il se tient dans la batterie basse.

Ses fonctions.

589. — Il est chargé de tous les travaux de fer et de cuivre qui nécessitent l'emploi de la forge.

Objets qu'il visite fréquemment.

590. — 1° Il visite fréquemment les chaînes de mouilleurs et de haubans, les stoppeurs, les cous de cygne, et généralement tous les objets en fer du bâtiment.

2° Il rend compte de cette visite à l'officier en second.

Il ne permet pas de prendre du feu à la forge.

591. — Lorsque la forge est allumée, il ne permet,

sous aucun prétexte, à quelque personne que ce soit, d'y prendre du feu pour un usage quelconque.

TITRE XI.

De l'aumônier.

L'aumônier est soumis aux règles de police du bord.

592. — L'aumônier est soumis à l'autorité du capitaine et aux règles établies pour la police générale du bord.

Il est chargé des objets du culte.

593. — Il s'assure du bon état des objets qui lui sont délivrés des magasins du port pour l'exercice de son ministère. Il les dépose dans le lieu qui lui a été indiqué par le capitaine, et il est responsable de leur conservation.

Ses fonctions.

594. — 1° Les dimanches et les fêtes, il célèbre l'office divin aux heures fixées par l'ordre de service ; après la messe, il récite les oraisons pour la prospérité de la France et le succès de ses armes.

2° Il récite ou fait réciter devant l'équipage les prières du soir, et il fait les instructions religieuses.

3° Il est chargé de l'instruction religieuse des mousses.

4° Il donne les secours de la religion aux personnes qui les réclament.

5° Il rend les devoirs religieux aux personnes décédées à bord.

Son poste au combat. — Visite des malades.

595. — 1° Pendant le combat, il se tient au poste des blessés.

2° Il visite les malades une fois par jour, et plus souvent s'il est nécessaire.

3° Il rend compte de cette visite au capitaine, et il le prévient lorsqu'il doit leur administrer les derniers sacrements.

Au désarmement il remet au magasin les objets du culte.

596.—Au désarmement, il remet dans les magasins du port tous les objets qui ont été délivrés pour le service du culte.

TITRE XII

Des officiers d'administration.

CHAPITRE Ier.

DISPOSITIONS GÉNÉRALES.

Par qui est dirigé le service administratif.

597.—1° Le service administratif est dirigé :

Dans une armée navale, par un commissaire ;

Dans une escadre, sous les ordres d'un commandant en chef, par un commissaire adjoint ;

Dans une division, sous les ordres d'un commandant en chef, par un commissaire adjoint, ou par un sous-commissaire pourvu d'une commission de *sous-commissaire de division*, qui remplit en même temps les fonctions d'officier d'administration du bâtiment sur lequel il est embarqué ;

Sur tout bâtiment monté par un officier général employé en sous-ordre, par un sous-commissaire, qui peut, dans le cas où cet officier général est détaché, être pourvu par le commandant en chef, pour la durée de la séparation, d'une commission de *sous-commissaire de division;*

Sur un vaisseau, par un sous-commissaire ou un aide-commissaire ;

Sur tout bâtiment ayant un effectif réglementaire de 100 hommes et au-dessus, par un aide-commissaire ;

Sur tout bâtiment d'un rang inférieur dont l'effectif réglementaire est composé de 45 hommes au moins, par un commis entretenu de la marine. Par exception à l'article 53, ce commis est, dans ce cas, admis à la table de l'état-major.

2° Ces officiers d'administration prennent, suivant leur position, les titres temporaires de

Commissaire d'armée,
Commissaire d'escadre,
Commissaire de division,
Sous-commissaire de division,
Officier d'administration.

3° Les commissaires et commissaires adjoints, chefs de service d'administration, et les sous-commissaires de division, d'une division commandée par un commandant en chef, peuvent embarquer à leur choix, pour faire fonctions de secrétaire un commis de marine, ou, à défaut, un écrivain de marine.

Les officiers d'administration se conforment aux règlements sur leur service.

598. — Indépendamment des dispositions prescrites au présent titre, les officiers d'administration se conforment, dans l'exercice de leurs fonctions, aux règlements et instructions qui régissent leur service.

Qui remplace les officiers d'administration en cas de décès.

599.—1° En cas de décès, d'empêchement ou de débarquement de l'officier chargé en chef de l'administration, le commandant en chef prend les dispositions qui lui paraissent convenables pour assurer provisoirement la centralisation administrative.

2° Dans les mêmes circonstances, l'officier d'administration du bâtiment est remplacé par une des personnes de l'état-major au choix du capitaine.

CHAPITRE II.

DU COMMISSAIRE D'ARMÉE, D'ESCADRE OU DE DIVISION.

Le commissaire d'armée fait partie de l'état-major général.

600. — Le commissaire d'armée, d'escadre ou de division fait partie de l'état-major général.

Mode de communiquer avec le commandant en chef.

601. — Il reçoit du commandant en chef les ordres relatifs à l'administration directement, ou par l'intermédiaire du chef d'état-major. Il adresse de la même manière ses rapports et ses pièces de comptabilité au commandant en chef.

Il accompagne le commandant en chef dans les inspections.

602. — Il accompagne le commandant en chef dans ses revues et inspections, lorsque cet officier général le juge convenable.

Il peut appeler les officiers d'administration.

603. — Lorsqu'il le juge nécessaire, il peut, avec l'autorisation du commandant en chef, appeler auprès de lui, par signal, les officiers d'administration de l'armée.

Pouvoir disciplinaire sur les officiers d'administration.

604. — Il surveille la conduite de ces officiers; il peut, s'il y a lieu, leur ordonner les arrêts, et, dans

ce cas, il en informe le capitaine du bâtiment sur lequel ils sont employés. A l'égard des officiers d'administration qui auraient encouru une peine plus grave, il prend les ordres du commandant en chef.

Après la revue d'armement il constate l'effectif des bâtiments.

605.—Aussitôt après la revue d'armement, il constate l'effectif des équipages ; il s'assure de leur situation sous le rapport de l'habillement et de la solde, et il prend connaissance des inventaires des bâtiments, ainsi que de l'état de situation des rechanges, munitions et vivres embarqués ; il rend compte de ses vérifications au commandant en chef.

Il se fait remettre les états de situation après le départ.

606. — Aussitôt que les circonstances le permettent, il se fait remettre par les officiers d'administration employés sous ses ordres l'état de situation des équipages, dressé d'après l'appel qui a été fait immédiatement après le départ, en exécution de l'art. 252 du présent décret.

Il fait des revues générales ou partielles. — État général de situation.

607.—1° Pendant la campagne, il fait tous les trois mois, et plus souvent, s'il le juge nécessaire, des revues générales ou partielles d'effectif ou de comptabilité, après en avoir reçu l'autorisation du commandant en chef, et que le chef d'état-major a donné avis de ces revues aux capitaines des bâtiments à bord desquels elles doivent avoir lieu. Il remet le rapport de ces inspections au commandant en chef, qui le transmet au ministre, s'il le juge convenable.

2° Il inspecte et vérifie, toutes les fois qu'il le juge nécessaire, les écritures tenues par les officiers d'administration employés sous ses ordres, et il rend compte de ces inspections au commandant en chef.

3° Il se fait remettre l'état des médicaments, rafraîchissements et effets destinés au service des malades.

4° Sur ces documents et sur ceux qu'il recueille conformément à l'article précédent, il fait dresser un état général de situation, qu'il remet au commandant en chef, auquel il propose les mouvements, versements et achats qui seraient devenus nécessaires.

Il veille à ce qu'il ne soit fait aucune consommation abusive.

608. — Il veille à ce qu'il ne se fasse à bord des bâtiments aucune consommation qui ne soit conforme aux règlements ou ordonnée par l'autorité compétente; il informe le commandant en chef des abus de ce genre qui seraient venus à sa connaissance.

État des besoins à l'étranger; marchés pour y suffire.
— Émission des traites.

609.—1° Lorsque, dans les colonies françaises ou dans les ports étrangers, il y a lieu de faire des remplacements, fournitures ou achats, il en fait dresser un état qu'il soumet au visa et à l'approbation du commandant en chef.

2° En pays étranger, il procède à la passation des marchés, et il en rédige les conditions.

3° Il dépose une copie de ces marchés à la chancellerie du port où ils ont été passés, et il y inscrit ses observations sur la manière dont les clauses qu'ils renferment ont été remplies.

4° Il émet, après les avoir soumises à la signature du commandant en chef, les traites destinées à acquitter les dépenses faites en pays étrangers.

Poste au combat.

610. — Pendant le combat, il se tient à portée de recevoir les ordres du commandant en chef.

Rapport qu'il reçoit après le combat.

611. — Après le combat, il se fait fournir par les officiers d'administration de l'armée des rapports sur la situation du personnel et du matériel de chaque bâtiment, et il remet au commandant en chef un résumé de ces rapports.

Il observe les règlements sur les prises.

612. — Il se concerte avec le chef d'état-major général pour l'exécution des mesures prescrites par les ordonnances et règlements sur les prises maritimes.

Notes qu'il remet au commandant en chef.

613. — Aux époques prescrites à l'article 128, et lorsqu'il en est requis, il remet au commandant en chef des notes détaillées sur la conduite et le mérite des officiers d'administration employés sous ses ordres (modèle n° 2).

Rapport d'ensemble qu'il adresse au Ministre.

6 4. — Lorsqu'il cesse ses fonctions, il adresse au ministre de la marine un rapport sur l'ensemble du service dont il a été chargé. Il accompagne ce rapport d'un état général des dépenses faites tant pour payement de solde que pour achat de vivres et de munitions, pour journée d'ouvriers, ou pour tout autre objet relatif au service de l'armée.

CHAPITRE III.

DU SOUS-COMMISSAIRE DE DIVISION.

Il fait partie de l'état-major du bâtiment.

615. — 1° Le sous-commissaire de division fait partie de l'état-major du bâtiment sur lequel il est embarqué.

2° Il exerce, à l'égard des bâtiments dont il est chargé de centraliser la comptabilité, les fonctions attribuées au commissaire d'armée, d'escadre ou de division ; toutefois, les dispositions de l'article 610 ne lui sont pas applicables.

3° Les dispositions des articles 604 et 613 ne lui sont applicables qu'en ce qui concerne ceux des officiers d'administration de l'armée qui lui sont inférieurs en grade ou en ancienneté.

CHAPITRE IV.

DE L'OFFICIER D'ADMINISTRATION.

Ses devoirs hiérarchiques.

616.—1° L'officier d'administration fait partie de l'état-major du bâtiment ; il reçoit du capitaine ou de l'officier en second les ordres relatifs à son service.

2° Il rend compte à l'un et à l'autre de l'exécution de ces ordres.

3° Si le bâtiment fait partie d'une armée, d'une escadre ou de division, l'officier d'administration exécute, en outre, les ordres qui lui sont adressés par le commissaire d'armée, d'escadre ou de division ou par le sous-commissaire de division.

4° Il informe le capitaine des ordres qu'il a reçus de ces chefs de service.

Ses fonctions.

617.—1° L'officier d'administration est membre et secrétaire du conseil d'administration du bâtiment.

2° Il remplit, en ce qui concerne le matériel et les vivres, les fonctions d'administration et de comptabilité qui lui sont assignées par les règlements.

3° L'officier d'administration remplit les fonctions d'officier de l'état civil en ce qui concerne les actes de naissance et les décès.

4° Il reçoit conjointement avec l'officier commandant le bâtiment, ou à son défaut avec celui qui le supplée dans l'ordre du service, le testament de toute personne embarquée.

5° Dans ces diverses circonstances, il se conforme aux dispositions du Code civil.

6° Il exerce une surveillance particulière sur le service du commis aux vivres et sur celui du magasinier.

Rôle d'équipage. Il le met en sûreté en cas d'événement.

618.—1° Il tient un rôle d'équipage sur lequel il apostille les mouvements qui surviennent dans l'état-major, dans l'équipage et parmi les passagers.

2° En temps de guerre, il tient ce rôle en double expédition.

3° En cas de naufrage ou d'incendie, il s'applique à sauver et à mettre en sûreté le rôle d'équipage et toutes les pièces de la comptabilité dont il est chargé.

Pendant l'armement il fait des appels fréquents.

619. — Pendant la durée de l'armement, il peut constater par des appels la présence des hommes de l'équipage.

Il s'assure que les objets portés sur les feuilles sont embarqués.

620. — Il s'assure que les objets portés sur les feuilles de chacun des maîtres ont été délivrés et embarqués.

Il se fait rendre compte des vivres consommés.

621.—1° Il se fait rendre compte journellement, par le commis aux vivres, de la quantité de rations de toute nature qui ont été délivrées. A la fin de chaque mois, et plus fréquemment s'il le juge nécessaire, il se fait remettre un état (modèle n° 10) constatant l'espèce et la quantité de vivres consommés et de ceux restant à bord.

2º Il se fait présenter également l'état des retranchements de vivres qui ont été ordonnés pour quelque cause que ce soit.

Il veille à ce que les rafraîchissements ne soient point détournés de leur destination.

622. — Tous les quinze jours il fait fournir au chirurgien-major, par le commis aux vivres, l'état des rafraîchissements existant à bord pour le service des malades, et il veille à ce que ces objets ne soient point détournés de leur destination ; s'il avait connaissance de quelque abus à cet égard, il en rendrait compte immédiatement au capitaine et à l'officier en second.

Il prend part à la passation des marchés. — Traites.

623.—1º Il prend part à la passation des marchés que le capitaine a ordonnés pour achats d'approvisionnements : il rédige et signe ces marchés.

2º Il est tenu de produire les reçus des fournisseurs et ouvriers auxquels il fait des paiements, et il soumet ces reçus au visa de l'officier en second et à celui du capitaine.

3º Il émet avec le capitaine et l'officier en second les traites destinées à solder les achats faits en pays étranger.

Étals à envoyer au port.

624. — Il remet, suivant le cas, les états et pièces de toute nature à faire parvenir au port d'armement, soit au capitaine, soit à l'officier chargé de la centralisation administrative de la force navale dont le bâtiment fait partie.

Il fait l'inventaire des effets des personnes décédées.

625.—1° L'officier d'administration fait l'inventaire des effets appartenant à toute personne embarquée qui décéderait pendant le cours de la campagne.

2° Il procède à la vente des effets des déserteurs ou des hommes décédés.

Il constate les événements donnant droit à pension.

626.—1° Il procède, en ce qui le concerne, à la constatation des blessures et autres événements pouvant ouvrir des droits à pension en faveur des marins ou de leurs familles, et il se conforme strictement aux ordonnances et règlements concernant les pensions.

2° Lorsque des marins sont renvoyés en France pour cause de maladies ou pour causes de blessures reçues au service, il dresse un duplicata de toutes les pièces qui constatent ces circonstances, et le remet au moment de leur départ aux hommes dont les droits peuvent être établis par ces pièces.

3° Lors du décès d'un marin par suite d'un événement quelconque, l'officier d'administration dresse et réunit immédiatement, s'il y a lieu, toutes les pièces qui peuvent servir à constater des droits à pension en faveur de sa famille, et il les remet au capitaine.

Son poste de combat ; ses devoirs avant et après le combat.

627.—1° Lorsque le combat est près de commencer, il met en sûreté les registres, les états et les autres pièces relatives à sa comptabilité, et il les renferme dans un coffre qu'il fait placer dans la cale.

2° Il se tient pendant le combat au passage des poudres, qu'il dirige.

3° Aussitôt après le combat, il fait, d'après les ordres du capitaine, un appel général de l'équipage, et il apostille sur le rôle les noms des hommes tués ou blessés.

Il se transporte à bord des prises pour y procéder suivant les reglements.

628.—Il se transporte, avec l'officier désigné par le capitaine, à bord des bâtiments capturés, et il y procède conformément aux ordonnances et règlements sur les prises maritimes, et aux ordres qu'il a reçus.

Ses devoirs au désarmement.

629.—1° Pendant le désarmement, il veille, en ce qui le concerne, à ce qu'aucun effet du bâtiment ne soit détérioré ou soustrait.

2° Il se fait remettre les reçus délivrés par les directions du port aux maîtres qui ont déposé dans les magasins des effets provenant du bâtiment. Il joint ces reçus aux états des recettes et des consommations faites pendant la campagne, et il donne décharge aux maîtres lorsqu'il a reconnu l'exactitude de leur comptabilité, et qu'il a constaté qu'elle ne doit donner lieu contre eux à aucune répétition.

3° Lorsque le désarmement est terminé, il remet toutes les pièces de sa comptabilité à la commission chargée de les examiner et d'en faire le rapport au conseil d'administration du port.

TITRE XIII.

Des officiers du génie maritime.

Position des officiers du génie maritime embarqués.

630.—1° L'ingénieur de 1re ou de 2e classe embarqué dans une armée, une escadre ou une division, fait partie de l'état-major général.

2° Le sous-ingénieur embarqué dans une force navale ou sur un bâtiment isolé, fait partie de l'état-major du bâtiment sur lequel il est embarqué.

Fonctions principales de l'officier du génie maritime.

631.—1° L'officier du génie maritime embarqué dirige, sous les ordres du commandant en chef, les travaux relatifs à l'entretien et à la réparation des bâtiments pendant la campagne. Il reçoit ces ordres, soit directement, soit par l'intermédiaire du chef d'état-major.

2° Il est placé, pour le même service, sous les ordres du capitaine, lorsqu'il est embarqué sur un bâtiment isolé ou détaché.

Il reçoit de la direction des constructions les devis et plans des bâtiments.

632.—Il reçoit de la direction des constructions un double des devis de construction, d'armement et d'arrimage des bâtiments qui font partie de la force navale à laquelle il est attaché, ainsi qu'un double des devis fournis par les capitaines qui ont commandé ces bâtiments.

Il s'applique par ses observations au perfectionnement des constructions navales.

633.—1° L'officier du génie maritime s'applique à recueillir toutes les observations qui peuvent tendre au perfectionnement de l'architecture navale.

2° Il propose au commandant en chef les essais qu'il croit utile de faire dans la position des poids à bord des bâtiments, dans l'inclinaison de la mâture ou dans toute autre partie de l'installation.

3° Il rédige un mémoire sur les expériences que le commandant en chef a jugé convenable d'autoriser.

Il emploie aux réparations les ouvriers et matériaux
des bâtiments.

634. — Lorsqu'il y a lieu d'exécuter des travaux de
construction ou de réparation, il emploie à ces travaux, suivant les ordres qui lui sont donnés, les
ouvriers et matériaux qui sont disponibles à bord des
bâtiments.

Il fait partie des commissions d'achat de munitions pour
la réparation des bâtiments.

635. — Si, pendant le cours de la campagne, il y
a lieu de traiter pour des achats de munitions ou des
entreprises de main-d'œuvre nécessaires à la réparation des bâtiments, l'officier du génie maritime fait
partie des commissions qui sont formées pour passer
les marchés et procéder aux recettes.

Il remet au commandant en chef une note détaillée des dépenses.

636.—1° Il remet au commandant en chef une
note détaillée des dépenses en matières et main-
d'œuvre faites pour chaque bâtiment.

2° Il distingue dans cette note les objets fournis
par les bâtiments de ceux qui ont été achetés pour
l'exécution des travaux.

Son poste au combat.

637. — Pendant le combat, l'officier du génie maritime se tient à portée de recevoir les ordres de l'officier général ou supérieur commandant à bord du
bâtiment sur lequel il est embarqué.

Après le combat, il visite les bâtiments avariés.

638. — Après le combat, il visite, suivant les
ordres qu'il reçoit, les bâtiments qui ont éprouvé des
avaries.

Rapport qu'il remet lorsqu'il cesse ses fonctions.

639.—1° Lorsqu'il cesse ses fonctions, il adresse au ministre de la marine, par l'intermédiaire du chef sous les ordres duquel il vient de servir, un rapport contenant les observations qu'il a faites pendant le cours de la navigation.

2° Il remet à la direction des constructions les divers documents qu'il a reçus au moment de son emquement.

Fonctions de l'officier du génie en sous-ordre.

640. — Lorsque, dans une réunion de bâtiments, il se trouve deux ou plusieurs officiers du génie maritime embarqués, le plus élevé en grade ou, à grade égal, le plus ancien, a autorité sur les autres en ce qui concerne le service des constructions navales.

TITRE XIV.

Des officiers de santé.

CHAPITRE Ier.

DISPOSITIONS GÉNÉRALES.

Embarquement des officiers de santé.

641. — 1° Dans une armée navale, le service de santé est dirigé par un officier supérieur du corps des officiers de santé qui prend le titre temporaire de médecin en chef. Il fait partie de l'état-major général.

2° Dans une escadre ou une division, le service de santé est dirigé par le chirurgien-major du bâtiment monté par le commandant de cette escadre ou de cette division. Ce chirurgien-major est pourvu, à cet effet d'une commission de *chirurgien-major de divi-*

sion, il fait partie de l'état-major du bâtiment sur lequel il est embarqué.

3° Sur les vaisseaux, sur les frégates et sur les corvettes à voiles de 1re classe, le service de santé est dirigé par un chirurgien de 1re classe (1).

4° Sur les autres bâtiments, il est dirigé par un chirurgien de 2e classe.

5° Ces officiers de santé prennent le titre de chirurgien-major.

6° Un chirurgien de 3e classe peut embarquer en qualité de chirurgien-major sur tout bâtiment ayant moins de quarante-cinq hommes d'équipage. Dans ce cas, par exception à l'article 53, il est admis à la table de l'état-major.

7° Les chirurgiens de 2e et 3e classe sont aussi appelés à servir en sous-ordre.

CHAPITRE II.

DU MÉDECIN EN CHEF ET DU CHIRURGIEN-MAJOR DE DIVISION.

Relations du médecin en chef avec le commandant en chef.

642. — 1° Le médecin en chef, ou le chirurgien-major de division reçoit du commandant en chef les ordres relatifs à son service, soit directement, soit par l'intermédiaire du chef d'état-major.

2° Il adresse de la même manière ses rapports au commandant en chef.

3° Lorsque le chirurgien-major de division est moins ancien que des chirurgiens-majors de l'escadre ou de la division, les ordres à transmettre à ces chirurgiens-majors passent par l'intermédiaire du chef d'état-major.

4° En cas de décès, d'empêchement ou de débar-

(1) Circulaire du 28 mai 1852 (Extrait).

Monsieur le préfet, j'ai décidé que le chirurgien de première classe embarqué sur un *bâtiment-hôpital*, sera chargé en même temps des fonctions de chirurgien-major de ce bâtiment, et qu'il continuera d'être admis à la table du commandant.

quement du médecin en chef, le chirurgien-major qui le remplace provisoirement est désigné par le commandant en chef. Il reçoit à cet effet, de ce commandant, une commission de chirurgien-major de division.

Instructions et inspections sanitaires.

643.—1° Le médecin en chef, ou le chirurgien-major de division, présente au visa et à l'approbation du commandant en chef les ordres et les instructions que les circonstances lui feraient juger convenable d'adresser aux chirurgiens-majors pour la conservation de la santé des équipages et la salubrité des bâtiments.

2° Il soumet également à son approbation les modifications qu'il lui semble utile d'apporter dans l'espèce et la quantité des approvisionnements généraux du service de santé.

3° Il fait, suivant les ordres du commandant en chef, de fréquentes visites sanitaires, et il se transporte à bord des bâtiments toutes les fois qu'il en est besoin.

4° Il fait partie de la commission de santé convoquée conformément aux dispositions de l'article 84.

Pouvoir disciplinaire du médecin en chef.

644. — Le médecin en chef surveille la conduite des officiers de santé employés sous ses ordres; il peut, s'il y a lieu, leur ordonner les arrêts: dans ce cas, il en informe le capitaine du bâtiment à bord duquel ils sont embarqués. A l'égard de ceux qui auraient encouru des peines plus graves, il prend les ordres du commandant en chef.

Inspection des postes des malades et des instruments des officiers de santé.

645.—1° Avant le départ, le médecin en chef, ou

le chirurgien-major de division, inspecte l'hôpital à bord de chaque bâtiment, ainsi que le lieu destiné à recevoir les blessés pendant le combat.

2° Il s'assure que les officiers de santé sont munis des instruments complets et en bon état, prévus par les règlements, et qu'ils ont fait toutes les dispositions nécessaires pour le service des blessés.

3° Il rend compte au commandant en chef du résultat de cette visite.

Comptes qu'il se fait rendre.

646. — Le médecin en chef, ou le chirurgien-major de division, se fait rendre fréquemment des comptes, par les chirurgiens-majors, sur l'état sanitaire des bâtiments, sur le nombre et l'état des malades, sur les mesures prises pour conserver la santé des équipages et la salubrité des bâtiments, et sur la situation des médicaments, vivres, rafraîchissements et effets embarqués pour les malades.

Il n'envoie aux hôpitaux que les malades graves.

647. — Le médecin en chef, ou le chirurgien-major de division, veille à ce qu'il ne soit envoyé aux hôpitaux, dans les relâches, que les malades ou blessés qui ne pourraient être traités à bord sans danger pour eux ou pour l'équipage.

Hôpital provisoire à terre. — Installation d'un bâtiment-hôpital.

648. — 1° Lorsque, dans une relâche, les malades et les blessés qu'il serait nécessaire de traiter à terre ne peuvent être reçus dans les hôpitaux du pays, et qu'il devient alors indispensable d'y suppléer par un établissement provisoire, le médecin en chef, ou le chirurgien-major de division, soumet à l'approbation du commandant en chef un projet de règlement pour le service des officiers de santé de cet établissement.

2° Si, en cours de campagne, il est nécessaire d'installer un bâtiment en-bâtiment-hôpital, il fait partie de la commission qui doit déterminer les emménagements et installations de ce bâtiment.

Poste au combat. — Visite des blessés après le combat.

649. — 1° Pendant le combat, le médecin en chef, ou le chirurgien-major de division, se tient au poste des blessés. Il veille à ce que les officiers de santé employés sous ses ordres s'y tiennent également.

2° Après le combat, il se rend, suivant les ordres du commandant en chef, à bord des bâtiments qui ont combattu. Il y visite les blessés et prend note de leur nombre.

3° Il fait un rapport à ce sujet au commandant en chef.

Notes à remettre au commandant en chef.

650. — 1° Le médecin en chef remet au commandant en chef, aux époques prescrites par l'article 129 et lorsqu'il en est requis, des notes particulières (modèle n° 2) sur la conduite, le zèle et la capacité des officiers de santé qui ont servi sous ses ordres.

2° Le chirurgien-major de division remet de semblables notes sur la conduite, le zèle et la capacité de ceux des officiers de santé de l'escadre ou de la division qui lui sont inférieurs en grade ou en ancienneté.

Rapport qu'il remet au commandant en chef et au préfet maritime.

651. — 1° Tous les ans, et lorsqu'il cesse ses fonctions, le médecin en chef, ou le chirurgien-major de division, remet au commandant en chef, pour être transmis au ministre, un rapport sur les maladies qui ont régné, sur les traitements qui ont été suivis, et sur les mesures pratiquées pour conserver la salubrité des bâtiments.

2° Il adresse un semblable rapport au préfet maritime.

CHAPITRE III.

DU CHIRURGIEN - MAJOR ET AUTRES OFFICIERS DE SANTÉ.

Il rend ses comptes et adresse ses rapports à l'officier de santé en chef.

652.—1° Le chirurgien-major embarqué sur un bâtiment qui fait partie d'une armée, escadre ou division, rend tous les comptes et adresse à l'officier de santé en chef tous les rapports, états de situation et autres renseignements qui lui sont demandés.

2° Ces pièces sont remises au capitaine du bâtiment, qui les transmet au chef d'état-major.

Il propose les mesures de salubrité nécessaires.

653.—1° Il s'applique à rechercher s'il n'existe pas à bord de germe de maladies contagieuses ou épidémiques. Il propose au capitaine, s'il y a lieu, les mesures de salubrité nécessaires, selon le climat et l'état de santé de l'équipage, pour prévenir ces maladies ou pour arrêter les progrès de celles qui se seraient manifestées.

2° Dans le cours de la campagne, il fait une fois par semaine, et plus souvent si c'est nécessaire, des inspections sanitaires de l'équipage.

3° Il fait vacciner les hommes qui n'auraient pas eu la petite vérole naturelle ou qui n'auraient pas été vaccinés.

Changements à apporter au matériel à embarquer.

654.—Lorsque le chirurgien-major embarqué sur

un bâtiment qui doit naviguer isolément, estime qu'il conviendrait d'apporter des changements dans les objets à délivrer suivant les règlements, il peut, avec l'autorisation du capitaine, soumettre la demande de ces changements au conseil de santé du port.

Devoirs journaliers du chirurgien-major.

655.—1° Le chirurgien-major fait la visite et le pansement journalier des malades, aux heures qui ont été prescrites par l'ordre général de service.

2° Tous les matins, après la visite, il rend compte au capitaine de l'état sanitaire.

3° Il remet en même temps au capitaine et à l'officier en second un état (modèle n° 15) des hommes entrés au poste des malades, la liste de ceux qui en sont sortis, et enfin celle des hommes qu'il juge devoir être exemptés de service.

Fonctions qu'il assigne au pharmacien.

656.—1° Il charge un officier de santé de remplir les fonctions de pharmacien, d'écrire les prescriptions qui sont faites pendant la visite des malades, et de les signer; il vise ensuite ces prescriptions.

2° Il fait préparer et distribuer les médicaments par cet officier de santé, et il fait porter ces consommations, par le chirurgien chargé de la feuille, sur le registre destiné à les constater.

Visite des instruments des officiers de santé en sous-ordre.

657.—1° Lors de la mise en rade, il s'assure que les officiers de santé en sous-ordre sont munis des instruments, complets et en bon état, tels qu'ils sont prévus par les règlements.

2° Il rend compte au capitaine et à l'officier en second du résultat de cette visite.

Il visite la chaudière de l'équipage.

658.—Il visite ou fait visiter fréquemment par un chirurgien en sous-ordre la chaudière de l'équipage et les autres ustensiles employés à la cuisson des aliments. Lorsqu'il y a lieu, il propose à l'officier en second de faire étamer ceux de ces objets qui en auraient besoin.

Les infirmiers font la distribution des aliments.

659.—1° Il fait faire par les infirmiers, en présence du chirurgien de service, la distribution des aliments destinés aux malades.

2° Lorsqu'il y a lieu, il demande au capitaine que des hommes de l'équipage soient adjoints à l'infirmier.

Il fait partie des commissions qui examinent ou achètent des vivres et des objets pour le service des malades.

660.—1° Il fait partie des commissions formées soit pour constater la détérioration ou la perte des médicaments ou autres objets embarqués pour le service des malades, soit pour l'achat et les recettes des mêmes objets.

2° Il fait également partie des commissions qui ont été formées pour procéder à la recette et à la visite des vivres.

Il reçoit du commis aux vivres l'état des rafraîchissements.

661.— Le chirurgien-major reçoit tous les jours du commis aux vivres l'état des rafraîchissements existant à bord pour les malades.

Distributions extraordinaires.

662.—Lorsqu'il croit nécessaire de faire à l'équipage des distributions extraordinaires, il en indique l'espèce et la proportion, et il en adresse la proposition écrite et motivée au capitaine.

Un chirurgien assiste aux repas des malades.

663. — A bord d'un vaisseau, il ordonne qu'un chirurgien en sous-ordre soit présent dans l'hôpital pendant les heures régulières des repas des malades.

Patente de santé.

664. — Dès qu'il a connaissance du départ prochain du bâtiment, il prend les ordres du capitaine pour se munir d'une patente de santé.

Poste au combat des officiers de santé.

665. — Pendant le combat, le chirurgien-major et les autres officiers de santé se tiennent au poste des blessés. Aucun de ces officiers ne quitte ce poste; le chirurgien-major ne le quitte lui-même que sur un ordre du capitaine.

Visite des aiguades.

666. — Lorsqu'il s'agit de faire de l'eau, il visite les aiguades, et si l'eau n'est pas reconnue de bonne qualité, il propose les moyens qui lui paraissent propres à l'améliorer.

Il dresse l'état des médicaments à remplacer.

667. — Dans les relâches, lorsqu'il y a lieu de pourvoir au remplacement des médicaments, rafraîchissements et autres objets nécessaires pour le service des malades, le chirurgien-major dresse un état de ces objets et le remet au capitaine.

Malades envoyés à l'hôpital.

668. — 1° Lorsque dans une relâche il juge que des

malades ne peuvent être traités à bord sans inconvénient et qu'il est nécessaire de les envoyer à l'hôpital, il en demande l'autorisation au capitaine. Si cette mesure est adoptée, il dresse et signe une liste de ces malades, portant indication de leur maladie. Cette liste est remise à l'officier en second, qui fait dresser les billets d'hôpital (modèle n° 17).

2° Le chirurgien-major tient note de ces mouvements; il fait accompagner les malades par un officier de santé du bâtiment, et fait remettre au médecin de l'hôpital une notice indiquant le caractère de la maladie de chaque homme et les remèdes qui lui ont été administrés à bord.

3° Le chirurgien-major visite souvent ces malades, et il rend compte au capitaine du résultat de ses visites.

4° Il observe les mêmes dispositions à l'égard des malades envoyés sur le bâtiment-hôpital.

Mesures à l'égard des hommes provenant des hôpitaux.

669. — 1° Si, pendant le cours de la campagne, des hommes provenant des prisons ou des hôpitaux doivent être embarqués, et surtout si la salubrité des lieux d'où ils proviennent lui paraît douteuse, il propose à leur égard les précautions qu'il juge nécessaires.

2° Il visite, à leur arrivée à bord, tous les hommes sortant de l'hôpital à terre.

Le chirurgien prévient l'aumônier d'un malade en danger.

670. — Lorsque l'état d'un malade lui paraît dangereux, le chirurgien-major en fait avertir l'aumônier.

Il signale les blessures et les maladies qui ouvrent droit à pension.

671. — 1° Il signale au capitaine les cas de blessu-

res ou maladies qui pourraient entraîner des droits à pension en faveur des hommes qui en sont atteints.

2° Il dresse à ce sujet en temps utile les certificats dans la forme prescrite.

Il rend compte des décès.

672.—1° Dès qu'une personne est décédée, le chirurgien-major en donne avis au capitaine, à l'officier en second, à l'officier de quart et à l'officier d'administration, et fait connaître l'heure à laquelle le décès a eu lieu et celle à laquelle le défunt doit être enseveli.

2° Il tient la main à ce qu'un des officiers de santé placés sous ses ordres soit présent à l'ensevelissement des morts.

Effets jetés à la mer par mesure de salubrité.

673.—1° Il veille à ce que les couvertures, matelats, capotes et autres objets qui ont servi aux malades soient exposés à l'air et purifiés.

2° Lorsqu'il croit nécessaire, pour la salubrité du bâtiment et la santé de l'équipage, que les vêtements et les fournitures de lit d'une personne décédée soient jetés à la mer, il en rend compte au capitaine; il signe le procès-verbal qui est dressé pour constater la destruction de ces effets.

Notes et rapports qu'il remet au capitaine et au conseil de santé.

674.—1° Tous les ans, lorsqu'il en est requis et lorsqu'il débarque, il remet au capitaine des notes (modèle n° 2) sur la conduite, le zèle et la capacité des officiers de santé employés sous ses ordres.

2° Si le bâtiment sur lequel le chirurgien-major est embarqué fait partie d'une armée, d'une escadre ou d'une division, il adresse au médecin en chef ou au chirurgien-major de division une copie des notes qu'il a remises au capitaine.

3° Il lui remet un rapport sur les maladies qui ont régné, sur les traitements qu'il a prescrits et sur les observations médicales qu'il a faites pendant le cours de la navigation et dans les relâches.

4° Il adresse au conseil de santé un mémoire sur l'accomplissement des instructions qu'il en a reçues, et il joint à ce mémoire une copie des notes qu'il a remises au capitaine.

5° Si le bâtiment sur lequel il est embarqué fait partie d'une armée, escadre ou division, le chirurgien-major adresse au médecin en chef ou au chirurgien-major de division une copie des notes et une ampliation des rapports qu'il a remis au capitaine.

6° Au désarmement du bâtiment, le chirurgien-major remet au conseil de santé la liste des malades qui ont été traités à bord et ses cahiers de visites.

Le second chirurgien est chargé de la feuille.

675.—1° Le second chirurgien du bâtiment est chargé, sous la surveillance du chirurgien-major, de la feuille du matériel du service de santé et de la comptabilité de ce matériel.

2° Il rend compte au chirurgien-major de cette comptabilité.

3° A bord des bâtiments dont l'effectif ne comporte qu'un chirurgien, le chirurgien-major est chargé de cette feuille et de cette comptabilité.

Devoir du chirurgien chargé de la feuille.

676.—1° Le chirurgien chargé de la feuille assiste à la recette du matériel porté sur cette feuille, et le fait transporter et placer à bord suivant les ordres de l'officier en second, lesquels lui sont transmis par le chirurgien-major.

2° Il vérifie fréquemment la situation des effets et ustensiles remis à la garde de l'infirmier, et il charge cet agent de faire blanchir le linge et les effets du poste des malades.

Il se conforme aux prescriptions administratives réglementaires.

677.—Le chirurgien chargé de la feuille se conforme aux prescriptions réglementaires, en ce qui concerne l'administration du matériel dont il est chargé.

Remise du matériel et des pièces de comptabilité par le chirurgien chargé de la feuille.

678.—Au désarmement du bâtiment, le chirurgien chargé de la feuille remet au conseil de santé l'état des médicaments, effets et ustensiles reçus et consommés pendant la campagne. Il y joint tous les registres et autres pièces concernant sa comptabilité.

TITRE XV.

Du commis aux vivres et du magasinier.

CHAPITRE Ier.

DU COMMIS AUX VIVRES.

Sa position hiérarchique.

679.—1° Le commis aux vivres embarqué sur un bâtiment de l'État a sous ses ordres le boulanger, le tonnelier, le coq, et tous les autres agents attachés au service des vivres.

2° Il est, ainsi que ses subordonnés, soumis à la police, à la discipline, et à toutes les règles de service établies à bord.

3° Il est, quant à ses opérations administratives et

à sa comptabilité, sous la surveillance spéciale de l'officier d'administration du bâtiment.

4° Hors les cas prévus par l'article 216, le commis et ses subordonnés ne sont assujettis à d'autres services que celui pour lequel ils sont spécialement embarqués.

5° Pendant le combat il est, selon l'ordre qu'il en reçoit, employé au passage des poudres ou au poste des blessés.

En cas de mauvais traitements, il porte sa plainte à l'officier en second.

680.—Si le commis aux vivres a lieu de se plaindre de mauvais traitements ou d'insultes de la part de quelques personnes de l'équipage envers lui, ou quelqu'un de ses subordonnés, il en rend compte à l'officier en second.

Dans le port il présente tous les matins son registre à l'officier en second.

681.—Lorsque le bâtiment est dans le port et que les rations sont distribuées par billets, le commis aux vivres présente chaque matin à la vérification et au visa de l'officier en second et de l'officier d'administration, son registre de cambuse, indiquant les consommations de vivres et ustensiles qui se sont faites la veille.

Il visite les soutes, futailles et caisses, et assiste à l'arrimage des vivres.

682.—1° Il visite les soutes destinées à recevoir les vivres et s'assure qu'elles sont convenablement disposées.

2° Il visite également, avec les officiers qui ont été désignés à cet effet, toutes les futailles et caisses destinées à contenir les liquides et les autres vivres de campagne.

3° Il assiste autant que possible à l'arrimage des vivres, et il indique quelles sont les denrées qui doivent être consommées les premières.

4° Il a l'une des clefs de la cale au vin.

Propreté de la cambuse et autres postes, et des ustensiles qui y sont employés.

6°3. — Le commis aux vivres et ses subordonnés sont chargés de la propreté de la cambuse et autres postes qu'ils occupent, de celle du poste du boulanger et de la cuisine de l'équipage, enfin de celle des ustensiles qui servent aux distributions, à la fabrication du pain et à la cuisson des aliments.

Vivres reçus dans la cambuse pour un nombre de jours fixé.

684. — Lorsque les approvisionnements de campagne sont mis en consommation, il reçoit dans la cambuse de distribution la quantité de vivres fixée par le capitaine ; il justifie de l'emploi de ces vivres, et, quand ils sont consommés, il en demande le remplacement à l'officier en second.

Il ne peut faire de distributions extraordinaires sans ordre.

685. — 1° Le commis aux vivres ne peut délivrer des vivres à aucune personne qui ne serait pas comprise dans les états de distributions arrêtés par l'officier d'administration et approuvés par le capitaine du bâtiment, ni en fournir au delà des quantités prescrites pour chaque individu embarqué.

2° Dans aucune circonstance, il ne peut faire de distributions extraordinaires, soit à l'équipage, soit à des passagers, sans un ordre signé du capitaine.

3° Quand ces distributions ont lieu, il fait enregistrement des denrées qu'il a fournies et il prosente l'ordre du capitaine à l'appui de ces consommations.

Il rend compte des détériorations de vivres et de leurs causes.

686.—1° Il s'assure fréquemment de l'état de conservation des vivres. S'il reconnaît l'existence de quelque cause qui puisse contribuer à les détériorer, ou s'il s'aperçoit qu'un commencement de détérioration s'est déjà manifesté, il en rend compte sur-le-champ à l'officier d'administration et à l'officier en second, afin qu'il y soit obvié sans retard, ou qu'il soit statué conformément à ce qui est prescrit par l'article 242 du présent décret.

2° Dans cette circonstance, il signale à ces officiers les mesures qu'il croit utile de prendre pour la conservation des vivres du bâtiment.

3° Il s'assure que les poids et mesures destinés à la distribution des rations ne subissent aucune altération.

Il fait partie des commissions des vivres.

687.— Le commis aux vivres fait partie des commissions qui sont formées pour procéder à la recette des vivres et pour visiter ces denrées pendant le cours de la campagne.

Mode de procéder lors des retranchements de vivres.

688.—1° Si, par une circonstance quelconque, il devient nécessaire de retrancher une partie de la ration, il reçoit de l'officier d'administration une copie de l'ordre donné par le capitaine pour effectuer ces retranchements, et ultérieurement une expédition du procès-verbal constatant la durée du retranchement, et indiquant l'espèce et la quantité des denrées dont la distribution a été suspendue.

2° Il présente ces pièces à l'appui de ses comptes.

États à remettre à l'officier en second et au chirurgien-major.

689.—1° Il se tient toujours en mesure de remettre, lorsqu'il en est requis, à l'officier en second et à l'officier d'administration, un état (modèle n° 10), de la situation en quantité des vivres de toute nature existant à bord.

2° Il remet tous les quinze jours au chirurgien-major un état (même modèle n° 10), des rafraîchissements existant à bord.

Au désarmement, il surveille le débarquement de son matériel.

690.—Pendant le désarmement, le commis aux vivres surveille avec le plus grand soin le débarquement des denrées et ustensiles dépendant de son service.

Il ne peut s'absenter du port qu'après la reddition de ses comptes.

691.—Le commis aux vivres ne peut s'absenter du port de désarmement qu'après la reddition définitive de ses comptes, ou sur l'ordre du préfet maritime.

En outre des dispositions ci-dessus, il se conforme aux règlements concernant son service.

692.— Indépendamment des dispositions prescrites au présent chapitre, il se conforme, dans l'exercice de ses fonctions, aux règlements et instructions sur le service des commis aux vivres embarqués.

CHAPITRE II.

DU MAGASINIER.

Sa position hiérarchique.

693.—1° Le magasinier est soumis à la police, à

la discipline et à toutes les règles de services établies à bord.

2° Hors les cas prévus par l'article 216, il n'est
assujetti à d'autre service qu'à celui pour lequel il
est spécialement embarqué.

3° Il est, quant à ses opérations administratives et
à sa comptabilité, sous la surveillance spéciale de
l'officier d'administration du bâtiment.

4° Il a autorité sur les gardiens que le capitaine a
désignés pour le seconder.

5° Il surveille l'entretien de la propreté de son
magasin.

6° Lorsqu'il s'absente de son magasin, il exige
qu'un des gardiens qui lui sont adjoints y soit constamment présent.

7° Pendant le combat, il est, selon les ordres
qu'il reçoit, employé au passage des poudres ou au
poste des blessés.

En cas de mauvais traitements, il porte ses plaintes à l'officier
en second.

694. — Si le magasinier a lieu de se plaindre de
mauvais traitements ou d'insultes de la part de
quelques personnes de l'équipage, il en rend compte
à l'officier en second.

Il est chargé des objets déposés dans son magasin et dans
ses soutes.

695. — 1° Le magasinier a la garde, la conservation
et la distribution des approvisionnements et des
objets de rechange qui sont mis à sa charge en con-
formité du règlement d'armement.

2° Il tient le magasin général et les soutes qui
lui sont affectées dans l'ordre le plus propre à faci-
liter la délivrance et le recensement des objets confiés à sa garde.

Il fait connaître les objets qui n'ont pu être placés dans ses magasins.

696. — Il fait connaître à l'officier en second, ainsi qu'à l'officier d'administration, les objets qui, n'ayant pu être placés dans le magasin et dans les soutes qui lui sont affectées, doivent être mis immédiatement à la charge des maîtres.

Il ne fait habituellement de délivrance que sur un bon de consommation.

697. — 1° Le magasinier ne fait habituellement aucune délivrance que sur un bon dressé par le maître qui doit faire emploi de l'objet demandé, et visé par l'officier en second.

2° Toutefois, en cas d'urgence, il peut effectuer une délivrance sur l'ordre verbal du capitaine, de l'officier en second, d'un officier de service, ou même d'un maître chargé. Mais alors il doit faire régulariser la délivrance dans le plus bref délai, et il en rend compte à l'officier d'administration.

Détérioration des objets confiés à sa garde.

698. — S'il a connaissance de quelque cause de détérioration pour les objets confiés à sa garde, ou s'il s'aperçoit d'un commencement d'altération dans ces objets, il en prévient sur-le-champ l'officier d'administration et l'officier en second.

Au désarmement il surveille la remise du matériel.

699. — Pendant le désarmement, le magasinier surveille la remise dans les magasins du port, des objets qui se trouvent encore à sa charge.

Il ne peut s'absenter du port qu'après la reddition de ses comptes.

700. — Le magasinier ne peut s'absenter du port

de désarmement qu'après la reddition définitive de ses comptes, ou sur l'ordre du préfet maritime.

En outre des prescriptions ci-dessus, il se conforme aux règlements touchant son service.

701. — Indépendamment des dispositions prescrites au présent chapitre, il se conforme, dans l'exercice de ses fonctions, aux règlements et instructions sur le service des magasiniers.

TITRE XVI.

Des logements.

Ordre dans lequel les officiers sont logés.

702. — 1° Les officiers des différents corps de la marine sont, à bord des bâtiments sur lesquels ils sont embarqués, logés dans l'ordre suivant :

1° L'officier général ou supérieur commandant l'armée, l'escadre ou la division ;

2° Le chef d'état-major, s'il est officier général ;

3° Le capitaine du bâtiment ;

4° Le chef d'état-major, s'il est capitaine de vaisseau ;

5° L'officier d'administration chef de service (du grade assimilé à celui de capitaine de vaisseau) ;

6° L'officier du génie chef de service. . . . .

7° L'officier de santé chef de service. . . . .

} du grade assimilé à celui de capitaine de vaisseau suivant la date de leur brevet ;

8° Le chef d'état-major, s'il est capitaine de frégate ;

9° L'officier en second, s'il est capitaine de frégate;

10° L'officier supérieur d'administration chef de service;

11° L'officier supérieur du génie chef de service. . . . .⎫ suivant leur grade et la date de leur brevet;

12° L'officier supérieur de santé chef de service. . . . . . .⎭

13° Les officiers supérieurs aides de camp;

14° Le chef d'état-major du grade de lieutenant de vaisseau;

15° L'officier en second, du grade de lieutenant de vaisseau;

16° L'officier d'administration du grade de sous-commissaire pourvu d'une commission ministérielle de sous-commissaire de division;

17° Les officiers de vaisseau chefs de quart, dans les conditions réglementaires;

18° Les lieutenants de vaisseau aides de camp. . . . .⎫ suivant la date de leurs brevets;

19° Le sixième lieutenant de vaisseau à bord des vaisseaux de 1er et de 2e rang. . . . .⎭

20° L'officier d'administration du bâtiment;

21° Le chirurgien-major du bâtiment;

22° Le sous-ingénieur de 1re ou de 2e classe;

23° Le secrétaire du commandant en chef;

24° Les enseignes de vaisseau aides de camp. . . . .⎫ suivant la date de leurs brevets;

25° Les enseignes de vaisseau non chefs de quart, au nombre réglementaire;⎭

26° Les chirurgiens de 2e classe en sous-ordre, au nombre réglementaire;

2° Les lieutenants et enseignes de vaisseau en supplément sont logés après tous les officiers des différents corps de la marine embarqués au nombre réglementaire. Ils concourent entre eux selon leur grade et la date de leurs brevets.

3º L'aumônier occupe toujours la chambre la plus en avant à bâbord dans le faux-pont.

Cas où il n'y a point d'officier général embarqué.

703.—1º Si le bâtiment ne porte pas d'officier général, le capitaine dispose des logements destinés à cet officier.

2º Les autres logements sont répartis entre les officiers du bâtiment d'après leur grade et leur ancienneté, en suivant l'ordre établi par l'article précédent.

3º Toutefois, à bord des vaisseaux à trois ponts, les logements destinés à l'officier général et à l'état-major général restent réservés, à l'exception de la salle à manger et de l'office dont le capitaine fait usage.

Cas où des logements se trouvent supprimés.

704.—1º Si, par des cas de force majeure, un ou plusieurs logements réglementaires se trouvent supprimés, les officiers auxquels ces logements auraient dû appartenir prennent ceux des officiers du rang immédiatement inférieur au leur, et ce même mouvement s'opère successivement jusqu'au dernier rang de l'ordre hiérarchique établi par l'article 702 du présent décret.

2º Un mouvement analogue aurait lieu en sens contraire si un ou plusieurs officiers qui ont droit aux premiers logements n'étaient pas embarqués; dans ce cas, les autres officiers jouiraient des logements devenus vacants, sauf le cas prévu par le 3e paragraphe de l'article précédent.

3º Si, pendant la campagne, il survient quelques mutations dans l'état-major, elles ne donnent lieu à aucun changement dans la destination des logements, à moins que les officiers qui seraient dans le cas de réclamer des logements autres que ceux qui sont va-

...ants ne soient autorisés par le capitaine à opérer ces changements.

Logements des aspirants, commis et écrivains de marine, et des chirurgiens de 3ᵉ classe.

705.—A bord des vaisseaux, les aspirants, les commis de marine, les chirurgiens de 3ᵉ classe et les écrivains de marine occupent la sainte-barbe, mais ils couchent dans le faux-pont. A bord de tout autre bâtiment, ils sont logés dans un poste commun pratiqué en avant des logements des officiers.

Logement des maîtres.

706.—1° Les maîtres chargés, le commis aux vivres et le magasinier sont logés sur l'avant du bâtiment dans l'ordre suivant :

    1° Le maître de manœuvre,
    2° Le maître canonnier,
    3° Le capitaine d'armes,
    4° Le maître de timonerie,
    5° Le maître mécanicien,
    6° Le commis aux vivres,
    7° Le maître charpentier,
    8° Le maître voilier,
    9° Le maître calfat,
    10° Le pilote côtier,
    11° Le maître armurier,
    12° Le maître forgeron.

2° Le magasinier est logé dans son magasin.

3° Dans tous les cas, le commis aux vivres occupe une des chambres de l'avant du faux-pont.

4° A bord des bâtiments à vapeur où il est établi, dans le voisinage de la machine, des chambres réglementaires pour les mécaniciens, ces officiers mariniers occupent ces chambres suivant leur grade et leur ancienneté.

5° Les maîtres chargés qui n'ont pas de chambre,

couchent dans le poste des maîtres et dans l'intervalle compris entre les chambres de l'avant.

6° Dans le cas où un second maître remplit éventuellement les fonctions de maître chargé, il a droit au logement de l'officier marinier qu'il remplace.

Poste de couchage des seconds maîtres.

707. — Les postes de couchage des seconds maîtres de toutes classes et de toutes professions sont établis sur l'arrière des logements attribués aux personnes désignées par l'article précédent.

Poste de couchage de l'équipage.

708. — L'équipage est logé à bord des vaisseaux dans les batteries, et à bord des autres bâtiments dans l'entre-pont et les batteries, dans les parties qui ne sont pas occupées par les logements désignés aux articles qui précèdent.

Poste de couchage des mousses.

709. — Le poste de couchage des mousses est dans le voisinage de la cloison de la grande chambre des vaisseaux ; à bord des bâtiments qui n'ont qu'une batterie, il est sur l'arrière de cette batterie à tribord ; à bord des bâtiments à batterie barbette, dans la partie arrière de l'entre-pont.

TITRE XVII.

Des honneurs et des visites.

CHAPITRE Ier.

DES HONNEURS A RENDRE AU PAVILLON NATIONAL.

Honneurs à rendre au pavillon français.

710. — 1° Lorsque, aux heures prescrites, on arbore ou on rentre le pavillon de poupe, la garde, rangée en haie, fait face à l'arrière du bâtiment et présente les armes, les tambours battent aux drapeaux, les factionnaires déchargent leurs armes.

2° Lorsqu'on arbore ou rentre le pavillon, les personnes, qui sont sur le pont s'arrêtent, font face à l'arrière et se découvrent.

3° Le mouvement de hisser ou de haler bas le pavillon s'exécute lentement.

CHAPITRE II.

DES HONNEURS A RENDRE AU PRÉSIDENT DE LA RÉPUBLIQUE.

Honneurs à rendre au Président de la République.

711 (1). — 1° Lorsque le Président de la République

(1) Cet article a été rapporté par un décret du 4 septembre 1852 statuant que les honneurs à rendre au chef de l'Etat par les bâtiments de la flotte, seront ceux qui sont déterminés par l'art. 673 de l'ordonnance du 31 octobre 1827. Ce décret porte aussi que le Prince Président sera salué des cris de : *Vive Louis Napoléon*. Nous croyons devoir reproduire ici le texte de l'art. 673 de l'ordonnance de 1827.

Art 673. — « Lorsque le Roi arrivera en rade, les bâtiments de guerre qui seront au mouillage seront pavoisés, et ils feront trois salves de toute leur artillerie, aussitôt que le pavillon royal sera aperçu.

« Au moment où le Roi passera près d'un bâtiment de guerre, une partie de l'équipage sera rangée debout sur les vergues et saluera Sa Majesté de sept cris de : *Vive le Roi*. La garde présentera les armes, et les tambours battront aux champs.

« Si le Roi monte à bord du vaisseau commandant, l'officier général et le capitaine de vaisseau attendront Sa Majesté au pied de l'escalier de commandement et l'accompagneront jusqu'au moment de son départ. Tous les officiers et les élèves du vaisseau se tiendront sur le passavant, du côté de l'escalier et salueront de l'épée.

« L'équipage du vaisseau sera rangé en bataille sur le passavant, du côté opposé de l'escalier.

« Dès que Sa Majesté sera montée à bord, le pavillon royal sera arboré à la tête du grand mât, à la poupe et sur le beaupré. Il sera salué par l'équipage de sept cris de : *Vive le Roi*, et les autres bâtiments le salueront du même nombre d'acclamations.

« Une compagnie d'élèves de la marine gardes du pavillon, fera le service auprès de Sa Majesté (*).

« Lorsque le Roi quittera le vaisseau, les mêmes honneurs lui seront rendus. L'officier général et le capitaine accompagneront Sa Majesté jusqu'au pied de l'escalier de commandement.

« Si le Roi monte sur un autre vaisseau, les mêmes honneurs seront rendus à Sa Majesté à bord de ce vaisseau.

« Chacun des bâtiments à bord desquels le Roi se sera transporté fera un salut de toute son artillerie, lorsque Sa Majesté aura quitté le bord et que le canot royal se trouvera au moins à trois cents mètres de distance.

(*) La compagnie des gardes du pavillon a été supprimée.

arrive en rade, les bâtiments de guerre au mouillage sont pavoisés ; ils font une salve de vingt et un coups de canon aussitôt que son pavillon est aperçu.

2° Au même instant, une partie des équipages est rangée debout sur les vergues ; à mesure qu'il passe à portée de chaque bâtiment, les hommes le saluent de sept cris de *Vive le Président !* La garde présente les armes et les tambours battent aux champs.

3° Si le Président monte à bord du bâtiment commandant, l'officier général et le capitaine l'attendent au pied de l'escalier extérieur et l'accompagnent jusqu'au moment de son départ. Tous les officiers et les aspirants du bâtiment se tiennent près de cet escalier, et saluent de leur arme.

4° L'équipage est rangé, chapeau bas, sur le pont.

5° Dès que le Président monte à bord de ce bâtiment, son pavillon est arboré à la tête du grand mât. Il est salué par une partie de l'équipage rangée sur les vergues, de sept cris de *Vive le Président !* et les autres bâtiments le saluent en même temps du même nombre d'acclamations.

6° Lorsque le Président quitte ce bâtiment, les mêmes honneurs lui sont rendus. L'officier général et le capitaine l'accompagnent jusqu'au pied de l'escalier extérieur, et le bâtiment fait un salut de vingt et un coups de canon lorsqu'il a quitté le bord.

7° Si le Président monte sur un autre bâtiment, les mêmes honneurs lui sont rendus. Il est salué par ce bâtiment seul de sept cris de *Vive le Président !*

8° Quand le Président rentre dans le port, tous les bâtiments de guerre qui sont au mouillage font la même salve qu'à son arrivée en rade.

9° Dans aucun cas, le bâtiment ou l'embarcation qui porte le Président ne rend les saluts.

« Quand le Roi rentrera dans le port, tous les bâtiments de guerre qui seront au mouillage feront le même nombre de salves qu'à l'arrivée de Sa Majesté en rade.

« Dans aucun cas, le bâtiment ou l'embarcation qui portera le Roi ne rendra les saluts qui lui auront été faits »

CHAPITRE III.

DES HONNEURS A RENDRE AUX MINISTRES.

Honneurs à rendre aux ministres.

712. — 1° Lorsqu'un ministre arrive en rade, il est salué de dix-huit coups de canon par le bâtiment commandant.

2° Si le ministre monte à bord d'un bâtiment, il est reçu en haut de l'escalier extérieur par l'officier général commandant, par le capitaine et par l'officier en second ; les autres officiers et les aspirants sont rangés près de cet escalier.

3° La garde porte les armes et le tambour bat aux champs.

4° En outre, le pavillon carré national est arboré au grand mât de chaque bâtiment, à bord duquel monte le ministre de la marine.

CHAPITRE IV.

DES HONNEURS A RENDRE AUX OFFICIERS DE LA MARINE.

SECTION Ire.

DES HONNEURS A RENDRE AUX AMIRAUX ET AUX OFFICIERS GÉNÉRAUX DE LA MARINE.

Honneurs à rendre à un amiral pourvu d'un commandement.

713. — 1° Lorsqu'un amiral pourvu d'un commandement arrive en rade pour la première fois, il est salué de dix-sept coups de canon par le bâtiment commandant.

2° Il est reçu à bord du bâtiment qu'il doit monter, en haut de l'escalier extérieur, par l'officier général commandant et par tous les capitaines de l'armée. Les officiers et les aspirants du bâtiment se tiennent près de cet escalier. L'équipage est rangé sur le pont

3° La garde en haie, porte les armes et les tambours battent aux champs.

4° Au moment où il fait hisser pour la première fois son pavillon de commandement, ce pavillon est salué de dix-sept coups de canon par le bâtiment qu'il monte et de cinq cris de *Vive la République !* par une partie de l'équipage rangée sur les vergues à bord de tous les bâtiments de la rade.

5° Lorsque l'amiral quitte son commandement, il reçoit, au moment de son départ, les mêmes honneurs qu'à son arrivée.

6° Les mêmes honneurs lui sont également rendus lorsqu'il visite un bâtiment pour la première fois. Il est reçu en haut de l'escalier extérieur par l'officier général, s'il y en a un, le capitaine, l'officier en second, les officiers et les aspirants du bâtiment. Le salut à coups de canon a lieu quand il quitte le bâtiment ; les cris de *Vive la République !* ont lieu quand il monte à bord et quand il quitte le bâtiment.

7° Hors des ports de France, le salut est de dix-neuf coups de canon.

Honneurs à rendre à un amiral non pourvu d'un commandement.

714. — 1° Lorsqu'un amiral non pourvu d'un commandement visite un bâtiment, il est salué à son départ de quinze coups de canon.

2° Il est reçu à bord de ce bâtiment en haut de l'escalier de commandement par l'officier général, par le capitaine et par l'officier en second. Les officiers et les aspirants du bâtiment se tiennent près de cet escalier.

3° La garde, en haie, porte les armes et les tambours battent aux champs.

4° Hors des ports de France, le salut est de dix-sept coups de canon.

Honneurs à rendre à un vice-amiral pourvu d'une commission de commandement d'amiral.

715. — 1° Lorsqu'un vice-amiral pourvu d'une com-

mission de commandement d'amiral arrive en rade pour la première fois, il est salué de quinze coups de canon par le bâtiment commandant.

2° Lorsque ce vice-amiral hisse pour la première fois son pavillon de commandement, ce pavillon est salué de quinze coups de canon par le bâtiment qu'il monte, et de quatre cris de *Vive la République !* par une partie des équipages rangée sur les vergues à bord de tous les bâtiments.

3° Il est reçu à bord de son bâtiment, en haut de l'escalier extérieur, par les officiers généraux et les capitaines de la force navale qu'il commande. Les officiers et les aspirants du bâtiment se tiennent près de cet escalier. L'équipage est rangé sur le pont.

4° La garde, en haie, porte les armes et les tambours battent aux champs.

5° Lorsqu'il quitte son commandement, il reçoit au moment de son départ, les mêmes honneurs qu'à son arrivée.

6° Les mêmes honneurs lui sont également rendus lorsqu'il visite un bâtiment pour la première fois. Il est reçu au haut de l'escalier extérieur par l'officier général, s'il y en a un, le capitaine, l'officier en second, les officiers et les aspirants. Le salut à coups de canon a lieu quand il quitte le bâtiment ; les acclamations ont lieu quand il monte à bord et à son départ.

7° Hors des ports de France, le salut est toujours de dix-sept coups de canon.

Honneurs à rendre aux vice-amiraux.

716. — 1° Lorsqu'un vice-amiral commandant en chef arbore pour la première fois son pavillon, ce pavillon est salué de onze coups de canon par le bâtiment qui le porte, et de trois cris de *Vive la République !* par une partie des équipages rangée sur les vergues à bord de tous les bâtiments de la rade.

2° Ce vice-amiral est reçu pour la première fois à bord du bâtiment qui porte son pavillon, en haut de l'escalier extérieur, par les officiers généraux et capitaines de la force navale sous ses ordres. Les officiers et aspirants se tiennent près de cet escalier. L'équipage est rangé sur le pont.

3° La garde, en haie, porte les armes et le tambour rappelle.

4° Lorsqu'il visite officiellement pour la première fois un des bâtiments faisant partie de la force navale qu'il commande, il reçoit les mêmes honneurs qu'à bord de son bâtiment. Il est reçu en haut de l'escalier extérieur par l'officier général, s'il y en a un, accompagné de son état-major général, par le capitaine, l'officier en second, les officiers et les aspirants. Le salut à coups de canon a lieu quand il quitte le bâtiment ; les acclamations quand il monte à bord et à son départ. Sa marque distinctive flotte en tête de mât pendant toute la durée de son séjour à bord, et toute autre marque distinctive est alors amenée à bord de ce bâtiment.

5° Le vice-amiral employé en sous-ordre est salué, au moment où il arbore son pavillon, de neuf coups de canon par le bâtiment qui porte ce pavillon, et sur tous les bâtiments de la rade de trois cris de *Vive la République !* par une partie des équipages rangée sur les vergues.

6° Lorsqu'il monte à bord, la garde, en haie, porte les armes et le tambour rappelle. Il est reçu en haut de l'escalier extérieur par le capitaine, l'officier en second, les officiers et les aspirants. L'équipage est rangé sur le pont.

7° Lorsqu'un vice-amiral employé en sous-ordre, visite officiellement pour la première fois un bâtiment faisant partie de la force navale dans laquelle il sert, il est reçu en haut de l'escalier extérieur par l'officier général, s'il y en a un, par le capitaine, l'officier en second, les officiers et les aspirants. L'équipage est rangé sur le pont. Il est salué de neuf coups de canon quand il quitte le bâtiment, et de trois cris de *Vive la République!* par une partie de l'équipage rangée sur les vergues, lorsqu'il monte à bord et à son départ. Sa marque distinctive flotte en tête de mât pendant la durée de son séjour à bord. Toute autre marque distinctive inférieure est amenée pendant le même temps. La garde, en haie, porte les armes et le tambour rappelle.

8° Lorsqu'un vice-amiral quitte son commandement ou cesse d'être employé dans une force navale, il reçoit à son départ les mêmes honneurs qu'à son arrivée.

9° Hors des ports de France, le nombre de coups de canon prescrit par le présent article est augmenté de quatre.

Honneurs à rendre aux contre-amiraux.

717. — 1° Le contre-amiral commandant en chef reçoit, lorsqu'il arbore son pavillon pour la première fois, ou lorsqu'il visite officiellement pour la première fois un des bâtiments faisant partie de son escadre ou de sa division, les mêmes honneurs que le vice-amiral commandant en chef dans les mêmes circonstances. Toutefois, il n'est tiré que neuf coups de canon, et les hommes sur les vergues ne le saluent que de deux cris de *Vive la République!*

2° Le contre-amiral employé en sous-ordre reçoit lorsqu'il arbore son pavillon pour la première fois, ou lorsqu'il visite officiellement pour la première fois un des bâtiments faisant partie de la force navale dans laquelle il sert, les mêmes honneurs que le vice-amiral employé en sous-ordre dans les mêmes circonstances ; mais le salut n'est que de sept coups de canon, et les acclamations ne sont qu'au nombre de deux. Le tambour ne bat qu'un rappel de trois coups de baguette.

3° Lorsqu'un contre-amiral quitte son commandement ou cesse d'être employé dans une force navale, il reçoit à son départ les mêmes honneurs qu'à son arrivée.

4° Hors des ports de France, le nombre de coups

de canon prescrit par le présent article est augmenté
de quatre.

Honneurs à rendre aux chefs de division.

718.—1° Le chef de division commandant en chef
reçoit, lorsqu'il arbore son guidon pour la première
fois ou lorsqu'il visite officiellement pour la première
fois un des bâtiments de la division qu'il commande,
les mêmes honneurs que le contre-amiral commandant en chef dans les mêmes circonstances. Toutefois
il n'est tiré que cinq coups de canon ; les hommes sur
les vergues ne le saluent que d'un cri de *Vive la
République !* et cette acclamation n'a lieu qu'à bord
des bâtiments de sa division. Le tambour est prêt à
battre.

2° Les mêmes honneurs sont rendus au chef de
division employé en sous-ordre ; mais il n'est tiré que
trois coups de canon.

3° Lorsqu'un chef de division amène définitivement
son guidon, il reçoit les mêmes honneurs que lorsqu'il
a pris le commandement.

4° Hors des ports de France, le nombre de coups
de canon prescrit par le présent article est augmenté
de quatre.

*Honneurs à rendre aux officiers généraux chefs d'état-major
généraux.*

719. — Les officiers généraux remplissant les fonctions de chef d'état-major général d'une armée navale
reçoivent à bord les honneurs attribués aux officiers
de leur grade employés en sous-ordre.

Honneurs à rendre aux officiers des états-majors généraux.

720. — Les officiers supérieurs et autres faisant
partie, en chef ou en sous-ordre, des états-majors
généraux embarqués, reçoivent les honneurs attribués aux officiers de leur grade commandant un bâtiment.

Honneurs à rendre aux officiers généraux qui passent près du bord.

721. — Lorsqu'un officier général portant son pavillon sur l'avant de son canot passe près d'un bâtiment de l'État, la garde prend les armes et le tambour bat aux champs ou rappelle, conformément à ce qui est prescrit pour les honneurs attribués à son grade.

SECTION II.

DES HONNEURS A RENDRE AUX OFFICIERS SUPÉRIEURS ET AUTRES OFFICIERS DE VAISSEAU.

Honneurs à rendre au capitaine de vaisseau commandant.

722. — 1° Le capitaine de vaisseau commandant est reçu à son bord, en haut de l'escalier extérieur, par l'officier en second et par les officiers et les aspirants de quart ; la garde est formée en haie, l'arme au pied ; le tambour est prêt à battre.

2° Les mêmes honneurs lui sont rendus par la garde à bord des autres bâtiments qu'il visite.

3° Il y est reçu par le capitaine et par les officiers de quart.

Honneurs à rendre au capitaine de frégate commandant.

723. — 1° Le capitaine de frégate commandant est reçu à son bord, en haut de l'escalier extérieur, par l'officier en second et par les officiers et aspirants de quart ; la garde ne s'assemble pas.

2° A bord des bâtiments qu'il visite, il est reçu à l'escalier extérieur par les officiers de quart et par le capitaine du bâtiment. L'officier en second remplace le capitaine si celui-ci est capitaine de vaisseau.

Honneurs à rendre au lieutenant de vaisseau commandant.

724. — 1° Les lieutenants de vaisseau commandants sont reçus à leur bord par l'officier en second et par les officiers et aspirants de quart.

2° A bord des autres bâtiments, ils sont reçus à l'escalier extérieur par le capitaine du bâtiment, s'il n'est pas officier supérieur, et par l'officier chef de quart.

Honneurs à rendre aux officiers non commandant.

725. — 1° Les officiers supérieurs et autres officiers non commandant, ou qui ne sont pas attachés à un état-major général, reçoivent les honneurs attribués aux officiers commandants du grade immédiatement inférieur au leur.

2° Les enseignes de vaisseau sont reçus à bord par l'officier de quart le moins élevé en grade.

SECTION III.

DES HONNEURS A RENDRE AUX OFFICIERS POURVUS DE TITRES TEMPORAIRES.

Honneurs à rendre aux gouverneurs et commandants des colonies.

726. — Lorsque les honneurs attribués aux gouverneurs et commandants des colonies n'ont pas été déterminés par des dispositions spéciales, ces gouverneurs ou commandants reçoivent à bord, dans l'étendue de leur commandement, les honneurs attribués au grade immédiatement supérieur à celui dont ils sont pourvus ou auquel ils sont assimilés (1).

(1) Circulaire du ministre de la marine (21 juillet 1852) au sujet des honneurs à rendre au gouverneur général de l'Algérie.

Aux termes de l'art. 726 du décret du 15 août 1851 sur le service de la flotte, les gouverneurs de nos colonies ont droit aux honneurs attribués aux officiers du grade immédiatement supérieur à celui dont ils sont pourvus, c'est-à-dire qu'ils sont salués de dix-sept coups de canon si ce sont des vice-amiraux.

L'Algérie, par son importance, devant être assimilée au moins à une colonie française, j'ai décidé, conformément au décret précité, de faire rendre par la marine, au gouverneur général de nos possessions du nord de l'Afrique, des honneurs en rapport avec ses hautes fonctions.

En conséquence, j'ai adopté les dispositions suivantes :

« Lorsque le gouverneur général de l'Algérie visitera un bâtiment de la flotte, il sera salué à son départ de dix-sept coups de canon.

« Il sera reçu à bord de ce bâtiment, en haut de l'escalier de commandement, par l'officier général, par le capitaine et par l'officier en second. Les officiers et aspirants se tiendront près de cet escalier.

« La garde en haie, portera les armes et les tambours battront au champ. »

Vous voudrez bien donner les ordres nécessaires pour l'exécution de cette décision.

Recevez, etc.   **Théodore Ducos.**

Des honneurs à rendre aux préfets maritimes.

727.—Les préfets maritimes reçoivent à bord des bâtiments en rade les honneurs attribués aux vice-amiraux commandants en chef.

Des honneurs à rendre aux officiers généraux inspecteurs généraux, et à ceux annoncés par le ministre de la marine.

728.—1° Les officiers généraux de la marine inspecteurs généraux reçoivent à bord des bâtiments en rade les honneurs attribués aux officiers généraux de leur grade commandants en chef, lorsque ces derniers se rendent officiellement pour la première fois à bord d'un bâtiment placé sous leurs ordres.

2° Les officiers généraux de la marine non pourvus d'un commandement à la mer, ni chargés d'une inspection générale, mais annoncés officiellement par le ministre de la marine, reçoivent en rade les honneurs attribués aux officiers généraux de leur grade employés en sous-ordre, lorsque ces derniers se rendent officiellement pour la première fois à bord d'un bâtiment faisant partie de la force navale à laquelle ils appartiennent.

Honneurs à rendre aux majors généraux des ports.

729.—1° Les majors généraux des ports reçoivent à bord des bâtiments en rade les honneurs attribués aux contre-amiraux employés en sous-ordre.

2° Les officiers supérieurs et autres faisant partie des états-majors généraux des ports reçoivent les honneurs attribués aux officiers de leur grade.

CHAPITRE V.

DES HONNEURS A RENDRE AUX OFFICIERS DES DIFFÉRENTS CORPS DE LA MARINE AUTRES QUE CELUI DES OFFICIERS DE VAISSEAU.

Honneurs à rendre aux inspecteurs généraux des différents corps de la marine.

730. — Les inspecteurs généraux des corps de la

marine, autres que celui des officiers de vaisseau, reçoivent à bord des bâtiments en rade les honneurs attribués aux officiers du grade auquel ils sont assimilés, lorsque ces officiers sont employés en sous-ordre.

Honneurs à rendre aux officiers de ces corps.

731. — Les officiers des corps de la marine, autres que celui des officiers de vaisseau, reçoivent à bord des bâtiments de l'Etat les honneurs attribués aux officiers du grade correspondant du corps de la marine, non commandant.

CHAPITRE VI.

DES HONNEURS A RENDRE AUX PERSONNES QUI N'APPARTIENNENT PAS A LA MARINE.

Honneurs à rendre aux maréchaux de France.

732.—1° Les maréchaux de France pourvus de lettres de service relatives à la marine reçoivent les honneurs attribués aux amiraux pourvus de commandement.

2° Ils reçoivent les mêmes honneurs à bord des bâtiments qu'ils visitent sur les rades comprises dans l'étendue de leur commandement, lorsque, sans avoir de lettres de service relatives à la marine, ils ont été annoncés officiellement par le ministre de la marine. Ils sont alors salués de quinze coups de canon.

3° Dans les rades situées hors des limites de leur commandement, les maréchaux de France non pourvus de lettres de service du département de la marine ou de celui de la guerre, mais annoncés officiellement par le ministre de la marine, reçoivent les honneurs attribués aux vice-amiraux pourvus d'une commission de commandement d'amiral.

Des honneurs à rendre aux officiers généraux de l'armée de terre.

733. — 1° Les généraux de division pourvus du

titre de commandant en chef reçoivent, dans l'étendue de leur commandement, les honneurs attribués aux vice-amiraux commandant en chef.

2° Dans les mêmes conditions, les autres officiers généraux de l'armée de terre sont salués à bord des bâtiments en rade comme les officiers généraux de l'armée de mer employés en sous-ordre, selon la correspondance de leur grade.

Des honneurs à rendre aux agents diplomatiques et consulaires.

734.—1° Dans les ports étrangers, lorsque les personnes désignées ci-après se transportent à bord des bâtiments de l'Etat, elles reçoivent les honneurs suivants :

Un ambassadeur de France est salué de dix-sept coups de canon; il est reçu en haut de l'escalier extérieur par le commandant en chef; la garde porte les armes et le tambour bat aux champs.

Les envoyés extraordinaires et ministres plénipotentiaires de France sont salués de treize coups de canon; ils sont reçus en haut de l'escalier par le commandant en chef; la garde porte les armes et le tambour rappelle.

Les ministres résidents de France sont salués de onze coups de canon; ils sont reçus en haut de l'escalier par le commandant en chef; la garde porte les armes et le tambour rappelle.

Les chargés d'affaires de France sont salués de neuf coups de canon; ils sont reçus en haut de l'escalier par le capitaine du bâtiment; la garde porte les armes et le tambour fait un rappel de trois coups de baguettes.

Les consuls généraux de France sont salués de neuf coups de canon; ils sont reçus en haut de l'escalier par le capitaine du bâtiment; la garde a l'arme au pied et le tambour est prêt à battre.

Les consuls de France sont salués de sept coups

de canon ; ils sont reçus sur le gaillard d'arrière par le capitaine du bâtiment ; la garde est formée en haie, et sans armes.

Les vice-consuls et agents consulaires de France nommés directement par le département des affaires étrangères sont salués de cinq coups de canon ; ils sont reçus sur le gaillard d'arrière par l'officier en second du bâtiment ; la garde ne s'assemble pas.

Les vice-consuls et agents consulaires de France nommés par les agents diplomatiques, par les consuls généraux et par les consuls peuvent être également salués de cinq coups de canon ; ils sont reçus sur le gaillard d'arrière par l'officier en second du bâtiment ; la garde ne s'assemble pas.

2° Toutefois, les officiers commandant les bâtiments de l'Etat se conforment, quant au nombre de coups de canon, aux usages des pays où ils se trouvent pour les saluts à faire aux agents diplomatiques et consulaires de France.

3° Le ministre de la marine, de concert avec le ministre des affaires étrangères, peut, à raison des circonstances, déterminer les honneurs extraordinaires à rendre aux agents diplomatiques français.

Cas où les honneurs sont rendus à des agents diplomatiques
ou consulaires.

735.—1° Ces honneurs sont rendus aux agents diplomatiques et consulaires désignés dans l'article précédent, lorsqu'ils font une visite officielle à bord des bâtiments de l'Etat, lorsqu'ils s'embarquent pour revenir en France, lorsqu'ils quittent le bâtiment qui les a conduits à leur destination en pays étranger, et lorsqu'il n'y a pas sur les lieux un agent d'un rang supérieur dans le même service public.

2° Il ne leur est rendu aucun des honneurs mentionnés en l'article précédent au port de leur embarquement ou de leur débarquement en France, et en aucun cas lorsqu'ils ne sont pas en uniforme.

CHAPITRE VII.

DES SALUTS.

Les saluts ne peuvent excéder 24 coups.

736. — Aucun salut ne peut être de plus de vingt et un coups de canon.

Les marques distinctives supérieures sont saluées par les inférieures. — Tarif des saluts.

737. — 1° En cas de rencontre à la mer ou sur une rade française ou étrangère, les saluts dus aux officiers généraux et chefs de division par les officiers commandants qui leur sont inférieurs de grade ou d'ancienneté sont réglés ainsi qu'il est prescrit aux articles 713, 714, 715, 716, 717 et 718 du présent décret, et conformément au tableau suivant :

Saluts aux marques distinctives des officiers de la marine.

	NOMBRE DE COUPS de canon	
GRADES ET FONCTIONS.	en France.	hors des ports de France.
Amiral pourvu d'un commandement en chef.	17.	19
Amiral non pourvu d'un commandement, mais annoncé officiellement par le ministre.	15	17
Vice-amiral pourvu d'une commission de commandement d'amiral.	15	17

GRADES ET FONCTIONS.	NOMBRE DE COUPS de canon	
	en France.	hors des ports de France.
Vice-amiral commandant en chef. . . .	11	15
Vice-amiral employé en sous-ordre. . .	9	13
Contre-amiral commandant en chef. . .	9	13
Contre-amiral employé en sous-ordre.	7	11
Chef de division commandant en chef. .	5	9
Chef de division employé en sous-ordre.	3	7

2° Toutefois, en pays étranger, les officiers commandant les bâtiments de l'État se conforment, quant au nombre de coups de canon, aux usages des pays où ils se trouvent, pour les saluts à faire aux marques distinctives françaises.

Comment les saluts sont rendus.

738.—1° Le salut rendu à une marque distinctive française est égal au nombre de coups attribué par le tarif porté à l'article précédent, au grade et à la nature du commandement de l'officier général ou du chef de division qui a salué le premier.

2° Celui qui est rendu au capitaine d'un bâtiment de l'Etat est de quatre coups de canon.

3° Les capitaines des bâtiments de l'État ne se saluent point entre eux.

Salves et pavois lors des solennités françaises ou étrangères.

739.—1° Lors des fêtes et solennités nationales

des puissances alliées ou amies de la France, les bâtiments français participent à ces fêtes et solennités par des salves et pavoisements, lorsqu'il leur en a été préalablement donné avis officiel.

2° Lorsque, en pays étranger, il y a lieu de célébrer des fêtes et solennités nationales françaises, le commandant supérieur français s'entend avec l'agent diplomatique ou consulaire de France pour informer l'autorité locale de son intention de célébrer ces solennités. Il en fait avertir directement la veille le commandant supérieur de la rade où il se trouve, et, s'il le juge convenable, les commandants supérieurs des forces navales étrangères qui sont au même mouillage.

3° Lorsque les commandants étrangers s'associent par des salves et pavoisements à ces fêtes ou solennités, le commandant supérieur français envoie un officier leur adresser des remerciements.

4° Dans tous les cas, le commandant supérieur se conforme, autant que possible, pour ces cérémonies, aux usages reçus dans le pays où il se trouve, ou dans le pays dont une solennité est célébrée.

5° Dans tout pavoisement, la flamme nationale, ou la marque distinctive, reste arborée.

Honneurs à rendre aux souverains étrangers.

740. — Les souverains étrangers reçoivent les honneurs attribués au Président de la République.

Saluts aux commandants en chef et agents étrangers.

741. — 1° A la mer et en pays étranger, tout officier commandant un ou plusieurs bâtiments de l'État peut saluer la marque distinctive des commandants en chef des bâtiments étrangers ; il se conforme pour ces saluts aux usages suivis dans la marine militaire à laquelle appartiennent ces bâtiments étrangers ; il s'assure préalablement de la réciprocité.

2° Cet officier peut également saluer les agents supérieurs des puissances étrangères qui viennent à son bord ; il règle ces saluts selon le rang de ces agents, et en se conformant aux usages de leur pays.

Saluts à l'étranger.

742.—1° Les commandants en chef des bâtiments de l'Etat, en arrivant au mouillage en pays étranger, peuvent saluer la place, après s'être assurés que le salut sera rendu immédiatement et coup pour coup.

2° Ils peuvent saluer ensuite les bâtiments de la rade, s'il est d'usage de le faire dans le port où il se trouvent.

3° Dans le premier cas, les voiles sont serrées ; dans le second cas, une ou plusieurs voiles sont déferlées.

Saluts à rendre aux étrangers.

743.—1° Toutes les fois qu'un bâtiment français est salué par un bâtiment de guerre étranger, le salut est rendu coup pour coup, quels que soient les grades respectifs des officiers commandants, et soit qu'ils aient traité ou non du salut, pourvu toutefois que ce salut n'excède pas vingt et un coups de canon.

2° Si un bâtiment est salué par un navire de commerce étranger, il rend le salut par un nombre de coups de canon qu'il fixe suivant les circonstances, mais qui est toujours inférieur de deux coups au moins au salut qui a été tiré.

Les saluts personnels ne sont pas rendus habituellement.

744. — Les saluts personnels ne se rendent pas. Toutefois, on suit, à cet égard, les usages et les précédents des pays où on se trouve.

Mâts où se hissent les pavillons étrangers lors des saluts

745.—1° Lorsqu'il y a lieu de saluer une puissance étrangère, soit en arrivant dans un port, soit en partant d'un port sous sa domination, ou lorsqu'il y a lieu de fêter une solennité nationale d'une puissance étrangère, le bâtiment étant pavoisé ou non, le pavillon de cette puissance est hissé en tête du grand mât.

2° Lorsqu'il y a lieu de hisser un pavillon étranger pendant un salut personnel, ce pavillon est hissé au mât de misaine; toutefois, lorsqu'on rend un salut, ce pavillon est arboré au mât auquel le pavillon français a été hissé à bord du bâtiment qui a salué le premier.

3° Si une marque distinctive de commandement est arborée au grand mât ou au mât de misaine, les pavillons étrangers sont hissés au mât où ne flotte pas cette marque distinctive.

Les saluts ne peuvent être renouvelés qu'au bout d'un an.

746.—Les saluts aux marques distinctives françaises ne sont faits que lors d'une première visite ou lors d'une première rencontre en rade ou à la mer. Ils ne peuvent être renouvelés qu'après un intervalle d'un an ou lors d'une séparation définitive.

Le commandant supérieur seul salue. — On ne peut faire de salut sans son autorisation.

747.—1° En armée, en escadre ou en division, et dans toute rencontre, le commandant supérieur seul fait et rend les saluts, à moins qu'il n'en ordonne autrement.

2° Nul bâtiment ne peut faire ou rendre de salut, en présence d'un commandant supérieur, sans avoir demandé son autorisation.

Les bâtiments au-dessous de 10 canons ne saluent pas.

748.—1° Les bâtiments armés de moins de dix canons sont dispensés de faire des saluts.

2° Le capitaine ne doit s'écarter de cette règle qu'autant qu'il jugerait qu'il peut en résulter des inconvénients pour les relations établies, ou à établir, avec une puissance étrangère ou avec ses agents.

3° Dans ce cas, il rend compte à son chef direct.

Saluts à rendre à un bâtiment de commerce français.

749. — Lorsqu'un navire de commerce français a fait aux bâtiments de l'Etat un salut à coups de canon, ce salut lui est rendu, mais par un nombre de coups qui n'excède pas celui de trois.

CHAPITRE VIII.

DES VISITES.

Visites entre les agents diplomatiques et consulaires de France et les officiers de la marine.

750.—1° Les officiers généraux et les officiers commandants doivent la première visite aux ambassadeurs, aux envoyés extraordinaires et ministres plénipotentiaires, aux ministres résidents et aux chargés d'affaires dans le port de la puissance auprès de laquelle ces agents sont accrédités. Toutefois, les vice-amiraux commandants en chef attendent la visite des chargés d'affaires. Les contre-amiraux commandants en chef attendent la première visite des chargés d'affaires intérimaires dans les ports qui se trouvent dans la limite de leur commandement ou pour lesquels ils ont une mission; lorsqu'ils arrivent éventuellement en relâche dans le port de la résidence d'un chargé d'affaires intérimaire, les contre-amiraux commandants en chef doivent la première visite à cet agent.

2° Les officiers généraux et les chefs de division, commandants en chef, attendent la visite des consuls généraux et des consuls.

3° Cette visite est faite aux consuls généraux et consuls par tout officier commandant un bâtiment; si cet officier est capitaine de vaisseau, les officiers du consulat le reçoivent au débarcadère.

4° La visite officielle n'a lieu de part et d'autre qu'à la première arrivée des bâtiments dans la rade ou dans le port de la résidence des agents diplomatiques et consulaires.

5° Cette visite est rendue dans les vingt-quatre heures, toutes les fois que le temps le permet.

Visites à faire aux étrangers et à en recevoir.

751.—1° Toutes les fois qu'un bâtiment étranger arrive sur une rade française ou étrangère où se trouvent un ou plusieurs bâtiments français, le commandant supérieur des bâtiments français envoie un officier au capitaine du bâtiment arrivant pour le complimenter.

2° Ce commandant supérieur attend ensuite la visite du commandant arrivant, si ce dernier est du même grade ou d'un grade inférieur au sien; s'il est d'un grade supérieur, le commandant supérieur français va lui faire la première visite dès que le commandant qui arrive lui a envoyé un officier lui porter ses remercîments.

3° Si le bâtiment étranger arrivant porte une marque distinctive, le commandant supérieur français, si son bâtiment n'en porte pas, va faire la première visite sans attendre qu'un officier du bâtiment étranger soit venu à son bord.

4° Lorsque le capitaine d'un bâtiment français arrive à un mouillage faisant partie du territoire d'une

14.

puissance étrangère, il ne fait de visite au commandant supérieur des bâtiments de guerre de cette puissance qui se trouveraient au même mouillage, qu'autant qu'à son arrivée un officier lui aurait été envoyé pour le complimenter.

5° Il se conforme au même principe relativement aux commandants supérieurs des bâtiments d'autres puissances qui se trouveraient au même mouillage.

6° Néanmoins, il fait toujours la première visite au commandant supérieur de la place. Un officier général peut, dans cette circonstance, se faire représenter pour cette visite par son chef d'état-major, ou par un officier de l'état-major général, selon le grade de ce commandant supérieur.

7° Dans tous les cas, le capitaine d'un bâtiment français arrivant ne fait aucune première visite officielle à des autorités étrangères, maritimes ou autres, avant d'avoir consulté à ce sujet le commandant supérieur des bâtiments français qui sont au mouillage au moment de son arrivée, et, à défaut, sans s'être concerté avec l'agent diplomatique ou consulaire de France.

Visites officielles des officiers français entre eux.

752.—1° Entre les officiers français, la première visite officielle est toujours faite par l'inférieur de grade et d'ancienneté; cette visite est rendue dans les vingt-quatre heures.

2° Le commandant en chef n'est pas tenu de rendre en personne, et dans le délai prescrit, de visites aux officiers sous ses ordres.

3° Les officiers de la marine se conforment à ces dispositions dans leurs rapports officiels avec les chefs de service de la marine dans les ports et avec les officiers de l'armée de terre.

Visites aux préfets maritimes.

753. — Les premières visites sont toujours faites

aux préfets maritimes par les officiers généraux ou autres arrivant en rade.

Présentation des officiers généraux, chefs de service et capitaines.

754.—1° Lors de la rencontre de deux commandants en chef, le moins ancien des deux reçoit les ordres du plus ancien, pour la présentation réciproque qui sera faite à chacun de ces commandants en chef des officiers généraux, chefs de service et capitaines placés sous leurs ordres respectifs. Ces présentations, lorsqu'elles ont lieu, sont faites par l'officier de vaisseau immédiatement inférieur de grade ou d'ancienneté au commandant en chef qui les reçoit.

2° Lorsqu'un commandant en chef arrive dans un port de France où se trouve un préfet maritime, il s'entend avec ce fonctionnaire pour la présentation à lui faire des officiers généraux, chefs de service et capitaines de la force navale réunie sous ses ordres.

Visites aux gouverneurs des colonies.

755.—1° Les commandants en chef doivent la première visite aux gouverneurs généraux et gouverneurs des colonies.

2° Ils la reçoivent des commandants particuliers des établissements coloniaux.

Embarcations à donner aux fonctionnaires qui viennent à bord.

756.—Lorsqu'un agent diplomatique ou consulaire, ou un chef de service à terre, manque d'une embarcation convenable pour faire ou rendre une visite officielle à bord d'un bâtiment, le capitaine de ce bâtiment en met une à sa disposition tant pour l'amener à bord que pour le reconduire à terre.

CHAPITRE IX.

DISPOSITIONS DIVERSES.

Honneurs du sifflet et des fanaux.

757.—1° Outre les honneurs indiqués au présent titre, l'arrivée et le départ des officiers ou assimilés sont annoncés à bord par des coups de sifflet donnés par le maître de quart; un certain nombre d'hommes passe sur le bord, et les factionnaires rendent à ces personnes le salut militaire attribué à leur grade.

2° La nuit, un certain nombre de fanaux, suivant le grade, sont, en outre, disposés pour recevoir les officiers ou assimilés qui montent à bord ou quittent le bâtiment.

Saluts rendus par les factionnaires.

758.—1° Les factionnaires présentent les armes pour les officiers généraux et supérieurs de la marine, et ils portent les armes pour les officiers d'un grade inférieur.

2° Ils présentent ou portent les armes pour toute personne en uniforme dont le grade est assimilé à celui des officiers de vaisseau.

3° Ces honneurs sont rendus aux officiers de toute arme et de toute nation, soit à bord, soit qu'ils se trouvent dans des embarcations qui passent à petite distance.

4° Les factionnaires présentent les armes pour les grand'croix, grands officiers et commandeurs de la Légion d'honneur.

5° Ils portent les armes pour les officiers et les chevaliers du même ordre.

Saluts dans les canots.

759.—1° Lorsqu'un inférieur, étant dans une embarcation naviguant à l'aviron, rencontre un canot portant un officier général, un officier supérieur ou le capitaine de son bâtiment, il fait lever rames, la poignée de l'aviron touchant le fond de l'embarcation, jusqu'à ce que le canot soit passé; les personnes qui sont dans la chambre du canot de l'inférieur se lèvent et saluent.

2° Lorsqu'un inférieur, étant dans une embarcation naviguant à l'aviron, rencontre un officier qui lui est supérieur de grade, il fait lever rames jusqu'à ce que le canot soit passé; les personnes qui sont dans la chambre de l'embarcation de l'inférieur saluent.

3° Lorsque l'embarcation que monte l'inférieur navigue à la voile, les personnes qui sont dans la chambre de cette embarcation saluent le supérieur rencontré; si ce supérieur est officier général, officier supérieur, ou le capitaine du bâtiment, les écoutes des voiles sont en outre filées en bande, jusqu'à ce que le canot qui porte ce supérieur soit passé; toutefois, les écoutes ne sont filées que lorsque l'officier général ou l'officier supérieur est d'un grade plus élevé que l'officier qui salue.

4° Ces saluts sont dus aux supérieurs de toute arme et de toute nation.

Dans le cours ordinaire du service, réception d'un officier général.

760.—1° Dans le cours ordinaire du service, un officier général est reçu à bord de tout bâtiment en haut de l'escalier extérieur par l'officier général, s'il y en a un, et les officiers de l'état-major général, par le capitaine et l'officier en second du bâtiment, et par les officiers et aspirants de quart.

2° La garde porte les armes, et le tambour bat aux champs, rappelle ou fait un rappel de trois coups de baguette, selon le commandement dont est investi cet officier général.

Il est rendu aux personnes qui viennent à bord les mêmes honneurs à leur départ qu'à leur arrivée.

761.—Lorsqu'un officier ou toute autre personne à qui des honneurs sont dus quitte un bâtiment, les officiers et aspirants qui l'ont reçu à l'escalier extérieur, au moment de son arrivée à bord, le reconduisent à cet escalier, lors de son départ.

On ne rend d'honneurs qu'aux personnes en uniforme.

762.— Il n'est pas rendu d'honneurs aux personnes qui ne sont pas en uniforme.

Cas où il n'est pas rendu d'honneurs.

763.—1° Avant le lever et après le coucher du soleil, et pendant le repas des équipages, il n'est pas rendu d'honneurs à coups de canon, la garde ne s'assemble pas. Il n'est rendu que les honneurs du sifflet, et la nuit, en outre, ceux des fanaux.

2° Après le coup de canon de retraite, les officiers généraux ne sont reçus à bord que par les officiers et aspirants de quart du bâtiment et les officiers de service de l'état-major général ; les officiers commandants et autres sont reçus par les officiers et aspirants de quart.

Les intérimaires ne reçoivent que les honneurs attribués à leur grade.

764.—Les officiers qui commandent pendant l'absence des officiers titulaires ou qui remplissent des fonctions intérimaires n'ont droit qu'aux honneurs militaires attribués à leur grade.

Honneurs à rendre aux personnes non désignées au présent titre.

765.—Lorsque des fonctionnaires appartenant ou non à la marine, non désignés au présent titre, mais annoncés par le ministre de ce département, se rendent officiellement à bord d'un bâtiment, ils reçoivent, les honneurs qui auront été préalablement déterminés à cette occasion par le ministre de la marine, en se conformant, autant que possible, aux assimilations qui résultent des prescriptions du décret du 24 messidor an XII (14 juillet 1804).

On ne rend d'honneurs que quand il n'en résulte pas d'inconvénient pour l'armée.

766.—La manœuvre des voiles, les coups de canon et les salves de toute nature mentionnées au présent titre n'ont lieu qu'autant qu'il n'en peut résulter d'inconvénient, eu égard à la position de l'armée ou à celle des bâtiments.

CHAPITRE X.

DES HONNEURS FUNÈBRES.

Honneurs funèbres à un amiral et à un vice-amiral pourvu d'une commission d'amiral.

767.—1° Lorsqu'un amiral ou un vice-amiral pourvu d'une commission de commandement d'amiral vient à décéder en rade ou à la mer, il est tiré par le bâtiment qu'il montait un coup de canon d'heure en heure, depuis l'instant du décès jusqu'à celui des obsèques.

2° En rade et à la mer, le jour de la cérémonie funèbre, depuis huit heures du matin jusqu'au coucher du soleil, le pavillon de poupe, le pavillon de beaupré et le pavillon de commandement sont hissés à mi-mât. Les pavillons de poupe et de beaupré et les flammes de tous les bâtiments sont hissés à mi-mât pendant le même temps.

3° En rade, également pendant le même temps, les bâtiments de l'armée ont les mâts de hune et de perroquet guindés et les vergues en pantenne.

4° A la mer, toutes les voiles du bâtiment sont carguées pendant la durée de la cérémonie funèbre.

5° Dans l'une et l'autre circonstance, les compagnies de débarquement de tous les bâtiments de l'armée prennent les armes ; et lorsque le moment de la sortie du corps ou de son immersion est signalée, il est fait trois salves de dix-sept coups de canon pour un amiral et de quinze pour un vice-amiral pourvu d'une commission de commandement d'amiral, par le bâtiment que montait cet officier ; ces coups de canon sont tirés en salut. Il est fait également trois décharges de mousqueterie par les compagnies de débarquement de tous les bâtiments de l'armée. Le reste de l'équipage du bâtiment est rangé sur le pont du bord opposé à celui où a lieu la sortie ou l'immersion du corps ; à bord des autres bâtiments de l'armée, le reste des équipages est également rangé sur le pont.

Honneurs funèbres à un vice-amiral et à un contre-amiral commandants en chef.

768. — Lors du décès d'un vice-amiral ou d'un contre-amiral commandants en chef, les dispositions prescrites par l'article précédent sont observées, sauf les exceptions ci-après :

Lors de la sortie ou de l'immersion du corps, il est tiré en salut dix-neuf coups de canon pour le vice-amiral, et quinze pour le contre-amiral.

A la mer, pendant la durée de la cérémonie, tous les bâtiments tiennent leurs basses voiles carguées.

Honneurs funèbres aux vice-amiraux et contre-amiraux employés en sous-ordre.

769. — 1° Si l'officier général décédé commandait en sous-ordre une escadre ou une division, il est tiré par le bâtiment qu'il montait quinze coups de canon pour un vice-amiral et treize coups pour un contre-amiral.

2° En rade, le jour de la cérémonie funèbre, depuis huit heures du matin jusqu'au coucher du soleil, les bâtiments de cette escadre ou de cette division ont leurs mâts de hune et de perroquet guindés et les vergues en pantenne. Les pavillons de poupe et de beaupré et les flammes de ces bâtiments, ainsi que la marque distinctive du bâtiment qu'il montait, sont hissés à mi-mât.

3° A la mer, les basses voiles de ces bâtiments sont tenues carguées pendant la durée de la cérémonie.

4° Les compagnies de débarquement prennent les armes et font trois décharges de mousqueterie. Le reste des équipages est rangé sur le pont.

5° Si l'officier général employé en sous-ordre ne commandait ni escadre ni division dans l'armée, les honneurs funèbres désignés ci-dessus ne lui sont rendus que par le bâtiment qu'il montait. Toutefois, tous les bâtiments de l'armée ont leurs pavillons de poupe et de beaupré, et leurs flammes à mi-mât, pendant le jour où a lieu la cérémonie funèbre ; à la mer, ces bâtiments tiennent, en outre, leurs basses voiles carguées pendant la durée de la cérémonie.

Honneurs funèbres aux chefs de division.

770.—1° Les honneurs funèbres déterminés pour les contre-amiraux employés en sous-ordre sont rendus aux chefs de division ; mais il n'est tiré que onze coups de canon.

2° Les mêmes honneurs sont rendus à tout capitaine de vaisseau commandant supérieur ; mais il n'est tiré que neuf coups de canon.

Honneurs funèbres aux officiers commandants.

771.—1° Lors du décès d'un officier commandant

un bâtiment de l'Etat, il lui est rendu les honneurs suivants :

2° En rade, le jour des obsèques, depuis huit heures du matin jusqu'au coucher du soleil, le bâtiment a les mâts de hune et de perroquet guindés les vergues en pantenne, les pavillons de poupe et de beaupré et la flamme hissés à mi-mât.

3° A la mer, pendant le même temps, le pavillon de poupe et la flamme du bâtiment sont hissés à mi-mât, et pendant la cérémonie funèbre tous les bâtiments de l'Etat qui se trouvent réunis ont leur grande voile carguée.

4° Les compagnies de débarquement du bâtiment prennent les armes et font trois décharges de mousqueterie au moment de la sortie ou de l'immersion du corps. Le reste de l'équipage est rangé sur le pont.

5° De plus, il est tiré au même moment :

Pour un capitaine de vaisseau, 7 coups de canon.

Pour un capitaine de frégate, 5 *idem;*
Pour un lieutenant de vaisseau, 3 *idem;*
Pour un enseigne de vaisseau, 2 *idem.*

Honneurs funèbres aux chefs d'état-major.

772.—Lors du décès d'un chef d'état-major, il est rendu à cet officier les honneurs funèbres attribués aux officiers de son grade commandant un bâtiment.

Honneurs funèbres aux officiers non commandants.

773.— 1° En rade et à la mer, les honneurs suivants sont rendus lors du décès d'un officier non commandant.

Pour un capitaine de vaisseau, les compagnies de débarquement prennent les armes, et il est tiré cinq coups de canon.

Pour un capitaine de frégate, la moitié des compagnies de débarquement prend les armes, et il est tiré trois coups de canon.

Pour un lieutenant de vaisseau, une partie des compagnies de débarquement prend les armes, sans que le nombre total puisse excéder cent hommes, et il est tiré deux coups de canon.

Pour un enseigne de vaisseau, une partie des compagnies de débarquement prend les armés, sans que le nombre total puisse excéder soixante hommes, et il est tiré un coup de canon.

2° Les honneurs déterminés pour un enseigne de vaisseau sont rendus à tous les officiers, matelots ou autres personnes qui ont appartenu à l'ordre national de la Légion d'honneur.

3° Les saluts indiqués au présent article ont lieu au moment de la sortie ou de l'immersion du corps, et il est fait en même temps trois décharges de mousqueterie par les hommes qui ont pris les armes.

4° Les pavillons de poupe et de beaupré et la flamme sont hissés à mi-mât pendant la durée de la cérémonie funèbre.

5° Pendant cette cérémonie et lors de la sortie ou de l'immersion du corps, le reste de l'équipage est rangé sur le pont.

Honneurs funèbres aux aspirants et aux maîtres.

774.—1° Lors du décès des personnes ci-après, il est commandé pour prendre les armes et faire trois décharges de mousqueterie, savoir :

Pour un aspirant de 1re classe, trente hommes.

Pour un premier maître, un aspirant de 2e classe, un maître et un aspirant auxiliaire, vingt hommes.

2° Ces détachements sont commandés par un officier.

3° Le pavillon de poupe et la flamme sont hissés à mi-mât pendant la durée des décharges.

4° Pendant la cérémonie funèbre et lors de la sortie ou de l'immersion du corps, l'équipage est rangé sur le pont.

Honneurs funèbres aux seconds maîtres, quartiers-maîtres et matelots.

775.—1° Lors du décès d'un second maître, d'un quartier-maître ou d'un matelot, il est commandé un détachement sans armes, qui n'excède pas pour un second maître vingt hommes, pour un quartier-maître quinze hommes, et pour un matelot ou tout autre marin non gradé, dix hommes.

2° Dans le premier cas, ce détachement est commandé par un officier de la compagnie à laquelle appartenait le défunt ou par un officier de corvée; dans le second et le troisième, par un aspirant.

3° Pendant la cérémonie funèbre et lors de la sortie ou de l'immersion du corps, l'équipage est rangé sur le pont.

4° Le pavillon de poupe est hissé à mi-mât pendant cette cérémonie.

5° Lors de l'immersion du corps d'un homme de l'équipage, l'officier commandant la compagnie à laquelle appartenait cet homme préside à cette cérémonie.

6° Lorsque la personne décédée n'était incorporée dans aucune compagnie, c'est un officier de corvée qui préside aux obsèques.

Honneurs funèbres aux officiers des corps autres que celui des officiers de vaisseau.

776.—1° Les honneurs funèbres déterminés dans le présent chapitre pour les officiers de vaisseau non commandants sont rendus aux personnes appartenant aux différents corps de la marine, suivant le rang que leur donne l'assimilation de leur grade avec celui des officiers de vaisseau.

2° Les honneurs funèbres attribués aux capitaines de frégate sont rendus aux commissaires-adjoints, aux professeurs du service de santé et aux chefs de bataillon; toutefois, il n'est fait que deux décharges de mousqueterie par les hommes qui ont pris les armes.

3° L'aumônier reçoit les honneurs funèbres attribués au capitaine de frégate non commandant.

4° Lorsqu'une personne appartenant à un service public, non désigné au présent titre, vient à décéder à bord, les honneurs funèbres qui doivent lui être rendus sont réglés suivant l'assimilation de son grade à celui des officiers de vaisseau ou autres personnes désignées au présent titre.

5° Les honneurs funèbres à rendre aux membres de différents grades de la Légion d'honneur sont réglés suivant les assimilations attribuées à ces grades par les règlements de l'ordre.

Abrogation des ordonnances et règlements contraires au présent décret.

777.—Sont et demeurent abrogés toutes les ordonnances générales et particulières, tous les décrets, règlements, arrêtés, décisions, et généralement toutes dispositions antérieures qui seraient contraires au présent décret.

Fait à l'Elysée-National, le 15 août 1851.

Le Président de la République,

Signé L.-N. BONAPARTE.

Le Ministre secrétaire d'État de la marine et des colonies,

Signé P^{er} DE CHASSELOUP-LAUBAT.

MODÈLES ANNEXÉS

AU

DÉCRET SUR LE SERVICE A BORD

DES BATIMENS DE LA FLOTTE.

***

15 AOUT 1851.

Le

Commandé par *M.*

Notes annuelles sur le compte des

1. Nom. / 2. Prénoms. / 3. Age. / 4. Indiquer si l'officier est célibataire ou marié. / 5. Nombre d'enfants.	1. Grade. / 2. Date de nomination.	1. Provenance. / 2. Date de l'entrée au corps. / 3. Temps d'embarquement.	Dates des promotions aux différents grades et dans l'ordre de la Légion d'honneur.	Dates et durées des commandements et fonctions spéciales (second, chef d'état-major, aide-de-camp, etc., etc.).		1. Conduite. | 2. Moralité. | 3. Santé.
1. 2. 3. 4. 5.	1. 2.	1. 2. 3.			Notes données par le capitaine ou chef de service.	1. 2. 3.
					Notes données par	1. 2. 3.
					Notes données par	1. 2. 3.
1. 2. 3. 4. 5.	1. 2.	1. 2. 3.			Notes données par le capitaine ou chef de service.	1. 2. 3.
					Notes données par	1. 2. 3.
					Notes données par	1. 2. 3.
1. 2. 3. 4. 5.	1. 2.	1. 2. 3.			Notes données par le capitaine ou chef de service.	1. 2. 3.
					Notes données par	1. 2. 3.
					Notes données par	1. 2. 3.

COLONIES.

Officiers de vaisseau et Aspirants.

MODÈLE N° 1.

Décret du 15 août 1851.

Articles 129 et 316 du décret.

APTITUDE AU MÉTIER DE LA MER. 1. Voile. | 2. Vapeur.	APTITUDE spéciale. 1. Au canonnage. 2. Aux manœuvres d'infant. 3. Aux observ. et à l'hydrogr.	1. Connaissances accessoires. 2. Langues que l'officier parle aisément.	OBSERVATIONS et faits particuliers.	PROPOSITIONS pour l'avancement, le commandement ou la Légion d'honneur. (Chaque proposition est signée du chef qui propose.)	NUMÉROS de préférence. du capitaine ou chef de service.	du	du
1. 2.	1. 2. 3.	1. 2.				»	»
1. 2.	1. 2. 3.	1. 2.			»		»
1. 2.	1. 2. 3.	1. 2.			»	»	
1. 2.	1. 2. 3.	1. 2.				»	»
1. 2.	1. 2. 3.	1. 2.			»		»
1. 2.	1. 2. 3.	1. 2.			»	»	
1. 2.	1. 2. 3.	1. 2.				»	»
1. 2.	1. 2. 3.	1. 2.			»	»	
1. 2.	1. 2. 3.	1. 2.			»	»	

15.

MARINE ET

Le

Commandé par M.   *Notes annuelles sur le compte des Officiers*

1. Nom. 2. Prénoms. 3. Age 4. Indiquer si l'officier ou employé est célibataire ou marié. 5. Nombre d'enfants.	1. Grade. 2. Date de nomination. 3. Emploi actuel.	1. Provenance. 2. Date de l'entrée au service. 3. Date de l'entrée au corps. 4. Temps d'embarquement.	Dates des promotions aux différents grades dans le corps et dans l'ordre de la Légion d'honneur.		1. Conduite.	2. Moralité.	3. Santé.
1.		1.		Notes données par l	1. 2. 3.		
2.	1.	2.		Notes données par l	1. 2. 3.		
3.	2.	3.		Notes données par l	1. 2. 3.		
4.	3.	4.		Notes données par l	1. 2. 3.		
5.							
1.		1.		Notes données par l	1. 2. 3.		
2.	1.	2.		Notes données par l	1. 2. 3.		
3.	2.	3.		Notes données par l	1. 2. 3.		
4.	3.	4.		Notes données par l	1. 2. 3.		
5.							
1.		1.		Notes données par l	1. 2. 3.		
2.	1.	2.		Notes données par l	1. 2. 3.		
3.	2.	3.		Notes données par l	1.		
4.	3.						
5.		4.					

COLONIES.

...civils et des employés entretenus embarqués.

MODÈLE No 2.

Décret du 15 août 1851.

Articles 139, 316, 613, 650 et 674 du décret.

1. Aptitude. | 2. Capacité. | 3. Zèle.	1. Connaissances accessoires. 2. Langues étrangères.	OBSERVATIONS et faits particuliers.	PROPOSITIONS pour l'avancement. ou pour la Légion d'honneur.	NUMÉROS de préférence		
				du	du	du
1. 2. 3.	1. 2				»	»
1. 2. 3.	1. 2.			»		»
1. 2. 3.	1. 2.			»	»	
1. 2. 3.	1. 2.				»	»
1. 2. 3.	1. 2.			»		»
1. 2. 3.	1. 2.			»	»	
1. 2. 3.	1. 2.				»	»
1. 2. 3.	1. 2.			»		»
1. 2. 3.	1. 2.			»	»	

(MODÈLE N 3.)

Décret
du 15 août 1854.

Article 162 du
décret.

MARINE ET COLONIES.

REGISTRE

DES ORDRES DU COMMANDANT EN CHEF.

NUMÉRO de l'ordre.	DATE de l'ordre.	A QUI adressé.	ORDRES.

(MODÈLE N° 4.)

Décret
du 15 août 1851.

Article 162 du
décret.

MARINE ET COLONIES.

REGISTRE D'INSCRIPTION

TENU PAR LE CHEF D'ÉTAT-MAJOR.

Numéro d'ordre du registre du commandant en chef.	DATES	Par qui adressé.	A qui adressé.	MODE de transmission de l'ordre, de la demande ou de la réponse.	INDICATION SOMMAIRE		
					de l'ordre.	de la demande	de la réponse.

(MODÈLE Nº 5.)

Décret
du 15 août 1854.

Art. 162 et 381
du décret.

MARINE ET COLONIES.

REGISTRE

DE TRANSMISSION D'ORDRES.

NUMÉRO du registre d'inscription.	DATE de l'ordre.	A QUI adressé.	ORDRES.	SIGNATURE de l'officier appelé à l'ordre.

(MODÈLE N° 6.)

Décret
du 15 août 1861.

Art. 162, 322
et 459 du décret.

MARINE ET COLONIES.

REGISTRE

D'INSCRIPTION DE SIGNAUX.

Le

DATES.	POSITION de l'armée.	VOILURE du commandant en chef.	VOILURE du Bâtiment.	MOMENT du signal.	INDICATION des signes	PLACE du signal.	PAR qui.

A qui.	MO-MENT d'a-perçu.	MO-MENT d'exé-cution	FIN du mou-ve-ment.	MOUVE-MENTS généraux exécutés.	RELÈVEMENT et position du bâtiment.

MARINE M

Situation des vivres, de l'eau douce et d
à bord des bâtiments ci-apr

NOMS des bâtiments.	Effectif des ration-naires.	NOMBRE		DENRÉE		
		de rations com-plètes.	de jours de vivres exis-tant à bord.	de jours de		de rep
				Pain. — Farine d'ar-me-ment.	Boissons. — Vin, Eau-de-vie.	Salai-sons. — Lard, bœuf salés.
TOTAL.						

COLONIES.

(MODÈLE N° 7.)
Décret du 15 août 1851.
Art. 164 du décret.

mbustible pour la machine, existant
signés, au 185 .

PARTIELLES.				EAU DOUCE.		Combustible pour la machine.	OBSERVATIONS.
Nombre				Nombre.			
de	de jours de						
Legumes. — Pois, fèves, faïols. riz.	Assaisonnements. — Huile d'olive, vinaigre, sel,	Combustible pour chauffage. — Bois, charbon de terre.	Rafraichissements. — Viandes préparées, gelées, etc.	de tonneaux.	de jours.	Tonneaux.	

A bord d

chef d'état-major,

(MODÈLE N° 8.)

—

Décret
du 15 août 1854.

—

Article 162 du
décret.

MARINE ET COLONIES.

REGISTRE DES ÉTATS-MAJORS.

ÉTATS-MAJORS DES BATIMENTS ARMÉS.

L Bâtiment de l'État.	Mutations du bâtiment.		
NOMS DES OFFICIERS.	GRADES.	ÉPOQUES d'embar- quement.	OBSERVATIONS.

(MODÈLE . N° 9.)

Décret du 15 août 1851.

Art. 127 du décret.

MARINE ET COLONIES.

(Armée, escadre, division, station ou bâtiment.)

A adresser tous les mois au ministre, direction du personnel, bureau des of-ficiers militaires.

(1) Date du dernier envoi d'un état de mu-tations.

État des mutations survenues dans l   état —major   d   dit
depuis le (1)   jusqu'au   48

NOMS et prénoms.	GRADES.	DATES des mutations.	MUTATIONS.

(1) Nom du bâtiment.
(2) Date du jour où à été dressé le précédent état de situation.
(3) Date du jour où est dressé le présent état.

MARINE ET COLONIES.

(MODÈLE N° 40.)
Décret du 15 août 1851
Articles 238, 358, 621, et 689 du décret.

Le (1)
commandé par M.

État de situation des vivres et rafraîchissements de l'eau et du combustible pour chauffage existant à bord le   18   matin, avant qu'il n'ait été fait de distribution à l'équipage.

NOMENCLATURE des denrées.	ESPÈCE des unités.	EXISTANT à bord le (2)	REÇU depuis cette époque.	CONSOMMÉ depuis cette époque.	RESTANT à bord le (3)	EN JOURS pour hommes.	OBSERVAT.

Le commis aux vivres.

L'officier en second,

(MODÈLE N° 44.)

Décret du 15 août 1851.

Article 358 du décret.

MARINE ET COLONIES.

(1) Nom du bâtiment.
(2) Date du jour où à été dressé le précédent état d'approvisionnement.
(3) Date du jour où est dressé le présent état.

Le (4)

commandé par M.

État des approvisionnements existants à bord le 48

Détail du Maître d

NOMENCLATURE des objets.	ESPÈCE des unités.	EXISTANT à bord le (2)	REÇU depuis cette époque.	CONSOMMÉ depuis cette époque.	EXISTANT à bord le (3)	OBSERVATIONS.

Le maître chargé.   *L'officier en second,*

16.

A remettre tous les matins à la majorité générale.

(1) Nom du bâtiment.

MARINE ET COLONIES.

(MODÈLE N° 12.)

Décret du 15 août 1851.

Articles 197, 311 et 372 du décret.

Le (1)

commandé par M.

Rapport journalier remis le   18   *matin.*

TRAVAUX EXÉCUTÉS DANS LA JOURNÉE DU	TRAVAUX RESTANT A EXÉCUTER.
Coque..	
Mâture.	
Gréement.	
Voilure.	
Artillerie.	
Embarcations.	
Arrimage.	
Appareil évaporatoire. . .	
Machine..	
Combustible..	
Objets d'armement. . . .	
Vivres..	
Eau	

SITUATION DU PERSONNEL					OUVRIERS EMPLOYÉS A BORD.	
	Embarqué.	Réglementaire	Différence en plus.	Différence en moins.		
État-major..					De la direction des constructions. . .	
Maîtres chargés.						
Équipage. Présents à bord.					De la direction du port..	
Équipage. Absents à l'hôpital.						
Équipage. Absents en permiss.						
Équipage. Absents en prison.					De la direction d'artillerie..	
Agents de la machine..						
Surnuméraires..					. . .	
En à l'effectif. . .					TOTAL des ouvriers employés à bord.	

Tirant d'eau . . {Avant. . . / Arrière. . .} Différence..   m.   cm.

Bâtiments de servitude et embarcations de diverses directions employées à bord. . .

Le Capitaine du bâtiment   *L'Officier en second,*

(MODÈLE N° 13.)

—

Décret
du 15 août 1854.

—

Article 238 du
décret.

MARINE ET COLONIES.

ÉTAT

DE SITUATION D'ÉQUIPAGE.

L

commandé par M.

An 185 .

SITUATION D'ÉQUIPAGE
au 1er du mois

d

L

ÉTAT DE SITUATION

commandé par

Destination du bâtiment
et lieu où il se trouve. {

DÉSIGNATION des grades, emplois et professions de toute espèce.	Nombre d'hommes fixé par l'ordonnance du 11 octobre 1836.	État-major.	Petit état-major.	e compagnie permanente.	e compagnie permanente.	e compagnie permanente.	e compagnie permanente.	e compagnie permanente.	e compagnie permanente.	Complément d'équipage. Surnuméraires.	En congé ou en permission.	Aux hôpitaux.	En détention pour passer en jugement.	Déserteurs.	TOTAL.
	EFFECTIF.				PRÉSENTS. Équipages de ligne.							ABSENTS.			
1	2	3	4	5	6	7	8	9	10	11	12	13	14	15	16-17
État-major.															
Capitaine de vaisseau.															
Capitaine de frégate.															
Aumônier.															
Lieutenants de vaisseau..															
Mécanicien en chef.															
Enseignes de vaisseau.															
Officier d'administration.															
Chirurgien-major.															
Aspirants et aspirants auxiliaires..															
Chirurgien en second.															
Aide-chirurgien.															
Pharmacien.															
Petit état-major.															
Premier maître de manœuvre.															
Idem de canonnage.															
Capitaine d'armes.															
Premier maître de timonerie.															
Idem mécanicien.															
Maître de charpentage..															
Idem de voilerie.															
Idem de calfatage.															
Idem armurier.															
Idem forgeron.															
Idem mécanicien.															
Seconds maîtres de manœuvre.															
de canonnage.															
de timonerie.															
de charpentage.															
de voilerie.															
de calfatage.															
armurier.															
Contre-maîtres mécaniciens..															
Sergents d'armes.															
Caporaux d'armes.															

D'ÉQUIPAGE.

M.

PORT
(qui compte de la dépense).

DIFFÉRENCE en plus.	en moins.	Non présents à bord ou total des absents.	Reste pour force réelle de l'équipage ou total des présents à bord.	ARTILLERIE.	CANONS.	CARONADES. 22c	OBUSIERS et canons-obusiers. 4d
Comparaison des colonnes 2 à 17.				Réglement. A bord.			
				Différence { en moins / en plus.			

Jours de vivres ; Combustible en tonneaux ; — Jours d'eau ; en jours sous vapeurs ;

SITUATION PARTICULIÈRE
des hommes qui, n'étant à bord que momentanément, ne font pas partie de l'équipage du bâtiment, et ne sont pas compris dans la situation de l'effectif.
(Voir la circulaire ministérielle du 24 octobre 1833.)

BATIMENTS ET CORPS auxquels ils appartiennent.	GRADES et professions.	Effectif à bord.	En congé.	Aux hôpitaux.
TOTAUX.				

Observations du Capitaine sur l'état de la coque, du doublage, de la mâture, de la voiture, du gréement, de l'artillerie, sur l'instruction de l'équipage, sa tenue, sa discipline, etc.

(A consigner sur l'état à transmettre au Ministre.)

(Renseignements à consigner sur l'état à transmettre au Commissaire aux revues.)

Sommaire des mouvements survenus dans l'équipage pendant le mois écoulé, d'où il résulte l'effectif actuel.

État nominatif des Officiers et Aspirants de l'état-major général et de l'état-major des bâtiments, indiquant les mouvements qui ont eu lieu pendant le mois écoulé.

L'effectif absolu, { Effectif d'équipage.
au 4er du mois { En congé.
écoulé, était de.. { Aux hôpitaux.

Embarquements.
Provenant de divers bâtiments.
_____ des levées maritimes.
_____ d
_____ d
_____ d
Embarqués volontairement.
Déserteurs rentrés. . . . .
                        Total. . . . .

Débarquements et pertes.
Passés sur divers bâtiments.
Congédiés.
Désertés.
Pris par l'ennemi.
Décédés.
                        Total. . . . . ci.
Différence en ci
L'effectif absolu, { Effectif d'équipage.
au 4er du pré- { En congé.
sent mois, est { Aux hôpitaux.
de. . . . . . {

NOMS et prénoms.	GRADES.	MUTATIONS et mouvements

DÉSIGNATION des grades, emplois et professions de toute espèce.	Nombre d'hommes fixé par l'ordonnance du 11 octobre 1836.	EFFECTIF.																DIFFÉRENCE (Comparaison des colonnes 2 à 17.)		Non présents à bord ou total des absents.	Reste pour force réelle de l'équipage ou total des présents à bord.	OBSERVATIONS.
		PRÉSENTS.									ABSENTS.						TOTAL.	en plus.	en moins.			
		État-major.	Petit état-major.	Équipages de ligne.						Complément d'équipage. Surnuméraires.	En congé ou en permission.	Aux hôpitaux.	En détention pour passer en jugement.	Déserteurs.								
				1re compagnie permanente.	2e compagnie permanente.	3e compagnie permanente.	4e compagnie permanente.	5e compagnie permanente.	6e compagnie permanente.													
1	2	3	4	5	6	7	8	9	10	11	12	13	14	15	16	17						
Quartiers-maîtres — de manœuvre.																						
— de canonnage.																						
— de timonerie.																						
— de charpentage.																						
— de voilerie.																						
— de calfatage.																						
Fourriers.																						
Matelots — de 1re classe.																						
— de 2e classe.																						
— de 3e classe.																						
Ouvriers chauffeurs — de 1re classe.																						
— de 2e classe.																						
Apprentis marins.																						
Mousses.																						
Service des subsistances — Premier commis aux vivres.																						
Deuxième commis aux vivres.																						
Distributeurs.																						
Tonneliers.																						
Boulangers.																						
Coqs.																						
Services divers — Pilotes côtiers.																						
Magasiniers.																						
Infirmiers.																						
Domestiques.																						
EFFECTIF en — paix.																						
— guerre.																						

Les hommes détachés du bord momentanément, soit à terre, soit à bord d'un autre bâtiment, seront compris dans l'effectif, et les renseignements relatifs à leurs nombre, grades et placements, seront détaillés avec exactitude au-dessous de la présente observation.

On comprendra dans l'effectif tous les hommes faisant partie intégrante de l'équipage, qu'ils soient présents ou absents ; puis, à la colonne non *présents à bord*, on reportera, à titre de renseignements, le total des quatre colonnes *absents*, et la colonne suivante présentera la force réelle de l'équipage ou le total des présents.

Fait à   , le   185   .

Vu par le Capitaine :   L'Officier chargé du détail,

L'Officier d'administration,

Une expédition de cet état sera transmise, aux époques voulues, SAVOIR :
Au Ministre de la marine, *Direction du personnel et des opérations maritimes (Mouvements et correspondance générale)* ;
Et aux commissaires aux revues du port où se trouve le bâtiment.

Nota. Cet état sera dressé le 1er de chaque mois, lorsque le bâtiment sera sur une rade ou dans un port de France, et dans les vingt-quatre heures de l'arrivée, lorsqu'il sera de retour d'une campagne, ou après une séparation de plus de quinze jours. On se conformera, du reste, aux dispositions de l'ordonnance du 11 octobre 1836.

MARINE ET COLONIES.

(MODÈLE n° 14.)

Décret du 15 août 1854.

Art. 457 du décret.

Le

Consommation journalière de l'Eau et du Combustible, du minuit, au   48   , à
                                                            , à minuit.

EAU. (Kilolitres.)	CHARBON. (Kilogrammes.)	BOIS. (Kilogrammes.)	OBSERVATIONS.

L'Officier marinier chargé du service de la cale.

A remettre tous les matins par le chirurgien-major au capitaine et à l'officier en second.

MARINE ET

Le
Commandé par M.

Situation journalière des malades e

NOMS.	GRADES.	DATE de l'entrée à l'hôpital du bord.	GENRE de maladie.	SITUA-TION des malades.	EXEMPTS de service. (Indiquer de quel service).

Total des exempts de service. . . . .

COLONIES.

(MODÈLE N° 15.)

Décret du 15 août 1851.

Article 655 du décret.

es convalescents, le 18

HOMMES aux vivres poste.	OBSERVATIONS.	NOMS des hommes sortis de l'hôpital du bord ou qui cessent d'être exempts de service. (La lettre H indique ceux qui sortent de l'hôpital, et la lettre E ceux qui cessent d'être exempts).	GRADES.	OBSERVATIONS.
Total des hommes qui sortent de l'hôpital du bord ou qui cessent d'être exempts.				

Le chirurgien-major,

(1) A remettre à la Majorité.

MARINE ET

Le

commandé par M.

État des malades du

DÉSIGNATION des malades.	MALADES à terre.				OBSERVATIONS.
	Fiévreux.	Blessés.	Vénériens.	Galeux.	
Officiers mariniers.. . .					
Matelots.					
Apprentis marins. . . .					
Mousses.					
Surnuméraires.					
Totaux. . . .					

RÉCAPITU

Malades à terre. . . . .

Malades à bord. . . . .

Total des malades. . . . .

À bord, le

COLONIES.

(MODÈLE N° 16)

Décret du 15 août 1851.

Art. 238 du décret.

185   (1)

DÉSIGNATION. des malades.	MALADES à bord.				OBSERVATIONS.
	Fiévreux.	Blessés.	Vénériens.	Galeux.	
Officiers mariniers.. . .					
Matelots..					
Apprentis marins. . . .					
Mousses..					
Surnuméraires.					
Totaux. . . .					

. . . ATION.

. . . .

. . . .

. . . .

185 ;

Le Chirurgien-Major,

17

Genre de maladie.

NUMÉROS
du registre matricule:
au contrôle annuel:
du rôle d'équipage:

Vu et enregistré (9)

Entré à l'hôpital
le   18
(10)

(11) Vu par l'officier de santé chargé en chef de la salle:

SERVICE DE L'HOPITAL.

NUMÉROS

du registre des entrées.	de la salle.	du lit.

Le Commis aux entrées,

(Service de santé.) (12)

Le sieur (13)   , né le   (14)
(15)

Observations sur l'invasion de la maladie, les moyens curatifs déjà employés, etc. (16)

Salle n°
N° du lit :

Le Chirurgien,

Voir de l'autre part

COLONIES.

d'hôpital.

(MODÈLE N° 17.)

Décret du 15 août 1851

Art. 352 et 668 du décret.

(1)

Je soussigné, chirurgien   de la marine, certifie que le sieur (2)

est dans le cas d'entrer à l'hôpital, étant atteint d (3)

A   , le   18

BILLET D'ENTRÉE A L'HÔPITAL MARITIME d

Pour le sieur d (2)

(4)

(5)

fils de   et de   ; né le

à   , arrondissement d

département d

(6)

En sortant de l'hôpital il devra (7)

Fait à   , le   18

L (47)

Vu par l (18)

(8)

les explications des renvois.

DÉTAIL DES EFFETS DONT LE MALADE EST PORTEUR

DÉSIGNATION.	QUANTITÉS appartenant à l'Etat.	au corps.	au malade.	(A)	DÉSIGNATION.	QUANTITÉS appartenant à l'Etat.	au corps.	au malade.	(A)
Rédingote en					Chapeau-casque.				
Capote en					Shako.				
Habit en					Casquette.				
Gilet à manches en					Bonnet de police ou de				
—— sans manches. .					travail..				
Paletot en					Bonnet de laine.				
—— en					Souliers. . . . . Paires				
Pantalon en					Havre-sac.				
—— en					Sac de toile.				
Vareuse.									
Chemises blanches. . .									
—— de couleur. . .									
—— en laine. . . .									
Col									
Cravates d									
—— d									
Mouchoirs de cou. . .					Fusil baïonnette. . . .				
—— de poche. . .					Bretelle de fusil.				
Bas de laine.					Sabre.				
— de					Baudrier..				
Guêtres en					Giberne.				
					Porte-giberne.				
Chapeau rond en					Ceinturon.				

(B)

(A) Quantités constatées à l'entrée à l'hôpital.

(B) Attestation sur les différences trouvées entre les quantités et espèces d'effets indiqués dans le billet et celles déposées à l'hôpital.

<table>
<tr><td>

(N° DU SAC: .)

DÉTAIL
de

l'argent, des bijoux, etc.,

appartenant

au malade, et dont il

lui a été donné

récépissé.

Enregistré N° F°
(registre des dépôts).

</td><td>

EXPLICATION
des renvois du billet d'entrée.

(1) Indiquer le corps, le bâtiment ou le service auquel le malade appartient.

(2) Indiquer ses nom, prénoms et surnom.

(3) Indiquer le genre de la maladie.

(4) Indiquer le grade et la classe ou la profession. Si le malade appartient aux équipages de ligne embarqués, relater la division et le numéro de la compagnie.)

(5) *S'il n'appartient pas à un corps organisé*, indiquer la solde journalière et la retenue d'hôpital dont elle est passible. — *Si c'est un demi-soldier ou un pensionnaire de la marine*, indiquer la quotité de la retenue qui devra être exercée sur sa demi-solde ou sa pension.

(6) *S'il est marié*, porter les nom et prénoms de sa femme ; *s'il ne l'est pas*, porter célibataire.

(7) Indiquer la destination que le malade devra recevoir après sa guérison.

(8) *Si le malade doit être placé dans la salle des consignés*, porter : *Salle des consignés*, et, s'il y a lieu, *surveillance particulière* ; dans l'un et l'autre cas, faire connaître sa position.

(9) Visa et enregistrement au bureau compétent.

(10) Classement d'après le genre de maladie, et signature du chirurgien de garde.

(11) Le billet doit être visé le lendemain matin par l'officier de santé chef de la salle.

(12) Même indication que pour la note 1.

(13) Même indication que pour la note 2.

(14) Grade ou profession.

(15) Genre de maladie.

(16) Mentionner tous les renseignements qui peuvent éclairer l'officier de santé chef de la salle sur le tempérament et l'état du malade, et indiquer si ce malade a déjà été admis dans le même hôpital une ou plusieurs fois dans l'année : dans ce cas, rappeler les dates des sorties.

(17) Capitaine de la compagnie.

(18) Officier en second des bâtiments.

NOTA. Après la réception, le chirurgien de garde doit détacher du billet d'entrée le certificat du chirurgien qui a provoqué l'envoi du malade à l'hôpital, et l'annexer au billet de salle pour être présenté, le lendemain matin, à l'officier de santé chef de la salle.

</td></tr>
</table>

MARINE ET COLONIES.

(MODÈLE Nº 18)

Décret du 15 août 1851.

Art. 190,
328, 336, 389 et 437
du décret.

Pour
officiers mariniers
et
quartiers-maîtres chargés.

Le (1)

Commandé par M.

(1) Nom du bâtiment.

(2) Noms, prénoms et grade.

Certificat de bonne conduite et de capacité délivré au sieur (2)

(3) Noms et prénoms.

Nous, capitaine du bâtiment, officier en second et lieutenant de vaisseau commandant la • compagnie embarquée sur ledit bâtiment, certifions que le sieur (3)

né le   à

(Signalement).

(4) Exemplaire, bonne, satisfaisante, etc.
(5) Zèle, honneur et fidélité, etc.

(engagé, conscrit de la classe de 18   , inscrit au quartier d   .)
a tenu pendant qu'il a été embarqué sur ledit bâtiment une conduite (4)
et qu'il y a toujours servi avec (5)

Certifions en outre que ledit sieur   a rempli à bord les fonctions
ci-après, et qu'il a montré dans l'exercice de ces fonctions l'aptitude dont il est fait
mention ci-dessous :

(6) Maître chargé, con-
tre-maître de cale, patron,
etc.
(7) Supérieure, satisfai-
sante, médiocre, etc.
(8) Mentionner les actions
d'éclat, les blessures, les
avancements ordinaires ou
extraordinaires obtenus à
bord, etc.

NATURE des fonctions (6).	TEMPS pendant lequel elles ont été remplies (mois).	APTITUDE à ces fonctions (7).	OBSERVATIONS (8).

Fait et délivré à bord, le   18   .

Le capitaine de la compagnie,

L'officier en second,

Le capitaine du bâtiment,

MARINE ET COLONIES.

(MODÈLE N° 49.)

Décret du 15 août 1851.

Art. 190,
323, 336, 339 et 437
du décret.

Le (1)
Commandé par M.

Certificat de bonne conduite et de capacité délivré au sieur (2)

AVEC APPROBATION DU CAPITAINE DU BATIMENT,

Nous, officier en second et lieutenant de vaisseau commandant la   * compagnie embarquée à bord dudit bâtiment, certifions que le sieur (3)
né le   à

(Signalement).

(engagé, conscrit de la classe de 18   , *inscrit au quartier d*   .)
a tenu pendant le temps qu'il a été embarqué sur ledit bâtiment une conduite (4)
et qu'il y a toujours servi avec (5)

Certifions en outre que ledit sieur   a rempli à bord les fonctions
ci-après, et qu'il a montré dans l'exercice de ces fonctions l'aptitude dont il est fait
mention ci-dessous :

POUR
quartiers-maîtres et
marins.

(1) Nom du bâtiment.

(2) Noms, prénoms et grade.

(3) Noms et prénoms.

(4) Exemplaire, bonne, satisfaisante, etc.
(5) Zèle, honneur et fidélité, activité, etc.

(6) Chef de pièce, gabier, patron, timonier, secrétaire, etc.

(7) Supérieure, suffisante, médiocre, ordinaire, etc.

(8) Mentionner les actions d'éclat, les blessures, les avancements ordinaires ou extraordinaires obtenus à bord, etc.

NATURE des fonctions (6).	TEMPS pendant lequel elles ont été remplies (mois).	APTITUDE à ces fonctions (7).	OBSERVATIONS (8).

Fait et délivré à bord, le   18 .

Le capitaine de la compagnie,

l'officier en second,

17.

(MODÈLE N° 20)

Décret
du 15 août 1831.

Art 329, 438
et 549 du décret.

MARINE ET COLONIES.

Le

REGISTRE DE PUNITIONS

DU BATIMENT.

DATES.	NOMS et prénoms.	GRADES.	MOTIF de la punition.	SUPÉRIEUR qui l'inflige.

NATURE de la punition.	DURÉE de la punition.		DATE du commencement de la punition.	DATE de la fin de la punition.	OBSERVATIONS.
	Jours.	Heures.			

(MODÈLE N° 24.)

Décret
du 15 août 1854.

Art. 329 et 438
du décret.

MARINE ET COLONIES.

* compagnie.

REGISTRE DE PUNITIONS

DE COMPAGNIE.

(1) Nom et prénoms.
(2) Grade.

(1)

______

(2)

DATES.	Nombre de jours.	NATURE de la punition.	PAR QUI la punition est ordonnée.	MOTIF de la punition.

DIRECTION

d (4)

—

BUREAU

d (4)

(Mentionner ici som-
mairement l'objet de la
lettre.)

(1) Porter ces indica-
tions lorsque la lettre est
adressée au ministre.

(2) *Un profond res-
pect*, si la lettre est
adressée au ministre, à
un amiral, à un officier
général ou aux fonction-
naires assimilés ; *respect*,
si elle est adressée à tout
autre supérieur.

(3) Grade et fonction
du signataire.

(4) Grade et fonction
du destinataire. (Cette
indication est toujours
portée au bas de la pre-
mière page de la lettre.)

NOTA. Les lettres of-
ficielles sont écrites, autant que possible, sur
papier dit *papier tellière*,
pliées en quatre, et mises
sous enveloppe.

(MODÈLE Nº 22.)

—

Décret
du 15 août 1851.

—

Art. 46 du décret.

A bord d . rade d . , le 18 .

M. le Ministre ou Amiral, Command^t, etc.

(Texte de la lettre.)

Je suis avec (2)

M. le Ministre ou Amiral, Command^t, etc.

Votre très-obéissant serviteur,

Le (3)

(Signature.)

A Monsieur l (4)

(MODÈLE N° 23.)

Décret
du 15 août 1851.

Art. 322 et 443
du décret.

MARINE ET COLONIES,

BATIMENTS A VOILES.

Le

CASERNET.

	C. L.	Calme.
	P. C.	Presque calme.
	L. B.	Légère brise.
	P. B.	Petite brise.
Initiales indiquant la force du vent.	J. B.	Jolie brise.
	B. B.	Bonne brise.
	V. F.	Vent frais.
	V.g.F.	Vent grand frais.
	C.d,V.	Coup de vent.
	TP.	Tempête.
	O u R.	Ouragan.

Le

TABLE DE LOCH.

Signature des officiers.	Heures.	Vent.		Routes.	Nœuds.	Dérive.	État de la mer.	VO[…] LU[…] du bâtiment.
		Direction.	Force. (1)					
	1							
	2							
	3							
	4							
	5							
	6							
	7							
	8							
	9							
	10							
	11							
	Midi.							

ROUTE corrigée.	DISTANCE parcourue.	LATITUDE		LONGITUDE	
		observée.	estimée.	observée.	estimée.
1					
2					
3					
4					
5					
6					
7					
8					
9					
10					
11					
Minuit.					

RELÈVEMENT des chefs.			VUES et relèvements de terres, de voiles.	VOILURE du commandant en chef, position et voilure de l'armée, exercices, mouvements, événements, observations.
1er.	2e.	3e.		

VARIATION		ORDRES DU CAPITAINE POUR LA NUIT
obser-vée.	em-ployée.	

(MODÈLE N° 24.)

Décret
du 15 août 1851

Art. 322 et 557
du décret.

MARINE ET COLONIES.

BATIMENTS A VOILES.

Le

TABLES DE LOCH.

Initiales indiquant la force du vent.

CL.	Calme.
P. C.	Presque calme.
L. B.	Légère brise.
P. B.	Petite brise.
J. B.	Jolie brise.
B. B.	Bonne brise.
V. F.	Vent frais.
V.g.F.	Vent grand frais.
C.d.V.	Coup de vent.
TP.	Tempête.
Ou R.	Ouragan.

(1) Voir au titre les initi. les
indiquant la force du vent.

Le

| Heures. | Vents. | | Routes. | Nœuds. | Dérive. | État de la mer. | VOILURE du bâtiment. |
	Direction.	Force. (1)					
1							
2							
3							
4							
5							
6							
7							
8							
9							
10							
11							
Midi.							

TABLE DE LOCH.

| ROUTE corrigée. | DISTANCE parcourue. | LATITUDE | | LONGITUDE | |
		observée.	estimée.	observée.	estimée.

1						
2						
3						
4						
5						
6						
7						
8						
9						
10						
11						
Minuit.						

RELÈVEMENT des chefs.			VUES et relèvements de terres, de voiles.	VOILURE du commandant en chef, position et voilure de l'armée, exercices, mouvements, événements, observations.
1er.	2e.	3e.		

VARIATION		DISTANCE ET RELÈVEMENTS DES TERRES ou dangers les plus rapprochés; distance et relèvement du point d'arrivée.
obser-vée.	em-ployée.	

(MODÈLE N° 23.)

Décret
du 15 août 1851.

Art. 184, 385 et
485 du décret.

MARINE ET COLONIES.

BATIMENTS A VOILES.

Le

JOURNAL DU CAPITAINE,

DES OFFICIERS ET DES ASPIRANTS.

Initiales indiquant la force du vent.

CL.	Calme.
P. C.	Presque calme.
L. B.	Légère brise.
P. B.	Petite brise.
J. B.	Jolie brise.
B. B.	Bonne brise.
V. F.	Vent frais.
V. g. F.	Vent grand frais.
C. d. V.	Coup de vent.
TP.	Tempête.
Ou R.	Ouragan.

Le

| Heures. | Vents. | | Routes. | Nœuds. | Dérive | État de la mer. | VOILURE du bâtiment. |
	Direction	Force. (1)					
1							
2							
3							
4							
5							
6							
7							
8							
9							
10							
11							
Midi.							

TABLE DE LOCH.

| ROUTE corrigée. | DISTANCE parcourue. | LATITUDE | | LONGITUDE | |
		observée.	estimée.	observée.	estimée.

	ROUTE corrigée.	DISTANCE parcourue.	LATITUDE observée/estimée.	LONGITUDE observée/estimée.
1				
2				
3				
4				
5				
6				
7				
8				
9				
10				
11				
Minuit.				

RELÈVEMENT des chefs.			VUES et relèvements de terres, de voiles.	VOILURE du commandant en chef, position et voilure de l'armée, exercices, mouvements, événements, observations.
1er.	2e.	3e.		

VARIATION		DISTANCES ET RELÈVEMENTS DES TERRES ou dangers les plus rapprochés, distance et relèvement du point d'arrivée.
observée.	employée.	

18.

(MODÈLE Nº 25)

Décret
du 15 août 1851.

Art. 322 et 413
du décret.

MARINE ET COLONIES.

BATIMENTS A VAPEUR.

Le

CASERNET.

	CL.	Calme.
	P. C.	Presque calme.
	L. B.	Légère brise.
	P. B.	Petite brise.
	J. B.	Jolie brise.
Initiales indiquant la force du vent.	B. B.	Bonne brise.
	V. F.	Vent frais.
	V.g.F.	Vent grand frais.
	C.d.V.	Coup de vent.
	TP.	Tempête.
	O u R.	Ouragan.

(1) Voir au titre les initiales indiquant la force du vent.

Le

Signature de l'officier de quart.	Heures.	Vents.		État de la mer.	Routes.	Nœuds.	Dérive.	VOILURE du bâtiment.	Nombre de chaudières employées.	Tension moyenne de la vapeur.	Introduction.	Ouverture des registres de vapeur.	Injection.	Hauteur moyenne du bazin. du condens	Nombre moyen de coups de piston par minute.	Extraction.	Alimentation.	Nombre de seaux d'escarbilles jetés à la mer.
		Direction.	Force. (1)							cent.	dix	dix	dix	cent.		cent	dix	
	1 2 3 4 5 6 7 8 9 10 11 Midi.																	

TABLE DE LOCH.   TABLE DE LA MACHINE.

ROUTE.	DISTANCE parcourue.	LATITUDE		LONGITUDE		VARIATION	
		observée.	estimée.	observée.	estimée.	observée.	employée.
1							
2							
3							
4							
5							
6							
7							
8							
9							
10							
11							
Min.							

Le

RELÈVEMENTS des chefs.			VUES et relèvements de terres de voiles.	VOILURE DU COMMANDANT EN CHEF ; position et voilure de l'armée ; exercices, mouvements, événements observations, travaux de la machine, manière dont elle marche, heures de nettoyage des fourneaux, accidents, leur cause présumée, consommation du charbon, son origine et sa qualité.
1er.	2e	3.		

ORDRES DU CAPITAINE POUR LA NUIT.

(MODÈLE N° 27.)

—

Décret
du 15 août 1851.

—

Art. 322 et 557
du décret.

MARINE ET COLONIES.

BATIMENTS A VAPEUR.

Le

TABLES DE LOCH.

Initiales indiquant la force du vent.

CL.	Calme.
P. C.	Presque calme,
L. B.	Légère brise.
P. B.	Petite brise.
J. B.	Jolie brise.
B. B.	Bonne brise.
V. F.	Vent frais.
V. g. F.	Vent grand frais.
C. d. V.	Coup de vent.
TP.	Tempête.
O u R.	Ouragan.

(1) Voir au titre les initiales
indiquant la force du vent.

L.G

Heures.	TABLE DE LOCH.						VOITURE du bâtiment.	TABLE DE LA MACHINE.									
	Vents.		État de la mer.	Routes.	Nœuds.	Dérive.		Nombre de chaudières employées.	Tension moyenne de la vapeur.	Introduction.	Ouverture des registres de vapeur.	Injection.	Hauteur moyenne du barom. du condens.	Nombre moyen de coups de piston par minute.	Extraction.	Alimentation.	Nombre de seaux d'escarbilles jetés à la mer
	Direction.	Force. (1)							cent.	dix^es	dix^es	dix^es	cert.		cent.	dix^es	
1																	
2																	
3																	
4																	
5																	
6																	
7																	
8																	
9																	
10																	
11																	
Midi.																	

ROUTE.	DISTANCE parcourue.	LATITUDE		LONGITUDE		VARIATION	
		observée.	estimée.	observée.	estimée.	observée.	employée.
1							
2							
3							
4							
5							
6							
7							
8							
9							
10							
11							
Min.							

Le

RELÈVEMENTS. des chefs.			VUES et relèvements de terres de voiles.	VOILURE DU COMMANDANT EN CHEF; position et voilure de l'armée; exercices, mouvements, événements, observations, travaux de la machine, manière dont elle marche, heures de nettoyage des fourneaux, accidents, leur cause présumée, consommation du charbon, son origine et sa qualité.
1er.	2e	3.		

DISTANCE ET RELÈVEMENTS DES TERRES
ou dangers les plus rapprochés; distance et relèvement
du point d'arrivée.

(MODÈLE N° 28.)

Décret
du 15 août 1854.

Art. 181, 385 et
485 du décret.

MARINE ET COLONIES.

BATIMENTS A VAPEUR.

Le

JOURNAL DU CAPITAINE,
DES OFFICIERS ET DES ASPIRANTS.

Initiales indiquant la force du vent.

CL.	Calme.
P. C.	Presque calme.
L. B.	Légère brise.
P. B.	Petite brise.
J. B.	Jolie brise.
B. B.	Bonne brise.
V. F.	Vent frais.
V.g.F.	Vent grand frais.
C.d.V.	Coup de vent.
TP.	Tempête.
O u R.	Ouragan.

(1) Voir au titre les initiales indiquant la force du vent.

Le

	TABLE DE LOCH.						VOILURE du bâtiment.	TABLE DE LA MACHINE.									
Heures.	Direction.	Force. (1)	État de la mer.	Routes.	Nœuds.	Dérive.		Nombre de chaudières employées.	Tension moyenne de la vapeur.	Introduction.	Ouverture des registres de vapeur.	Injection.	Hauteur moyenne du barom. du condens.	Nombre moyen de coups de piston par minute.	Extraction.	Alimentation.	Nombre de seaux d'escarbilles jetés à la mer.
	Vents.	Vents.							cent.	dix^es	dix^es	dix^es	cent		cent.	dix^es	
1																	
2																	
3																	
4																	
5																	
6																	
7																	
8																	
9																	
10																	
11																	
Midi.																	

ROUTE.	DISTANCE parcourue.	LATITUDE		LONGITUDE		VARIATION	
		observée.	estimée.	observée.	estimée.	observée.	employée.
1							
2							
3							
4							
5							
6							
7							
8							
9							
10							
11							
Min.							

Le

RELÈVEMENTS des chefs.			VUES et relèvements de terres, de voiles.	VOILURE DU COMMANDANT EN CHEF ; position et voilure de l'armée ; exercices, mouvements, événements, observations, travaux de la machine, manière dont elle marche, heures de nettoyage des fourneaux, accidents, leur cause présumée, consommation du charbon, son origine et sa qualité.
1er.	2e	3e		

DISTANCE ET RELÈVEMENTS DES TERRES ou dangers les plus rapprochés ; distance et relèvement du point d'arrivée.

MARINE ET COLONIES.

BATIMENTS A VAPEUR.

CASERNET DE LA MACHINE.

(MODÈLE N° 29.)

Décret
du 45 août 1854.

Articles
322, 460 et 574
du décret.

Le   de   chevaux.

Instruction pour la tenue du casernet.

(Le tableau placé à la 1re page doit être rempli par le maître mécanicien.)

Ire PARTIE (rédigée par le mécanicien chef de quart).

Colonne 1. Signature du mécanicien chef de quart.
2. Heures des observations.
3. Sillage moyen par heure en milles.
4. Nombre de chaudières employées.

5. Tension moyenne de la vapeur dans les chaudières, ou manomètre de la chaudière, en centimètres.

6. Introduction, au nombre de 10es, de la course du piston pendant lesquels on introduit la vapeur au-dessus et au-dessous du piston.

7. Ouverture des registres de vapeur en dixièmes.

8. Ouverture du registre d'injection en dixièmes.

9. Hauteur moyenne du baromètre du condenseur en centimètres.

10. Moyenne du nombre de coups de piston par minute, en doubles battements.

11. Niveau d'eau aux chaudières, en centimètres. Une échelle graduée est placée le long du tube du niveau d'eau. Le zéro de la graduation est pris à partir du point où, la chaudière étant en position horizontale, la surface de chauffe la plus élevée viendrait à se trouver mise à nu par le manque d'eau.

12. Extractions, en centimètres. La dépression du niveau est prise sur l'échelle du niveau d'eau.

13. Alimentation en dixièmes. On marque l'ouverture moyenne du robinet d'alimentation pendant le quart.

14. Saturomètres, en centièmes. Un pèse-sel métallique a été fait pour le service des appareils évaporatoires. Le zéro est fourni par l'eau distillée, et le point 100 par l'eau saturée. L'expérience indiquera le degré de saturation qu'on ne devra pas dépasser.

15. Nature du charbon employé. Cinq numéros sont employés pour indiquer le degré de puissance évaporatoire reconnu au combustible pendant la chauffe. (Voir page 4.)

16. Écartement des grilles adopté suivant la nature du charbon, en centimètres.

17. Fourneaux décrassés, nombre. La quantité de fourneaux décrassés pendant le quart étant indiquée à la dernière heure, donnera une approximation de la qualité du combustible.

18. Nombre de seaux d'escarbilles jetés à la mer. Cette indication donnera également une approximation de la qualité du combustible.

La IIᵉ PARTIE est tenue par le maître mécanicien.

MARINE ET COLONIES.

BATIMENTS A VAPEUR.

CASERNET DE LA MACHINE.

Du   au

NOTA. A chaque traversée, le maître mécanicien fera un rapport au tableau ci-dessous.

Le capitaine signera chaque journal quand il sera entièrement rempli.

RÉSUMÉ DES TRAVERSÉES				DONNÉES DIVERSES.
Lieux des départs.	Chauffe. (Heures.)	Marche. (Heures.)	Lieux des arrivées.	

Nom du bâtiment :

Force en chevaux :

Système de l'appareil moteur :

Système de l'appareil évaporatoire :

Durée de l'appareil moteur :   mois.

Durée de l'appareil évaporatoire :   mois.

QUALITÉ DU COMBUSTIBLE.

1. Très-bon.
2. Bon.
3. Médiocre.
4. Mauvais
5. Très-mauvais.

(Signature du maître mécanicien.)

1re PARTIE
rédigée
par le chef de quart.

Le

SIGNATURE du mécanicien chef de quart.	Heures.	Sillage moyen par heure.	Nombre de chaudières employées.	Tension moyenne de la vapeur dans les chaudières.	Introduction.	Ouverture des registres de vapeur.	Injection.	Hauteur moyenne du baromèt. du condens.	Moyenne du nombre des coups de piston par min.	Niveau d'eau aux chaudières.	Extractions.	Alimentation.	Saturomètres.	Nature du charbon employé.	Ecartem. des grilles adopté suivant la nature du charb.	Fourneaux décrassés.	Nombre de seaux d'escarbilles jetés à la mer.
1	2	3	4	5	6	7	8	9	10	11	12	13	14	15	16	17	18
		mils.	nom.	cent.	dix^{es}	dix^{es}	dix^{es}	cent.	nom.	cent.	cent	dix^{es}	cent.	num.	cent	nom.	nom.
	1																
	2																
	3																
	4																
	5																
	6																
	7																
	8																
	9																
	10																
	11																
	Midi.																

RAPPORT ENTRE LA MARCHE DU PISTON ET CELLE DE L'HÉLICE.

Quantité des coups de piston donnés par le compteur . . .

Consommation du combustible. . . . .

Consommation d'huile . . . .

Consommation de suif. . . . .

} en 24 heures.

	1	2	3	4	5	6	7	8	9	10	11	Minuit.

2ᵉ PARTIE
rédigée par
LE MAITRE MÉCANICIEN.

Le

REMARQUES SUR LA MARCHE ET LA SITUATION DES MACHINES,

Origine du charbon ; — accidents, avaries ; leurs causes ;
moyens employés pour y remédier.

(Signature du maître mécanicien.)

ANNÉE 185 .

° trimestre.

(MODÈLE N° 30.)

Décret
du 15 août 1854.

Art. 137 et 269
du décret.

MARINE ET COLONIES.

RAPPORT SOMMAIRE

Sur la navigation du bâtiment à vapeur de chevaux, le   commandé par M.

DIMENSIONS PRINCIPALES		
du bâtiment.		de la machine.
Longueur de perpendiculaire en perpendic.		Nombre de cylindres.. . . . .
Largeur au maître en dehors des membres.		Diamètre de chaque cylindre.. . . . . . .
Surface du maître couple en charge. . . .		Course du piston. . . . .
Tirant d'eau moyen sous fausse quille.. .		Nombre de corps de chaudières. . . . .
Cubage des soutes à charbon.		Nombre de fourneaux par chaudière.. . .

DATES des départs.	TIRANT D'EAU observé au départ.			ENFONCEMENT des pales.	TIRANT D'EAU observé à l'arrivée.			ENFONCEMENT des pales.
	Avant.	Arrière.	Diffé-rence.		Avant.	Arrière.	Diffé-rence.	

DATE des départs.	DE QUI émanent les instructions.	NATURE DES INSTRUCTIONS.

LIMITES du temps entre lesquelles sont comprises les moyennes portées dans les colonnes ci-contre.	Intensité du vent.	Direction du vent.	État de la mer.	Route suivie.	VOILURE.	Sillage moyen.	Nombre de chaudières employées.	Tension moyenne de la vapeur dans les chaudières.
1	2	3	4	5	6	7	8	9

(A) Expliquer à la colonne observations les raisons qui ont empêché de rebrûler les escarbilles.

10	11	12	13	14	15	16	17	18	19	20
Nombre de 1/10e de la course du piston pendant lesquels on introduit la vapeur au-dessus et au-dessous du piston.	Ouverture des registres de vapeur en 1/10e.	Injection en 1/10e.	Hauteur moyenne du baromètre du condenseur.	Moyenne du nombre des coups de piston par minute.	NATURE du charbon employé	Écartement des grilles adopté suivant la nature du charbon.	Nombre de seaux d'escarbilles jetés à la mer (4).	du charbon.	de l'huile.	du suif.
								CONSOMMATION moyenne par heure		

Lieu du départ.	Date du départ.	Heure à laquelle les feux ont été allumés.	Heure de la mise en marche (A).	LIEU de la destination.	Date de l'arrivée.	Heure de l'arrivée.	Nombre de milles parcourus avec ou sans relâche (B).	Heure à laquelle on a cessé d'alimenter les feux (C).	Nombre de milles parcourus en ligne droite.
21	22	23	24	25	26	27	28	29	30

(A) Indiquer aux observations les causes accidentelles du retard,
(B) ———————— les motifs des relâches.
(C) ———————— si l'on a continué d'entretenir les feux et pour quels motifs.
(D) ———————— si les pales ont été démontées.
(E) ———————— les causes qui ont obligé de stopper.

NOMBRE d'heures de marche			Temps pendant lequel on a été obligé de stopper (E).	Quantité de charbon existant au départ.	Charbon consommé pendant la traversée.	Nombre de dépêches.	NOMBRE de passagers.			COLIS	
à la vapeur.	à la voile et à la vapeur.	à la voile (D).					Table du commandant.	Table de l'état-major.	Rationnaires.	Poids.	Nombre.
31	32	33	34	35	36	37	38	39	40	41	42

NUMÉRO de la colonne sur laquelle portent les observations.	OBSERVATIONS RELATIVES AUX TABLEAUX N°s 1 et 2.

OPINION	
du préfet maritime ou du commandant de l'escadre ou division à laquelle appartient le navire.	DU CONSEIL DES TRAVAUX.

PORT

d

(MODÈLE N° 31.)

Décret
du 15 août 1851.

Article 314 du
décret.

ANNÉE 185 .

MARINE ET COLONIES.

Port d

DEVIS

D'ARMEMENT ET DE CAMPAGNE

d   de   canons

l

commandé par M.

NOTA. Pour dresser ce devis, consulter l'instruction et les observations, page 354, et la circulaire du 22 novembre 1844, pages 356 et suivantes.

Nomenclature des pièces annexées au devis, et données :

(Au nombre de ces pièces devront toujours figurer les devis des campagnes précédentes, dont le nombre sera indiqué.)

1° Par la direction des constructions navales . . . . . .
(*Signature du capitaine du bâtiment.*)

2° Par les divers officiers qui ont commandé le bâtiment . . .
(*Signature du capitaine du bâtiment.*)

INSTRUCTION.

1° Dès qu'un bâtiment entrera en armement, le capitaine recevra de la Direction des constructions navales un devis indiquant d'une manière complète tous les détails dont l'énumération est faite dans la 1re partie, laquelle sera revêtue de la signature de l'ingénieur qui a suivi l'armement, et visée par le directeur des constructions. Il sera apporté le plus grand soin à l'indication des circonstances particulières et changements opérés dans les campagnes précédentes.

2° Il sera établi à cet effet, dans les bureaux de la Direction des constructions navales, une matricule sur laquelle seront consignés tous les renseignements qui concernent la partie nautique des bâtiments, tant à l'armement qu'au désarmement.

Pour ceux des bâtiments étrangers au port d'armement, il sera demandé, de port à port, de semblables renseignements sur leurs précédentes navigations.

3° Lors d'un changement de capitaine, celui qui remettra le commandement consignera, dans la IIe partie du devis, qu'il complétera, les remarques qu'il a faites sur le bâtiment qu'il commande: il fera trois expéditions parfaitement conformes du devis ainsi rempli, pour être adressées, la première, au préfet maritime; la seconde, au directeur des constructions, et la troisième, pour faire attache au bâtiment.

Cette dernière expédition sera mise en dépôt, lors du désarmement, entre les mains du directeur des constructions navales.

4° Les trois expéditions seront soumises préalablement à l'examen du major général de la marine, assisté d'un officier supérieur de vaisseau et d'un ingénieur des constructions navales.

Cette commission, après s'être assurée que les deux parties de ces devis sont tenues avec la régularité ordonnée par le ministre, et après les avoir fait compléter, au besoin, exprimera sur la dernière feuille son opinion particulière relativement aux divers changements opérés par le capitaine ou proposés par lui, ainsi que sur les observations relatives à la marche, au gréement, à l'arrimage, la voilure, la mâture, etc.

Lorsque ces formalités auront été remplies, et les devis ainsi complétés, l'exemplaire remis au préfet sera transmis au ministre de la marine, après toutefois qu'il en aura été déposé une copie à la majorité.

5° Lors du réarmement, le capitaine recevra de la Direction des constructions un nouveau devis rédigé d'après les change-

...ments qui auront pu être faits ; il reprendra, en outre, à son bord, les devis des campagnes précédentes déposés à la même Direction lors du désarmement.

Les capitaines seront responsables de la bonne conservation de ces devis, ainsi que de celle des plans, rapports et tous autres documents qui y seraient annexés.

Paris, le 14 septembre 1833.

Le Ministre de la marine et des colonies,

Cte H. DE RIGNY.

OBSERVATIONS

1° Il sera annexé, à la page 7 du devis d'armement et de campagne destiné à être adressé au ministre, un calque des plans d'arrimage du lest et de la cale. (*Circulaire du 13 juillet 1842. Bureau des travaux.*)

Le port d'armement auquel on s'adressera, au besoin, sera toujours en mesure de le délivrer à l'autorité qui le réclamerait pour compléter le devis.

Le capitaine n'est tenu de remettre d'autres plans que ceux qui lui ont été délivrés et qui sont mentionnés à la page précédente.

2° Le devis adressé au ministre n'étant que la copie du devis original, les signatures des ingénieurs portées à la page 14 seront reproduites : *Pour copie conforme.*

**MINISTÈRE
DE LA MARINE
et
DES COLONIES.**

—

**DIRECTION
DES PORTS.**

—

**BUREAU
DES TRAVAUX.**

Paris, le 22 novembre 1844.

Le Ministre de la Marine et des Colonies.

A MM. les Préfets maritimes.

CIRCULAIRE.

Monsieur le Préfet, le modèle du devis d'armement qui doit m'être transmis au retour de chaque campagne, conformément à la décision prise, le 14 septembre 1833, par M. le comte de Rigny, alors ministre de la marine, porte en tête une instruction indiquant la marche à suivre pour chacune des parties qui concourent à la rédaction de ce document.

Cette instruction est claire et précise, et il y avait lieu d'espérer qu'on s'y conformerait exactement, et que mes observations n'auraient à porter que sur les demandes en changements ou en modifications à apporter dans les armements.

Il n'en a pas été ainsi.

L'instruction dont il s'agit ne paraît pas avoir été bien comprise, et les devis sont encore loin de fournir tous les renseignements dont on a besoin. Chacun des articles a été tour à tour méconnu ou mal interprété, ainsi que j'ai pu m'en assurer en parcourant les comptes rendus par le conseil des travaux chargé de l'examen des devis qui ont été transmis depuis quelque temps : d'où l'on doit inférer que les autorités qui, à bord et dans les ports, coopèrent à la rédaction de ces pièces, n'ont pas apprécié toute l'importance qui se rattache à la ponctuelle exécution des mesures prescrites, importance d'autant plus grave dans l'intérêt de la marine, que ces devis rédigés d'une manière claire et complète, devraient être appelés à exercer

influence avantageuse sur l'amélioration partielle
des bâtiments auxquels ils se rapportent, et même sur
les progrès de l'architecture navale en général.

J'ai pensé que, dans cet état de choses, il convenait
d'appeler votre attention particulière, Monsieur le
Préfet, sur la nécessité de se conformer en tous
points, non-seulement à ce qu'exige chacun des articles
du texte imprimé, mais encore aux notes explicatives
contenues dans le modèle de 1844 (dernière édition).

Pour mieux faire connaître ce qui manque à la
plupart des devis qui me sont parvenus, je vais parcourir successivement chacun des articles de l'instruction ci-dessus citée.

« 1° Dès qu'un bâtiment entrera en armement, le
capitaine recevra de la Direction de la construction
navale un devis indiquant d'une manière complète
tous les détails dont l'énumération est faite dans la
1re partie, laquelle sera revêtue de la signature de
l'ingénieur qui a suivi l'armement, et visée par le
directeur des constructions. Il sera apporté le plus
grand soin à l'indication des circonstances particulières et changements opérés dans les campagnes
précédentes. »

L'examen des pièces qui m'ont été transmises a fait
reconnaître que ces recommandations étaient souvent
négligées ou qu'on ne les suivait qu'en partie.

Les plans d'arrimage du lest et de la cale annexés
à la page 7 du devis, en exécution de la circulaire du
12 juillet 1842, Travaux, sont souvent incomplets, en
ce qu'ils ne relatent ni date ni signature ; quelques-uns
même ne se sont pas trouvés joints au devis.

Depuis que l'obligation a été imposée à la Direction
des constructions navales de fournir ces plans, on se
dispense de décrire la disposition du lest à l'article qui
le concerne. Cette omission est fâcheuse et ne doit point
avoir lieu : le plan sur feuille volante peut être per-
du, alors un renseignement essentiel manque au devis.

Vous voudrez donc bien inviter M. le directeur des

constructions navales à donner des ordres pour, [illegible]
tre le plan d'arrimage du lest et de la cale, qui [illegible]
être intercalé à la page 7 des devis, on rempl[illegible]
tableau contenant la position du lest en fer.

« 2° Il sera établi à cet effet, dans les bure[illegible]
« la Direction des constructions navales, une [illegible]
« cule sur laquelle seront consignés tous les re[illegible]
« gnements qui concernent la partie nautique de[illegible]
« timents, tant à l'armement qu'au désarmem[illegible]

« Pour ceux des bâtiments étrangers au port [illegible]
« mement, il sera demandé, de port à port, de [illegible]
« blables renseignements sur leurs précédentes [illegible]
« gations. »

Il est à craindre que certains ports n'aient [illegible]
exécuté les prescriptions de cet article, puisqu[illegible]
commission d'examen de l'un d'eux, ayant eu b[illegible]
pour régulariser son travail, de s'adresser au [illegible]
d'armement, n'a pu obtenir les plans qui manqu[illegible]
Il est évident que si les matricules avaient été r[illegible]
lièrement tenues, des réclamations de ce genr[illegible]
pouvaient rester infructueuses.

Je vous prie de tenir la main à ce que désor[illegible]
cet inconvénient ne se reproduise pas.

« 3° Lors d'un changement de capitaine, celu[illegible]
« remettra le commandement consignera, dans[illegible]
« deuxième partie du devis, qu'il complétera, les[illegible]
« marques qu'il a faites sur le bâtiment qu'il co[illegible]
« mande : il fera trois expéditions parfaitement c[illegible]
« formes du devis ainsi rempli, pour être adress[illegible]
« la première au préfet maritime, la seconde a[illegible]
« recteur des constructions, et la troisième pour [illegible]
« attache au bâtiment.

« Cette dernière expédition sera mise en dép[illegible]
« lors du désarmement, entre les mains du direc[illegible]
« des constructions navales. »

L'examen des devis a démontré que l'exécution[illegible]
mesures prescrites dans cet article laissait beauc[illegible]
désirer.

…lupart des capitaines ont cru pouvoir se dis-
…de transcrire la première partie du devis, et se
…tentés de remplir la deuxième partie dans les
…éditions qu'ils doivent remettre.

…e marche est contraire à l'esprit de l'instruc-
…14 septembre 1833. Les documents remis par
…aines doivent être complets, c'est-à-dire con-
…seulement les observations émanant d'eux-
… mais encore la copie de la première partie du
…riginal qui leur a été remis par la direction
…structions.

…ques capitaines, prétextant le court espace de
…pendant lequel ils ont commandé un bâtiment,
…dispensés de remettre un devis particulier
…de leurs observations, et s'en sont référés à
…faites par leurs prédécesseurs.

…rétexte n'est pas admissible ; quelle que soit la
…du commandement, le capitaine doit fournir un
…d'armement et de campagne émargé de ses ob-
…ons.

…remarqué aussi que quelques capitaines ont
…de remplir le tableau, page 20, intitulé : Itiné-
…succinct de la campagne, etc. D'autres l'ont
…d'une manière si laconique, que l'on n'a pu se
…a idée juste des faits relatés.

…bleau doit contenir un récit succinct, mais
…, des faits qui se sont accomplis pendant la
…, et les observations des capitaines doivent
…amment motivées pour qu'on puisse appré-
…portance qu'il convient d'y attacher pour

…ive souvent que des objets nouveaux sont mis
…rience à bord des bâtiments ; les capitaines
…consigner sur le devis les résultats de ces
…es : cette formalité est presque toujours né-
…car il n'en existe pas de traces sur le grand
…des devis qui ont été examinés.
…oudrez bien prescrire à M. le major général

20.

de la marine, désigné par ses fonctions pour présider la commission supérieure d'examen, d'appeler sur ce sujet l'attention de MM. les capitaines et de s'assurer au retour des bâtiments, si l'on s'est conformé à ces instructions.

« 4° Les trois expéditions seront soumises préala-
« blement à l'examen du major général de la marine
« assisté d'un officier supérieur de vaisseau et d'un
« ingénieur des constructions navales.

« Cette commission, après s'être assurée que les
« deux parties de ses devis sont tenues avec la régu-
« larité ordonnée par le ministre, et après les avoir
« fait compléter au besoin, exprimera sur la dernière
« feuille son opinion particulière relativement aux
« divers changements opérés par le capitaine ou pro-
« posés par lui, ainsi que sur les observations rela-
« tives à la marche, au gréement, à l'arrimage, la
« voilure, la mâture, etc.

« Lorsque ces formalités auront été remplies et les
« devis ainsi complétés, l'exemplaire remis au préfet
« sera transmis au ministre de la marine, après tou-
« tefois qu'il en aura été déposé une copie à la ma-
« jorité. »

Il est arrivé quelquefois que la commission supérieure a cru devoir examiner en même temps les devis différents remis par les capitaines qui se sont suc-
cédé dans le commandement d'un bâtiment ; ce n'est
pas ainsi qu'il doit être opéré. A moins de cession du
commandement à la mer, le capitaine qui quitte son
bâtiment doit, à ce moment, remettre son devis pour
qu'il soit examiné sans délai par la commission supérieure, puis transmis au ministre.

Lorsque, au contraire, le commandant est remplacé
en cours de campagne, il doit remettre son devis clos
et arrêté à son successeur. Celui-ci peut, au besoin, et
à défaut d'un exemplaire en blanc, ajouter ses observations sur le même devis ; mais il vaut mieux, pour
éviter la confusion, qu'il rédige un devis séparé ; et,

à cet effet, il conviendra, à l'avenir, de remettre à chaque capitaine un exemplaire en plus.

La commission supérieure d'examen doit toujours consigner sur la dernière feuille du devis, son opinion particulière relativement aux changements opérés par le capitaine ou proposés par lui ; cette formalité a été quelquefois négligée, et c'est cependant le seul moyen d'avoir les éléments d'un examen contradictoire.

La commission doit également veiller à ce que les exemplaires du devis qui lui sont remis soient rédigés et mis au net avec tout le soin convenable ; qu'ils soient revêtus de toutes les signatures en original ou en copie ; qu'ils soient accompagnés du plan d'arrimage ; enfin, que rien n'y manque de ce qu'exige un document officiel.

Il ne doit plus être fait usage, pour la rédaction de ces devis, des modèles dont les éditions sont antérieures à celles de 1842-1843. Les ports ont été approvisionnés en quantités suffisantes de modèles imprimés en 1844, et, dans le cas où vous n'auriez pas assez d'imprimés, je vous invite à m'adresser une demande sous le timbre Secrétariat général.

Les capitaines qui, avant leur départ, avaient reçu des imprimés ancien modèle, devront être pourvus, à leur retour, du nombre d'exemplaires du nouveau modèle nécessaires pour y transcrire le devis, et la commission supérieure d'examen ne devra admettre que des devis rédigés sur des imprimés des derniers modèles.

« 5° Lors du réarmement, le capitaine recevra de « la Direction des constructions un nouveau devis « rédigé d'après les changements qui auront pu être « faits ; il prendra, en outre, à son bord les devis des « campagnes précédentes, déposés à la même direc- « tion, lors du désarmement.

« Les capitaines seront responsables de la bonne « conservation de ces devis, ainsi que de celle des « plans, rapports et tous autres documents qui y se- « raient annexés. »

Il faut tenir sévèrement la main à ce que les capitaines reçoivent exactement les documents relatés dans cet article, et à ce que cette remise soit constatée par la signature des parties intéressées. Cette formalité est d'autant plus indispensable que quelques capitaines ont prétendu, pour excuser la manière incomplète dont ils présentaient leur travail, que ces pièces ne leur avaient pas été remises.

Pour assurer l'exécution de cette remise, la commission chargée de constater le complet armement de chaque navire de guerre devra se faire remettre le devis d'armement, et vérifier si la nomenclature qui est en tête est remplie et revêtue des signatures nécessaires. Cette vérification devra être relatée dans le procès-verbal.

Contrairement à mes ordres, quelques devis indiquent le tirant d'eau en mesures anciennes : ce mode est vicieux et ne doit pas être employé ; il ne faut indiquer que les mesures qui sont reconnues par la loi.

Telles sont, Monsieur le Préfet, les observations générales auxquelles a donné lieu l'examen fait par le conseil des travaux des devis qui lui ont été soumis. Je vous prie de donner des ordres pour qu'on ait égard, à l'avenir, aux prescriptions de la circulaire du 14 septembre 1833, rappelées et expliquées dans la présente dépêche, dont vous voudrez bien donner connaissance à tous les capitaines des bâtiments présents au port d   et à ceux qui sont à la mer, au fur et à mesure de leur retour.

Recevez, Monsieur le Préfet, l'assurance de ma considération très-distinguée.

Le Ministre de la marine et des colonies,

Signé : Baron DE MACKAU.

(Suit le modèle du devis.) (1)

---

(1) Afin de diminuer le volume de la présente édition du décret, il n'a pas paru nécessaire de reproduire ce modèle, qui n'est principalement utile qu'aux capitaines.

PORT

(MODÈLE N° 32.)

Décret
du 15 août 1851.

Article 314 du
décret.

ANNÉE 185 .

MARINE ET COLONIES.

PORT d

DEVIS

D'ARMEMENT ET DE CAMPAGNE

à vapeur de   *chevaux,*
armé de   *canons*

commandé par M.

Pour dresser ce devis, consulter l'Instruction, page 364.

Nomenclature des diverses pièces annexées au devis, et données :

Un nombre de ces pièces devront toujours figurer les devis des campagnes précédentes, dont le nombre sera indiqué.)

la direction des constructions navales. . . . .
Signature du capitaine du
bâtiment.)

Par les divers officiers qui ont
commandé le bâtiment.. . . . .
Signature du capitaine du
bâtiment.)

INSTRUCTION.

Dès que le bâtiment aura achevé son armement, le capitaine recevra de la Direction des constructions navales un devis indiquant, d'une manière complète, tous les détails dont l'énumération est faite dans la première partie, laquelle sera revêtue de la signature de l'ingénieur qui a suivi l'armement, et visée par le directeur des constructions navales.

A ce devis seront joints les dessins suivants :

1° Un plan de tous les logements du pont et faux-pont, rédigé de façon à servir de description des lieux ;

2° Un plan des emménagements et de l'arrimage de la cale ;

3° Un plan de la machine, aussi complet que possible ;

4° Un tracé des formes extérieures de la carène sous la chambre des machines, rédigé de façon qu'il puisse servir à préparer des ventrières pour l'échouage du navire.

Ces plans seront tous sur échelle, et porteront une légende explicative.

Chaque fois que le navire subira, dans ses emménagements ou dans ses machines, des modifications qui rendraient ces plans inexacts en tout ou en partie, le commandant devra le faire consigner sur son devis par la Direction des constructions navales, si le changement s'est fait dans un port de France, et il le fera lui-même si c'est à l'étranger.

Il sera établi néanmoins, dans les bureaux de la Direction des constructions navales, une matricule sur laquelle seront consignés tous les renseignements qui concernent la partie nautique des navires, tant à l'armement qu'au désarmement, la durée des machines et des chaudières, l'époque de leurs dernières réparations.

Lors d'un changement de capitaine, celui qui remettra le commandement consignera, dans la deuxième partie du devis, qu'il complétera, les remarques qu'il a faites sur toutes les parties du bâtiment qu'il commande, il fera trois expéditions parfaitement conformes au devis ainsi rempli : la première sera adressée au préfet maritime, la seconde au directeur des constructions navales, et la troisième fera attache au bâtiment avec le devis primitif et tous ceux des commandants antérieurs.

Les trois expéditions seront soumises préalablement à l'examen du major général de la marine, assisté d'un capitaine de vaisseau ayant commandé un bâtiment à vapeur et d'un ingénieur des constructions navales ayant participé à ce service.

Cette commission, après s'être assurée que les deux parties du devis sont tenues avec la régularité ordonnée par le ministre, et qu'elle les aura fait compléter, s'il en est besoin, exprimera sur la dernière feuille son opinion particulière relativement aux divers changements opérés par le capitaine ou proposés par lui, ainsi que sur les observations relatives aux qualités des machines, à la marche, à l'artillerie, au gréement, à l'arrimage, la voilure, la mâture, etc.

Lorsque les formalités auront été remplies et les devis ainsi complétés, l'exemplaire remis au préfet sera transmis au ministre de la marine.

Tous les devis d'attache au navire, ainsi que les plans, la description des pièces de la machine, et tous autres documents compris dans le devis primitif seront mis en dépôt, lors du désarmement, entre les mains du directeur des constructions navales.

Lors du réarmement, le capitaine recevra de la Direction des constructions un nouveau devis rédigé d'après les changements qui auront pu être faits; il reprendra, en outre, à son bord les devis des campagnes précédentes, ainsi que les plans et documents déposés à la même direction lors du désarmement.

Les capitaines seront responsables de la tenue et de la bonne conservation de ces devis, des plans, rapports, et de tous les documents qui y seraient annexés. A cet effet, les plans seront renfermés dans un étui en fer-blanc, et les autres pièces réunies et conservées dans un cartable format grand-raisin.

Les capitaines ne seront tenus de remettre, lorsqu'ils quitteront le commandement, que ceux des plans annexés aux devis qui leur auront été délivrés et qui sont mentionnés à la page précédente.

(Suit le modèle du devis.) (1)

---

(1) Afin de diminuer le volume de la présente édition du décret, il n'a pas paru nécessaire de reproduire ce modèle qui n'est principalement utile qu'aux capitaines.

PARIS. — Imprimerie de COSSE et J. DUMAINE, rue Christine, 2.